国家出版基金项目
NATIONAL PUBLICATION FOUNDATION

当代中国社会道德理论与实践研究丛书

主编 吴付来

道德理由的追寻

道德推理理论研究

杨宗元 著

For Moral Reason

A Study on Moral Reasoning

中国人民大学出版社
· 北京 ·

总　序

加强思想道德建设，凝聚道德力量，是中国特色社会主义文化建设和精神文明建设的重要内容与中心环节，是建设社会主义核心价值体系的必然要求。正如习近平总书记所指出的："国无德不兴，人无德不立。必须加强全社会的思想道德建设，激发人们形成善良的道德意愿、道德情感，培育正确的道德判断和道德责任，提高道德实践能力尤其是自觉践行能力，引导人们向往和追求讲道德、尊道德、守道德的生活，形成向上的力量、向善的力量。只要中华民族一代接着一代追求美好崇高的道德境界，我们的民族就永远充满希望。"

我们党和国家历来重视道德建设。特别是改革开放以来，我们党先后通过了《关于社会主义精神文明建设指导方针的决议》、《关于加强社会主义精神文明建设若干重要问题的决议》以及《公民道德建设实施纲要》。习近平总书记在多次讲话、多篇文章中都强调加强道德建设的重要性，党的十九大报告也对道德建设做出了全面的论述和部署："加强思想道德建设。人民有信仰，国家有力量，民族有希望。要提高人民思想觉悟、道德水准、文明素养，提高全社会文明程度。广泛开展理想信念教育，深化中国特色社会主义和中国梦宣传教育，弘扬民族精神和时代精神，加强爱国主义、集体主义、社会主义教育，引导人们树立正确的历史观、民族观、国家观、文化观。深入实施公民道德建设工程，推进社会公德、职业道德、家庭美德、个人品德建设，激励人们向上向善、孝老爱亲，忠于祖国、忠于人民。"道德的力量是国家发展、社会和谐、人民幸福的重要因素，思想道德建设解决的是整个中华民族的精神支柱和精神动力问题。

实现中华民族伟大复兴的中国梦，需要道德建设的保驾护航。当前中国的发展既面临机遇，也面临挑战。然而，在多元文化的冲击下，人们的道德观念和行为准则正在不断发生变化，原先的道德基础受到严重冲击。在此情况下，道德建设需要全体国民集体参与，需要全体国民成为道德的守护者、监督者和表率。只有全面地了解、反映当代中国社会道德的现状以及遇到的新问题，并结合相关理论提出解决对策，才能真正提高全体国民的道德素质，才能不断改善社会和国家的道德环境，才能实现中华民族伟大复兴的中国梦。

道德建设是一个实践问题，更是一个理论问题。面对世界范围内各种思想文化交流、交融、交锋的新形势，加快建设社会主义文化强国、增强文化软实力、提高我国在国际上的话语权，迫切需要哲学社会科学更好地发挥作用。伦理学作为与人类道德发展密切相关的哲学分支学科，需要跟上时代进步的步伐，从理论上解决实践提出的问题。

为此，在加强社会主义道德建设的宏观背景下，为推动社会主义道德建设，弘扬社会主义核心价值观，实现中华民族伟大复兴的中国梦，推动伦理学的研究和发展，我们策划了“当代中国社会道德理论与实践研究丛书”。这套丛书是一套开放的丛书，首批出版10卷，集中研究当代中国社会最关切的伦理道德的理论与实践问题，对市场经济条件下陌生人之间的伦理、日常生活伦理、公务员道德建设、信息伦理和网络社会伦理、消费伦理、福利伦理、分配正义以及规范性和道德推理问题进行系统的研究与探讨。丛书的主要内容集中于以下几个方面：

首先，建立社会主义市场经济体制是我国经济体制的根本性创新，是全面建设小康社会的重要途径，市场经济条件下陌生人之间的关系有哪些规律，人们日常生活伦理有哪些特点等，这套丛书首先对这些问题进行了研究和探讨。

其次，政德建设是当代中国最具先导性的道德建设领域之一，对全社会的道德建设具有重要的引领作用，这套丛书不仅对公务员道德状况进行了研究概述，而且对中国特色政德建设的一般规律、重要问题进行了探究。

再次，当今时代，信息伦理和网络社会伦理的公德问题日益突出，这套丛书对数字化生存的道德空间、网络道德建设问题表达了重要关切，进行了深入探讨。

又次，消费、福利、分配是经济伦理的重要内容，随着我国建设小康社会进程加快，人们物质生活水平逐步提高，收入分配差距日渐拉大，经济领域中的消费、福利、分配问题日益成为伦理学研究和关注的对象。因此，这套丛书对这三个问题进行了系统的研究。

最后，社会道德建设归根结底离不开道德规范的有效性和道德行为选择的理性化，这套丛书专门从伦理学基本原理研究角度选择了这两个与道德建设密切相关并具有一定学理深度的理论问题进行研究，探讨了规范性和道德推理问题。

这套丛书得到了中国人民大学伦理学与道德建设研究中心的学术支持，得到了国家出版基金的资助，中国人民大学出版社学术出版中心的编辑为丛书的出版付出了艰辛的努力，在此一并致谢。书中难免存在疏漏，恳请学界同仁批评指正。期待这套丛书作者和编者的辛勤努力能够得到广大读者的理解与回应，产生良好的社会影响。

吴付来

2018 年 9 月 15 日

目　　录

导　言

道德推理是指道德主体运用已有的道德认识分析道德情境，做出分析、评价和选择，形成新的道德认识，确立自己的行为准则，得出道德结论的思维过程。在伦理学理论研究层面，道德推理既是研究的主题，也是重要的方法论资源。对于社会道德生活而言，在公共生活日益凸显的现代社会情景下，道德推理会为社会公共问题的解决提供崭新的思考向度。对于个人道德而言，道德推理是人们进行道德思考、做出道德选择的一个必要环节，是发展健全道德能力的基础。

本书对道德推理的界定，不是将“道德推理”一词中的“道德”作为“推理”的修饰词，即不是从“道德推理”是“推理”的种概念的角度切入，而是从“道德推理”（moral reasoning）是“道德理性”（moral reason）的动名词的角度切入，强调道德推理中的理性内涵和价值积淀。在对道德推理的内涵做出清晰概括之后，本书依次对道德推理的价值依据、逻辑形式、过程以及与其相关的因素进行了深入的研究，最后分析了道德推理在伦理学理论研究中的地位与作用，倡导在社会生活和道德实践中的理性精神，高扬道德合理性的价值追求。

（1）道德推理的概念界定

本书从分析道德理性概念的历史渊源入手，进而分析道德推理与道德理性两个概念的互涉，最终对道德推理的内涵做出概括。本书将道德推理定义为道德主体运用已有的道德认识分析道德情境，做出分析、评价和选择，形成新的道德认识，确立自己的行为准则，得出道德结论的思维过程。这个思维过程首先体现为一种理性能力，体现出道德理性的功能性，其成果最终积淀为道德规范和道德原则，体现出道德推理的规范性。道德推理是功能性和规范性的统一，它提供给人们的不仅是解决问题的思考方式，而且是价值观念的来源，它会对进一步的道德推理和道德选择产生深远的影响。

（2）道德推理的价值依据

道德推理的价值依据是什么，这是古往今来的伦理学家们不断思索的问题，围绕着这个问题在伦理学史上形成了两大流派，即目的论与道义论。目的论将道德推理的价值依据归于目的的实现，即道德行为能够实现道德主体的目的。能够实现以及在较大的程度上实现道德主体的目的，就被视为在道德上具有合理理由的、善的。在当代，目的论这个传统范畴已经在多数情况下为后果论或效果论所取代。道义论将道德的价值依据归于伦理的正当性，一个行为是否道德，是否具有正当性，其根据在于它是否与某种形式的道德原则相符合，符合道德原则的行为才具有伦理的正当性。目的论与道义论各有其短长，但以其中任何一种形式作为唯一的道德理由都是难以成立的，它们不仅是两种可以互补的伦理学方法，而且也是必须相互参照、相互支援的伦理学方法论资源。

道德推理的价值依据既不是目的论的，也不是道义论的，而是二者的有机统一。其内在根据在于利益关系，其认同机制是从个人利益出发的，而其客观内容则在一定程度上体现了集体理性。在人们依据社会主导的价值依据进行道德选择时，价值依据具有超越性，它不因一时一地的一己私利而改变。

（3）道德推理的逻辑形式

探讨道德推理的逻辑形式必然首先要涉及构成道德推理的构件——道德词和道德判断。

道德词是表达道德主体与道德客体之间道德关系的词或术语，如善、应当等，它是构成道德判断必不可少的语词元素，是其特有的形式特征。20 世纪初摩尔以对自然主义谬误的批判，提出了对道德词的事实性蕴涵的疑问，但是，道德生活告诉我们，道德词既有事实蕴涵，也有价值蕴涵，既有描述性的内容，也有评价性、规定性的内容。

道德判断是在语言形式上包含善、恶、应当等道德词，或者可以转换为用好与坏、善与恶等道德词来阐释对象的性质（价值）的判断形式。因此，道德词也就将自身的性质与功能赋予了道德判断，将其所蕴涵的事实性内容，所具有的价值性功能赋予了道德判断。也就是说，道德判断既蕴涵事实性的内容，也具有评价和规范两重功能。本书的研究主题是道德推理，因此先从功能的角度对道德判断进行分类，将道德判断分为道德评价性判断和道德规范性判断，之后在这两类判断的基础上进行进一步的细分，对其具体的逻辑形式进行探讨。

道德推理也是推理，推理的一般形式如演绎推理、归纳推理等都会在道德推理中得到运用，但道德推理也有其自身常用的独特的形式，如优先推理、规范推理、溯因推理、类比推理等。虽然推理的一般逻辑规律也会在道德推理中有所体现，但是，道德推理毕竟是一个特殊种类的推理，因此它有一些自己独特的常用推理形式和逻辑规律，特别是其中含有道义模态词的规范语句有着与一般的事实语句不同的逻辑特性，对它的研究还形成了专门的道义逻辑。这里需要特别指出的是，道德推理与道义逻辑所研究的规范推理并不是同一的概念。道德推理是指以道德活动为目的的理性推理，其中包含了规范推理，但它又不仅仅是规范推理。在道义逻辑部分，本书重点探讨了道义命题及其符号化、基本道义命题推理、道德逻辑的标准系统以及道义命题悖论给我们的启示。

（4）道德推理的过程

道德推理在道德主体的道德生活中是一个持续不断的过程，每一个具体推理成果都成为道德理性的积淀，并在下一个推理过程中或隐或显地体现出来。如果说我们在思维中还能够将道德推理分解为一个个具体的过程的话，那么在同一个过程中，再将其分解为一个个独立的环节就勉为其难了。但是，为了展示其过程，也为了叙述的方便，我们还是将道德推理过程分解为：道德推理的准备——道德认知、道德推理的进行——道德决定、道德推理的反思——道德评价三个环节。

这三个环节是相互交融、难以分割的。每一个环节中又包含着其他环节，如在道德认知中，既包含着对道德价值的评价，也包含着做出道德决定，以至最终认同道德价值；而在道德决定和道德评价的过程中同样也包含了道德认知的过程。在不同的道德活动中，道德推理过程的不同阶段居于主体地位，如在道德学习过程中，道德认知是主体，但其中也包含着道德推理的进行和道德推理的反思过程；在具体的行为选择的道德活动中，道德认知和道德决定是主体，但其中也包含着对预期的行为结果的道德评价。

道德认知是道德推理过程的起始阶段，包含对道德事实的觉识与对道德价值的认知。对道德事实的觉识是对道德关系、道德情境、道德问题的察觉与感知，是对道德事实的认识与感知。它遵循着理性对一般事实进行把握的过程与规律，通过感知觉了解道德事实的情态，对所了解到的道德信息进行加工整理，通过分析、综合、比较、抽象、概括、系统化、具体化等一系列思维活动把握自己所处的道德关系、道德情境以及所面临的道德问题。对道德价值的认知是对公认的道德价值、道德观念的识记、理解与认同，以及对这些价值、观念在具体情境之中的意义的把握。它是道德价值的学习过程，也是道德价值的内化过程，其最终结果表现为道德主体将道德价值内化为自己的道德信念，并在具体的道德情境中对道德信念矢志不渝。

道德推理的结论是做出道德决定的根据，但道德决定并不是由道德推理独立地做出的，它需要道德需要、道德动机的激发，需要道德情感、道德意志的参与。本书主要探讨道德推理做出道德决定的复杂过程及其特征，即在道德决定过程中道德推理的复杂性。这种复杂性表现为两个方面。一是在通常情况下，做出道德决定所要进行的道德推理并不是单一的，而是一个道德推理的系列，包含着不同角度、不同层面、环环相扣的推理系，包括确定道德目的、确定道德手段、预期道德后果以及得出最终结论的推理系。二是在道德决定中常常会面临两难推理。两难推理并不是推理过程的两难，在道德两难推理中，推理过程本身遵循逻辑规则，符合道德思维规律，但是其结论则蕴涵着与其他道德价值的矛盾与冲突，使道德主体陷入在结论认同上和行为选择上的两难。道德的两难推理也被称为道德冲突或道德困境。在此基础上，本书还展开了对在东西方文化传统中都曾出现过的一个案例的具体分析。

道德推理的反思通常会有两种方式，一是复核，二是道德评价。由于道德推理的复核与道德推理本身在过程和形式上都大体一致，本书在阐述二者之间的差异之后重点探讨道德评价。道德评价是依据一定的道德标准对道德行为或道德主体所进行的善恶判断。从道德评价的客体来看，道德评价可分为对人的评价和对行为或道德决定的评价；从道德评价客体与道德评价主体的关系来看，道德评价可分为对道德主体的自我评价和对他人的道德评价。道德评价的直接标准是社会道德规范体系。在动机与效果的关系问题上，本书认为应当将动机与效果结合起来，在做出善的评价时，动机善是必要条件。

（5）道德推理的相关因素

从伦理学的角度看，与道德推理密切相关的其他因素主要有欲望、情感、意志、直觉等，阐明道德推理与这些要素的关系，以及它们各自在道德活动中的作用，也是界定、分析道德推理所必不可少的一个重要环节。

本书从欲望对道德推理的价值依据和对道德推理的结论的影响两个方面来探讨道德推理与欲望的关系。第一，欲望能否成为或在多大意义上成为道德推理的价值依据主要由两个因素决定，即道德主体的价值观和欲望的强度及其内容。从道德主体的价值观来看，欲望在道德主体的价值选择中所处的位置越高，道德主体在道德推理中受欲望的影响越大。一个纵欲主义者的每一个道德推理可能都以欲望的满足为前提，而一个理性主义者很可能在其道德推理中不见欲望的踪影。从欲望本身来看，虽然欲望本身并无善恶，但它还是有层次的，不同层次、不同种类以及不同强度的欲望对道德推理的作用是不同的。第二，在对道德推理结论的执行上，当道德推理的结论正是道德主体心中欲望的深切期待时，这一道德推理的结论自然能够得到很好的执行。相反，如果道德推理的结论与道德主体内心的欲望相抵触，道德推理的结论的执行就需要有强大的意志力作为后盾，从而引导和克制道德主体内心的欲望，而引导道德主体克制欲望、服从道德推理结论的重要德性就是节制。

道德情感对于道德推理发挥作用的机制是双向的。一方面，道德情感会对道德推理产生深刻的影响，其中的情绪性因素会对道德推理的进行产生一定的冲击，而其中相对稳定的社会性因素会对道德推理产生正向的、稳定的作用。另一方面，由千百次的道德推理的重复而形成的道德理性对道德情感也会产生深刻的影响，使道德情感与道德推理的结论更加趋同。这种相互作用和影响使道德情感与道德推理能够形成一种双向固化作用。在具体的道德教育和道德实践中应当力图使这种双向固化作用变成现实。

道德意志就是人们在按照道德原则和要求进行道德抉择与行动的过程中，通过自觉地确定目的、支配行动、克服困难等表现出来的能动的实践精神，是在履行道德义务的过程中所表现出来的毅力和决心。道德推理与道德意志是相互渗透的，在实际的道德生活中，同一个心理过程往往既包含着道德推理的过程，也包含着道德意志的过程，既有道德推理的成分，又有道德意志的成分。道德意志离不开道德推理，而道德推理也需要道德意志的支持，甚至可以说没有道德意志的支持，道德理性无法实现对非理性的约束，无法使道德推理的结论贯彻到道德实践中去，因此我们强调道德意志与道德推理的一致性，强调道德推理对于道德意志的指导。

所谓道德直觉，是指道德主体在伦理实践经验的基础上，以道德主体对社会普遍的道德知识和规范的内化为基本前提，对人与世界的伦理关系以及这一关系所反映的社会现实的总体性质进行综合把握的道德认识方式和能力。道德直觉能力的形成有赖于道德推理结论的内化，道德直觉建立在道德推理成果的积累的基础之上。道德直觉的功能是有限的，它需要道德推理的补充与支撑。为了道德选择的有效性与可靠性，即使道德主体通过道德直觉对道德对象进行了认识和把握，也会常常在事后对自己的道德直觉进行道德推理的复核。相对于道德直觉，道德推理具有终极性。

（6）道德推理的地位与作用

道德推理作为道德主体运用已有的道德认识分析道德情境，做出分析、评价和选择，形成新的道德认识，确立自己的行为准则，得出道德结论的思维过程，其最终成果体现为道德规范和道德原则的确立。它不只在个人道德生活中发挥作用，更重要的是它在伦理学发展过程中也是不可或缺的，这在当代伦理学发展中体现得更为明显。首先，元伦理学对规范伦理学的科学性诘难，只能通过道德推理来回应。其次，伦理学研究的主题——“我应该做什么”的问题，只能通过道德推理来加以回答。最后，道德推理是伦理学走向应用的必经之路，没有道德推理就不可能有应用伦理学的发展，尤其是当代应用伦理学的发展。

道德推理作用的发挥并不局限于纯理论领域，在现实的社会生活和道德生活中，道德推理也扮演着重要角色，其功能的发挥将有助于建构真正的道德合理性。但是，理性的机巧导致了对真正理性的背离，在某种程度上也导致了非理性主义思潮的兴起，因此，也更呼唤道德推理在社会生活中发挥重要作用，倡导弘扬道德理性精神。

总之，对道德推理的深入研究，将有助于培养人们的道德推理能力，有助于伦理学为人们现实的道德生活提供有益的参考，为社会道德问题的解决提供新的思路。在道德生活中，人们不仅仅要知道“应该”，也需要知道为何“应该”、如何思考“应该”。如果没有对“应该”的理性思考，“应该”也就难以为人们的日常生活提供有效的指导。这正是本书进行道德推理研究的目的所在。

第一章　道德理性与道德推理

对道德推理概念的清晰界定是本书立论的前提，因此，我们首先对道德推理的基本概念进行理论上的廓清和界定。本书对道德推理的界定，不是将道德推理中的“道德”作为“推理”的修饰词，即不从“道德推理”是“推理”的种概念的角度切入，而是从“道德推理”（moral reasoning）是“道德理性”（moral reason）的动名词的角度切入，强调道德推理中的理性内涵和价值积淀。因此，在对道德推理进行界定之前，我们不得不首先对道德理性加以探讨和界定。毕竟，作为道德理性的动名词形式，道德推理与道德理性有着难解的渊源，虽然二者有着不同的呈现形式，但二者在理论内涵上的互涉是毋庸置疑的。因此，我们首先探讨道德理性的历史渊源，解析古今中外的思想家们是在怎样的含义上使用道德理性这个概念的，或者说赋予了道德理性怎样的内涵；在此基础上，透视探讨道德理性与道德推理的概念互涉，进而剖析道德推理的独特品格。

一、道德理性的历史渊源

道德理性是一个近代以来形成的概念，在人类思想发展的早期，并没有一个独立、完整、系统的道德理性概念，而是将道德理性包含在理性的概念之中，这与思维发展的历史状况是相符合、相一致的。但是，没有明确、独立的道德理性概念并不意味着没有相关的思想，无论是中国还是西方都有在道德理性的含义上使用的理性概念，也有与之相类但并不完全一致的概念，如在西方有与道德理性相近似的实践理性，在中国有知、仁、理等。因此，对中国、西方思想史上道德理性的历史渊源进行分析，有助于我们揭示道德理性的丰富内涵。当伦理思想史上理性的道德意义一一彰显时，道德理性的基本内涵的大致轮廓也就凸显出来了。

1. 西方伦理学史中的道德理性

在西方伦理学思想史中与道德理性最为接近的概念是实践理性①，第一个以鲜明的意识将实践理性与理论理性区分开来的是亚里士多德②，而真正使实践理性概念得以确立的则是康德，他以其《实践理性批判》而使之成为众所周知的概念。此前，虽然人们很早就在伦理学的意义上使用理性这一概念，也赋予理性以道德内涵，但是，人们对道德理性概念的论述往往是蕴涵在理性这一概念之中的。因此，我们对道德理性的溯源不得不从古老的而又充满歧义的理性概念开始。正如蒂利希所说："理性既是认知的，又是审美的，既是理论的，又是实践的，既是超然的，又是动情的，既是主观的，又是客观的。"③ 由于本书论题所限，我们对理性概念的追溯，仅仅是在道德理性的意义上展开的。

（1）古希腊罗马时期的理性概念

古希腊罗马时期，伦理学意义上的理性概念往往具有三重含义。一是将理性视为灵魂的一部分，与情感、激情、欲望相对。这种观念把理性实体化，它与哲学上将宇宙的本原实体化——如将世界的本原视为水——的观念如出一辙。很多古代思想家都在这个意义上使用理性概念。二是将理

---

① 实践理性与道德理性并不是同义的概念，实践理性较道德理性的外延更大。虽然道德实践是非常重要的人生实践，但实践并不仅仅是道德实践。由于人们对道德实践的关注，也由于在人类的早期道德实践在生活实践中占据重要的地位，实践理性在很长一段时间内的主要内涵便是道德理性。亚里士多德的实践理性和康德的实践理性都主要是指道德理性。

② 德国哲学家文德尔班认为第一个将实践理性与理论理性相区分的是比埃尔·培尔，参见文德尔班的《哲学史教程》下卷（北京：商务印书馆，1997）第693页。

③ 蒂利希. 理性与启示//蒂利希选集：下. 上海：上海三联书店，1999：967.

性视为灵魂的能力，对情感、激情、欲望起着约束作用，并且能够对所处的情境进行分析，做出合理的道德判断。这种能力显然是理性作为灵魂的一部分所具有的能力。三是将理性作为一种规范，强调按照理性的原则生活。

最早提及理性的哲学家毕达哥拉斯说："灵魂的理性部分是不死的。"[①] 这是有据可考的"理性"的最初使用。将理性视为灵魂的一部分的含义在伦理学上并不仅仅是为理性找到了一个归属、一个栖身之所，更重要的是给了理性一个定位，一个高于欲望和激情的定位。无论是柏拉图、亚里士多德还是快乐主义的鼻祖伊壁鸠鲁都强调以理性克制情感和欲望。

西方伦理思想史上，第一个道德理性主义者是苏格拉底[②]，标志是他对"知识即美德"思想的阐发。知识与美德之间当然是有差距的，知行不一的状况即使在苏格拉底时代也屡见不鲜，但这位古希腊哲人依旧在知识与美德之间画上了等号，这是与其道德理性主义的思想倾向密切相关的。他认为，美德渊源于知识，人只有拥有关于美德的知识，他才能够具有美德。当他的朋友请他考虑用什么样的方式才能把美德灌输给他们的儿子时，苏格拉底提出，我们必须首先知道美德的性质，"如果我们对某个事物的性质完全无知，我们又怎么能够就该事物而向他人提出建议呢？"[③] 德行基于对善的认识，每一种具体的德行都是关于某种目的的认识，如勇敢就是关于希望和害怕的理由的知识，只有理性的灵魂才能具有善的知识，只有运用理性，才能够发现善的本质，过有德性的生活。在苏格拉底看来，自制是最重要的德性，它能够使人根据自己的知识过善的生活。正如文德尔班在他的《哲学史教程》一书中所指出的："苏格拉底提出对理性的信仰，提出对普遍有效的真理的存在的信念。对他说来，这种信念本质上是实践的，是道德的气质，但却导致他钻研知识；他以另一种方式将

---

① 北京大学哲学系．古希腊罗马哲学．北京：商务印书馆，1961：36.

② 陈修斋．欧洲哲学史上的经验主义和理性主义．北京：人民出版社，1986：37．他将普罗泰哥拉和苏格拉底两人看作首先以尖锐的形式提出经验主义和理性主义认识途径的人。当然，道德上的理性主义与哲学上的理性主义是有区别的。

③ 柏拉图全集：第1卷．北京：人民出版社，2002：182.

知识和意见对立起来，他认为知识的本质存在于概念思维之中。”①

对灵魂的理性部分展开深入阐述的早期代表人物是柏拉图。他认为人是由肉体和灵魂构成的，灵魂又分为三个部分：“一个是人们用以思考推理的，可以称之为灵魂的理性部分；另一个是人们用以感觉爱、饿、渴等物欲之骚动的，可以称之为心灵的无理性部分或欲望部分，亦即种种满足和快乐的伙伴。”“激情，亦即我们藉以发怒的那个东西，它是上述两者之外的第三种东西”②。理性、欲望和激情是灵魂的三个组成部分，在这三个部分中理性具有最高的地位。理性控制欲望，激情则要服从和协助理性，理性又使激情变得温和、平稳而文明。肉体的快乐只是暂时的，是不值得追求的，一个有道德的人就是理性控制了情感和欲望的人。无论是个人还是国家，只有按照这种关系实现三者的和谐，才是实现了美德与正义。“我们每一个人也一样，倘若他灵魂的各个部分各自做本分的事，他凭着这一点便成为一个合乎公正的人，做他本分的事的人。”③“每一个人必须在国家里面执行一种最适合于他的天性的职务。”④

亚里士多德在阐发道德理性的内涵方面具有开创性的成就，他明确将实践理性与理论理性区分开来。这是他超越同时代乃至后世很多时代思想家的重要的理论贡献。

他同样将理性视为灵魂的一部分。他认为灵魂有两个部分，一部分是理性的，另一部分是非理性的。

他认为灵魂的非理性部分为一切生物所共有，它又可以分为两部分：一部分是植物的，与理性绝不相干；另一部分是欲望的，在一定程度上分有理性。非理性的部分总是与理性的部分相对立、相斗争，但由于非理性的部分也分有理性，因而有自制能力的人就能够以理性控制非理性。这一思想为以理性约束非理性找到了根据。亚里士多德指出：

> 看来灵魂还另外有一种本性，它虽然是非理性的，但在某种程度

---

① 文德尔班. 哲学史教程：上卷. 北京：商务印书馆，1989：98.

② 柏拉图. 理想国. 北京：商务印书馆，2002：167.

③ 周辅成. 西方伦理学名著选辑：上卷. 北京：商务印书馆，1964：159.

④ 同②155.

> 上也分有理性。从有自制能力和无自制能力的人那里，我们可以看到灵魂的这种本性和分有的理性（因为它要求这些人行为正当和更加高尚）。而在他们之中，看来天生有某种反理性的东西，与理性相对立、相搏斗着。仿佛身体的瘫痪部分，病人本打算把它向右移动，它却相反地摆到左边。灵魂的情况也不两样。不能自制的欲望，总是转到相反方向。只不过在身体中，我们能看到这种反向的转移，而在灵魂中却看不到罢了。但在灵魂中无疑有一种反理性的东西，它与理性原理相反，并走向它的反面。至于两者怎样区别，这并不重要，不过这个东西，如我们所说，看来是分有理性的。至少在自制的人那里，它是受理性约束的。至于那些明智、勇敢的人，则是百般服从理性的，因为他们与理性本是相通的。①

灵魂的理性的部分也分为两个部分：一部分思考具有不变本性的存在物，这部分称为认知的；另一部分思考具有可变本性的事物，这部分称为核计的。

> 设定有理性的部分也一分为二，一部分是考察那些具有不变本原的存在物，另一部分是考察具有可变本原的存在物。相应于那些种上不同的对象，在灵魂中自然也有种上不同的部分。因为只有凭借这种相似性，人们才能获得知识。在理性部分中，我们把前一部分称为认知的，把后一部分称为核计的。核计和考虑是一回事，谁也不会去考虑那些不能变化的事情。所以核计是理性灵魂的一个部分。②

根据可变动的事物的性质，后一部分的理性活动又分为两种：一种是运用理性将可变动的材料做成产品的活动，即制作活动；另一种是运用理性来处理生活和交往事务的活动，即实践。

亚里士多德明确地提出了实践理智的概念，并将理论理智与实践理智做了区分。他认为，理论理智是思辨的，它探求的是真与假，而实践理智则造成善与恶，它使欲望与理智相协调。

---

① 亚里士多德．尼各马科伦理学．北京：中国社会科学出版社，1990：23．

② 同①115．

> 如若选择是一种确当的选择，那么理智和欲望都应当是正确的。它既是一种肯定，也是一种追求。这样的理智是一种实践的真理，而思辨的、理论的理智则不是实践的。它只有真与假，而不造成善与恶，寻求真理是一切理智的功用，而实践理智的真理要和正确的欲望相一致。①

亚里士多德还从实践与创制相区别的角度区分了实践理性与理论理性。他指出，实践所包含的理性品质不同于创制所包含的理性品质，创制是一种技术，“技术和具有真正理性的创造品质是一回事情”②。明智则是关于人的善和恶的真正理性的实践品质，“没有明智主要德性就不能生成”。“在对德性做出规定时，除了说它是某种品质外，总还要加上一句：它是合乎正确原理的品质。只有合乎明智，这种品质才是德性。”③ 也就是说，亚里士多德并没有将技术、创制一类的实践视为以明智为准则的实践理性，他所说的实践理性是指排除生产、创制实践的道德理性。

斯多葛学派明确提出了按照理性生活的观点。斯多葛学派从亚里士多德那里继承了“人是有理性的动物”的命题，认为是否有理性、是否过理性的生活是人与动物的重要区别。“如果你回到你的原则并崇敬理性的话，过十天你对人们就会像是一个神，而现在你对他们却像是一头兽和一只猿。”④ 理性是尊贵的，感官的嗜欲则是动物性的，人应当保持健全的理性，将感性冲动置于理性的控制之下。“身体只是由理性者和理智活动确定自己范围的特殊场所，不要被感官或嗜欲的运动压倒，因为这两者都是动物性的，而理智活动却要取得一种至高无上性，允许自己被其他运动所凌驾。保持健全的理性，因为它天生是为了运用所有事物而形成的。”⑤

在斯多葛派看来，善就是依照自然和理性而生活，合乎自然和理性的生活方式就是至善。古罗马哲学家塞涅卡指出：“最高的善在于理性，而不在于感觉。什么是人身上最好的东西？理性。人由于理性的力量超脱动

---

① 亚里士多德．尼各马科伦理学．北京：中国社会科学出版社，1990：116.

② 同①118.

③ 同①132.

④ 马可·奥勒留．沉思录．北京：中国社会科学出版社，1989：24.

⑤ 同④62.

物，并且与神齐。”① 马可·奥勒留也认为：“至善就是明显地依照自然而生活，也就是依照道德而生活，因为自然领导我们走向道德。”② 善就是按理性生活的圆满，快乐只是善的附属物，它本身不是善。至善是按照健全的理性生活，是“为履行一切应尽的义务而生活”。按照理性生活是永久的义务，“去做一切和理性相和的事”是生活的原则。“没有任何人能阻止你按照自己的理智本性生活；没有任何违反宇宙理智本性的事情对你发生。”③

(2) 近代以来的理性概念

在欧洲的中世纪，信仰高于一切。信仰高于理性，是最高的德性，这是基督教伦理学的一个基本命题。因而，道德理性的思考能力湮没于对上帝的信仰之中了，正如赵敦华在《基督教哲学 1500 年》中所指出的：“基督教的道德准则采取了‘这是你应当做的’绝对命令的形式，它是必须无条件地接受信仰和启示，不能用理性的考虑权衡后果，或用论辩对它的合理性提出质疑……当基督教哲学与神学成熟之后，基督教也不反对用理性的方式衡量、论证和表达道德准则。理性主义伦理学在中世纪大有回旋余地。”④

基督教和希腊哲学有把精神追求置于物质利益之上的共同倾向，二者都包含着以理性压抑激情与肉欲的道德要求，它们之间的通融是完全可能的。应当说，思考道德理性、判断道德情境、论证道德准则、做出选择取舍的含义在基督教伦理学中是缺失的，因为宗教道德是预定的，必须绝对服从和遵守，同时克制自己的情感、欲望，使自己绝对服从道德规则的“理性”异乎寻常地强烈，否则就不足以维持基督教道德。而文艺复兴运动的兴起，则使理性作为人的理智判断、独立思考和行为选择能力的含义得到了强化。

文艺复兴运动是思想文化领域的一场轰轰烈烈的反封建、反神学的思想解放运动。作为反对封建神学思想禁锢的思想解放运动，文艺复兴

---

① 章海山. 西方伦理思想史. 沈阳：辽宁人民出版社，1984：134.
② 周辅成. 西方伦理学名著选辑：上卷. 北京：商务印书馆，1964：215.
③ 马可·奥勒留. 沉思录. 北京：中国社会科学出版社，1989：54.
④ 赵敦华. 基督教哲学 1500 年. 北京：人民出版社，1994：67-68.

运动在自己的旗帜上大大地写上了一个“人”字，它以人来反对神，以人性对抗神性，以人的理智判断、独立思考和行为选择的理性能力来反对神学的约束和束缚。意大利思想家皮科·米兰多拉曾作专著《论人的尊严》，高扬人的价值与尊严，弘扬人的理性，影响深远。他借上帝之口将人的价值与尊严还给人自身，因而他的这段话至今常为人们所引用：

> 上帝认定人是本性不定的生物，并赐他一个位居世界中央的位置，又对他说：“亚当，我们既不曾给你固定的居处，亦不曾给你自己独有的形式或特有的功能，为的是让你可以按照自己的愿望、按自己的判断取得你所渴望的住所、形式和功能。其他一切生灵的本性，都被限制和约束在我们规定的法则的范围之内，但是我们交与你一个自由意志，你不为任何限制所约束，可凭自己的自由意志决定你本性的界限。我们把你安置在世界中心，使你从此地可以更容易观察世间的一切。我们使你既不属于天堂，又不属于地上，使你既非可朽，亦非不朽，使你好像是自己的塑造者，既有自由选择，又有光荣，能将你自己造成你所喜欢的任何模样。你能够沦为低级的生命形式，即沦为畜生，亦能够凭你的灵魂的判断再转生为高级的形式，即神圣的形式。”①

文艺复兴以后，无论是理性主义者还是情感主义者都肯定人的理性的崇高地位。从培根开始，重又扬起了苏格拉底的“知识即美德”的大旗，提出知识就是力量，知识就是道德。在培根看来，人的理性在知识的引导下，能够明辨善恶，去恶从善，使人变得幸福快乐。理性中所包含的与对神的敬畏、对权威的崇拜相对应的人的理智判断、独立思考和自我选择能力，是作为人性的特征出现的。这种意义上的理性概念也被称为启蒙理性②，其代表人物主要有英国的培根、霍布斯、洛克，法国的笛卡尔、狄德罗，荷兰的斯宾诺莎，德国的莱布尼茨、沃尔弗，等等。但是，这一意

---

① 章海山．西方伦理思想史．沈阳：辽宁人民出版社，1984：212.

② 甘绍平．传统理性哲学的终结．台北：唐山出版社，1996：5.

义上的理性概念并不是在启蒙时期才开始被使用的，而恰恰是在人类文明的早期，当人类的目光从仰望神明转向审视自己时，当人类喊出“认识你自己”“人是万物的尺度”时，所谓的“启蒙理性”就已经确立起来了。当然，近现代资本主义时代的启蒙理性已经在古代启蒙理性的基础上有了很大发展，而且其思想也极其丰富。本书只着重论述对当代道德理性概念产生深远影响的两位思想家的道德理性思想，一是休谟，二是康德。

休谟的重要地位不在于他对道德理性进行了建树性的阐释，而在于他对道德理性提出的疑问。他提出的休谟问题困扰着近代乃至当代的伦理学家，也激发着他们的理论灵感。休谟在《人性论》中剖析了理性和情感的各自功用，当他在道德体系中按照平常的推理方式进行判断时，他发现“我们遇到的不再是命题中通常的‘是’与‘不是’这类联系词，而是没有一个命题不是由‘应该’或一个‘不应该’联系起来的”。道德命题的连系词不是科学命题中的“是”与“不是”，而是“应该”与“不应该”，休谟将自己的这个发现称为在道德领域发现了“牛顿定理”，他非常重视自己的这个发现。“这个变化虽是不知不觉的，却是有极其重大的关系的”，因为这“会推翻一切通俗的道德学体系”①。因此，休谟对道德理性提出了疑问，他认为，道德准则不可能由理性得来，道德准则刺激情感，产生或制止行为，而理性在这一点上则是无力的。理性的作用在于发现真与伪，在严格的哲学意义下，理性只能在两个方式下影响我们的行为：一是把成为某种情感的确当的对象告诉我们，因而刺激起那种情感来；二是它发现的因果关系，给我们提供了保持某种情感的手段。休谟在严格区分道德与科学、道德命题与科学命题的基础上对道德判断的特征进行了论述，他的论述不仅影响了 18 世纪的伦理学界，而且其理论影响还远涉 20 世纪的伦理学领域，以至于现代西方元伦理学也从休谟那里寻求理论依据。因此，康德在 1768 年写给赫德尔的信中写道：“以我的理解，在这个时期，蒙田将屈就于卑微的底层，而休谟则雄踞于至上的顶巅。”②

---

① 休谟．人性论：下．北京：商务印书馆，1997：509-510.

② 约翰·罗尔斯．道德哲学史讲义．上海：上海三联书店，2003：196.

康德是谈及道德理性时一个无法回避的重镇。康德认为，理性是人与动物的根本区别之所在，它承担着两重任务：一是解释如何能够先天地认识客体，二是解释理性如何能够决定意志的准则。前者属于纯粹理性批判，而后者属于实践理性批判。“人类，就其属于感性世界而言，乃是一个有所需要的存在者，并且在这个范围内，他的理性对于感性就总有一种不能推卸的使命，那就要考虑感性方面的利益，并且为谋今生的幸福和来生（如果可能的话），而为自己立下一个实践准则。”① 换句话说，实践理性的任务就是为自己、为人类立法。康德认为，普遍的实践法则是从客观规律中引申出来的，就实践法则对意志的强制性而言，它是一个定言命令。命令的程式有两种，一是定言命令，一是假言命令。定言命令是普遍的法则，它意味着无条件的、必然的；假言命令则是有条件的，意即“如果你想达此目的，你就必须怎样”。服从普遍的实践法则是人的义务，如果自己的愿望由于主观的原因而与客观的根据相抵触，就需要作为道德强制性的实践理性加以抵抗，即进行理智的约束，而这正是道德价值之所在。“道德价值却必须仅仅安置在如下的情形里面：行为出于职责，亦即单纯为了法则的缘故才发生。”②

（3）现代性基础上的道德理性

现代以来，人们对道德理性的探讨更为细致而丰富，如经济理性、交往理性等概念的提出和深入阐发，对合理性的探讨，以及 20 世纪以来西方元伦理学对道德推理详尽而深入的研究等等，这些讨论都丰富了道德理性的内涵。

对利益进行权衡，将行为选择纳入成本—效益分析的思考框架中，这种思维方式通常也被称为经济人理性或经济理性，这重意义上的理性概念肇始于亚当·斯密。它起源虽晚，但影响深远，在当今，说一个人不够理性，其隐含的意义是指他对利益的权衡不够妥当。经济人理性是以经济人的理性假设为依据的，即在经济活动中，人人都追求自己的利益，并且有完备的计算能力，能够选择对自己最有利的行为。从经济理性的定义看，

① 康德．实践理性批判．北京：商务印书馆，1998：62.

② 同①88.

它似乎应当局限在经济活动中，但实际上它已经泛化为一种道德思考方式，对人们的道德生活产生了影响，并因此而遭到广泛的批评。

马克斯·韦伯将理性分为目的理性与价值理性。

> 目的合乎理性的，即通过对外界事物的情况和其他人的举止的期待，并利用这种期待作为“条件”或者作为“手段”以期实现自己合乎理性所争取和考虑的作为成果的目的；价值合乎理性的，即通过有意识地对一个特定的举止的——伦理的、美学的、宗教的或作任何其他阐释的——无条件的固有价值的纯粹信仰，不管是否取得成就。①

如果不考虑行为的后果，而是依据义务、尊严、规范等重要信念进行行为的选择，这样的选择行为就是合乎价值理性的；而如果根据目的、手段和附带的后果来进行行为的选择，而且把手段与目的、目的附带的后果以及各种可能的目的相比较，做出理性的权衡，这样的选择行为就是合乎目的理性的行为。

韦伯指出，在市场中，市场的参与者以自己的行为为手段，以自己典型的主观的经济利益为目的，奉行着目的理性。人们把这种对利益的主观看法和认识作为行为的取向，让自己的行为合乎目的理性，不断地使自己的行为理性化，并且延展到社会习俗之中：“行为理性化的一个重要的因素，是用有计划地适应利害关系去取代内心服从约定俗成的习俗。”② 从目的理性出发，价值理性总是非理性的，而且越是把行为以之为取向的价值上升为绝对的价值，它就越是非理性的。

反过来，从价值理性出发，目的理性也是非理性的。事实上，已经有很多学者对目的理性、工具理性的泛滥进行了批判，如普特南指出：

> 的确，在某种意义上，现代工具主义的理性概念本身就是“客观相对主义的”。这个概念的核心就是一条臆造的分界线：“结局”和“目标”的选择既不是理性的，也不是无理性的（只须某种最起码的相

---

① 马克斯·韦伯. 经济与社会：上卷. 北京：商务印书馆，1997：56.

② 同①61.

> 容性要求被满足)，而手段的选择就其功效而言却是理性的。理性是手段的属性，不是结局的属性，理性和功效完全是融为一体的……这种工具主义合理性构想其实就是休谟格言的翻版：“理性是而且应该是感情的奴隶。”这个构想对于边沁也有深刻的影响，现代社会科学家一般都认为它是正确的。①

哈贝马斯在批判马克斯·韦伯观点的基础上，对道德理性做出了自己的阐释。按照哈贝马斯现代性批判的理论，理性在现代社会中的一个最大的病变形态，就是走上了片面的认知——工具化道路。理性的工具化和形式化，使现代性面临着重重危机。为了克服现代性危机，哈贝马斯给出的方案是交往理性。他认为：

> 实践理性之实用的、伦理的和道德的应用有着这样的目的，即提供技术上、战略上的行为指导，提供现实的建议与道德判断。我们称实践理性为对相应的（道德）命令进行论证的能力，借此不仅“必须”或“应当”的语内表现行为的意义要根据行为状况和待作出的决策进行调整，而且那应当由理性地论证过的命令所决定的意志的概念也要有所改变。②

所谓交往理性，就是要让理性由“以主体为中心”转变为“以主体间性为中心”，以便阻止独断性的工具行为主宰理性，而尽可能地使话语性的“交往行为”继续深入理性最终实现理性的交往化③。“这种交往理性概念的内涵最终可以还原为论证话语在不受强制的前提下达成共识这样一种核心经验，其中，不同的参与者克服掉了他们最初的那些纯粹主观的观念，同时，为了共同的合理信念而确立起了客观世界的同一性及其生活语境的主体间性。”④

总之，西方伦理学史中的道德理性概念在不同的时期有不同的特点，

---

① 普特南．理性、真理与历史．沈阳：辽宁教育出版社，1988：210.

② 哈贝马斯．商谈伦理学的诠释//20 世纪西方伦理学经典·伦理学前沿：道德与社会．北京：中国人民大学出版社，2005：550.

③ 曹卫东．交往理性与诗学话语．天津：天津社会科学出版社，2001：8.

④ 哈贝马斯．交往行为理论：第 1 卷．上海：上海人民出版社，2004：10.

但不能不说其基本的内涵在古希腊时期就已经萌芽，近代以来的发展则是在其基本内涵的基础上进行的不同阐释。

2. 中国伦理学史中的道德理性

我国古代没有与道德理性完全等同的概念，但有与之相关且在一定程度上蕴涵了道德理性的含义的范畴，如理、知（智）、仁、义等①。知是认识论范畴，它在与行对举时，在中国古代主要是指道德认识，包含了一定的道德理性的含义。理在我国是一个内涵十分丰富的范畴，它在与欲对举时，主要指道德规范的约束力量，也包含了一定的道德理性的含义。由于这些范畴的内涵十分丰富，并不是纯粹的道德范畴，包含道德理性的含义的强弱程度也不同，本书仅从伦理学的角度探讨其中的"理""知"的道德内涵或者说与道德理性相关的内涵。

（1）理

"理"的本义是玉石的天然纹理，人按其纹理而治玉，叫作"理"。《说文》："理，治玉也，从玉里声。"段玉裁注云："玉之未理者为朴，是理为剖析也。玉虽至坚，而治之得其鰓以成器不难，谓之理。"理还有义理、物之理、天地万物之理等含义，我国古人还将理与气、理与势对举，赋予其本体论、历史观的意义。

据我国著名的中国哲学史专家张岱年先生的考证，作为哲学范畴的"理"起源于战国中期，《论语》《老子》中无"理"字，《孟子》中"理""义"并举，孟子说："口之于味也，有同耆焉；耳之于声也，有同听焉；目之于色也，有同美焉。至于心，独无所同然乎？心之所同然者何也？谓理也，义也。

---

① 蒙培元在《情感与理性》一书中指出，中国没有西方哲学所说的人的理智能力、思辨能力的理性，中国哲学所说的"义理""性理"是一种理性，与康德的实践理性相类，属于同一范围，但又有很大区别：一是康德的实践理性是纯形式的，儒家的"义理""性理"有内容的具体理性，是道德情感的形式化；二是康德的实践理性是完全超越的，儒家的"义理""性理"是"人同此心，心同此理"的道德理性，与人的生命活动、心理活动是分不开的。他认为与孔子的"仁"、孟子的"四端"相对应的仁义礼智"四性"等都是具有理性特征的。他特别强调了"智"属于实践理性或道德理性的范畴，"智"以"仁"为本，包含了价值认识的意义，即所谓"知仁""识仁"之"知"。（蒙培元. 情感与理性. 北京：中国社会科学出版社，2002：69-70，107）

圣人先得我心之所同然耳。故理义之悦我心，犹刍豢之悦我口。”（《孟子·告子上》）他将理视为道德准则，是“心之所同然”，从而赋予理以判断是非善恶标准的道德意义。

《管子·心术上》中说：“礼者，因人之情，缘义之理而为之节文者也。故礼者谓有理也，理也者，明分以谕义之意也。故礼出乎义，义出乎理，理因乎宜者也。”显然，管子将理与礼联系在一起，将理视为礼，即道德规范的根据。荀子将理视为“礼之不可易者也”，礼是“长少之理”（《荀子·礼论》）、“逆顺之理”（《荀子·正论》）。荀子还将理与欲联系起来，指出：“故欲过之而动不及，心止之也。心之所可中理，则欲虽多，奚伤于治！欲不及而动过之，心使之也。心之所可失理，则欲虽寡，奚止于乱!”（《荀子·正名》）如果心所认可的合于理，欲虽多而不伤于治，若失于理，欲虽寡而不止于乱。他还提出了“以理制情”说，指出：“圣人纵其欲，兼其情，而制焉者理矣。”（《荀子·解蔽》）“孰知夫礼义文理之所以养情也!”（《荀子·礼论》）强调以理性节制情感。

汉建立以后，贾谊在总结秦亡的教训时指出，“秦国失理，天下大败”。这里所说的“失理”是指“众掉寡，知欺愚，勇劫惧，壮凌衰，攻击夺者为贤，贵人善突盗者为忻，诸侯设谄而相饬，设輹而相绍者为知”，也即“违礼仪，弃伦理”（贾谊：《新书·时变》）。贾谊认为“德有六理”，即“道、德、性、神、明、命”（贾谊：《新书·道德说》）。《道德说》对于“道、德、性、神、明、命”这“六理”一一做了阐释之后，又对德与理的关系进行了进一步的阐发：“德生理，理立则有宜。适之谓义，义者，理也。故曰，义者，德之理也。”汉代董仲舒也强调“循三纲五纪遍八端之理”（董仲舒：《春秋繁露·深察名号》）。

魏晋时期，刘劭将理分为四种，即道之理、事之理、义之理、情之理：“若夫天地气化，盈虚损益，道之理也。法制正事，事之理也。礼教宜适，义之理也。人情枢机，情之理也。四理不同。”（刘劭：《人物志·材理》）道之理指自然规律，事之理指政治制度，义之理指道德规范，情之理指人际情感的规律。

自北宋起，理逐渐成为中国哲学的最高范畴，是宇宙万物的精神本体，也是道德规范的总和或根据。张载、二程、朱熹等对此均有论述。

在张载那里，气是其哲学体系的最高范畴，理是从属于气的。理是气的运动变化的秩序性或必然性，但张载的理中也包含着伦理的含义，“盖礼者理也，须是学究理，礼则所以行其义，知理则能制礼，然后礼出于理之后”（《张子语录》中），他将理视为礼的根据。

二程将理作为最高哲学范畴，认为理是宇宙本体，也是道德规范的总和：“视听言动，非理不为，即是礼。礼即是理也。”（《河南程氏遗书》卷十五）“父子君臣，天下之定理，无所逃于天地间。”（《河南程氏遗书》卷五）

朱熹所说的天理，就是仁义礼智、三纲五常的道德规范，“天理只是仁义礼智之总名，仁义礼智便是天理之件数”（《宋元学案》卷四十八）。天理是判断善恶的标准，“天下之理，不过是与非两端而已。从其是则为善，徇其非则为恶”（《朱子语类》卷十三）。朱熹将理分为“所以然之理”与“所当然之理”：“若夫知则心之神明，妙众理而宰万物者也……至于天下之物，则必各有所以然之故，与其所当然之则，所谓理也。”（《朱子全书·四书或问》）“如事亲当孝，事兄当弟之类，便是当然之则。然事亲如何却须要孝，从兄如何却须要弟，此即所以然之故。”（《朱子语类》卷十八）当然之则即行为准则，所以然指事物的本来联系，乃至自然规律。穷理的目的就是要知所以然，知所当然：“穷理者，欲知事物之所以然，与其所当然者而已。知其所以然，故志不惑；知其所当然，故行不谬。”（《朱文公文集》卷六十四）

陆九渊、王守仁认为心即理，认为理是存于人心的善念、良知：“人皆有是心，心皆具是理，心即理也。”（《陆九渊集》卷十一）“良知即是天理。”（《王阳明书牍·与马子莘》）理学与心学在将天理与人欲并立这一点上是一致的，“天理存，则人欲亡；人欲胜，则天理灭”，要“革尽人欲，复尽天理”（《朱子语类》卷十三）。王守仁也说：“何者为天理？曰去得人欲，便识天理。”（王阳明：《传习录》上）“只要去人欲，存天理，方是功夫。静时念念去人欲存天理，动时念念去人欲存天理。”（王阳明：《传习录》上）

二程、朱熹还有性即理的说法。“性即理也，所谓理，性是也。天下之理，原其所自，未有不善。”（《河南程氏遗书》卷二十二上）“性即是理，理则自尧、舜至于涂人，一也。”（《河南程氏遗书》卷十八）“自性而行，皆善也，圣人因其善也，则为仁义礼智信以名之。”（《河南程氏遗书》

卷二十五）二程将性分为两个层面，一是理性，二是生之谓性。所谓理性，其内容即仁义礼智信之理。朱熹认为，“生之谓气，生之理谓性”（《朱子语类》卷五十九）。理之性，又称义理之性，《朱子语类》卷六十四云：“‘德性’犹言义理之性？曰‘然’。”其弟子陈埴说：“仁义礼智者，义理之性也。”（《宋元学案》卷六十五）①

明末清初的王夫之是中国古典哲学的集大成者，他将理视为客观事物固有的条理、秩序、规律。理不只是自然界的规律，也是人性之至理，即道德标准：“凡言理者有二，一则天地万物已然之条理，一则健顺五常、天以命人而人受为性之至理。”（《读四书大全说》卷五）他主张以心循理。

清代思想家戴震对于理与欲的关系做了辨析，他认为，“理者存乎欲者也”（《孟子字义疏证·理》），“有欲而后有为，有为而归于至当不可易之谓理；无欲无为又焉有理！”（《孟子字义疏证·权》）理寓于欲中，是对欲的指导，没有欲也就无所谓理。

总之，中国古代的理的范畴在伦理学意义上主要有这样三重含义：一是先验的道德法则；二是道德规范，即礼；三是在与情感、欲望相对应的意义上使用的理，其实质仍然是道德规范。

（2）知（智）

知主要是认识论的范畴，其中也包含着道德认识的含义，尤其是在将其与行对举时，主要指的是作为道德认识或道德认识能力的含义。需要说明的是，中国传统的思维模式具有直觉思维的特征，知这一范畴中既包含理性认识的成分，但也包含着相当多的直觉思维的成分。

第一，关于知与良知。

如孔子所说，“知之为知之，不知为不知，是知也”（《论语·为政》）。但孔子也将知作为重要的德性，将其与仁、勇并举，“知者不惑，仁者不忧，勇者不惧”（《论语·子罕》），“樊迟问知，子曰：务民之义，敬鬼神而远之，可谓知矣”（《论语·雍也》）。孔子还论述了知、仁、礼之间的关

---

① 张岱年．中国古典哲学概念范畴要论．北京：中国社会科学出版社，1989：184．张先生认为，二程所谓“理性”、朱熹所谓“理之性”、陈埴所谓“义理之性”与近代哲学中所说的理性不尽相同，但大致相仿。朱氏所谓“理之性”，可以说是指内在的道德律令，认为这内在的道德律令是天赋的、先验的。

系："知及之，仁不能守之；虽得之，必失之。知及之，仁能守之。不庄以莅之，则民不敬。知及之，仁能守之，庄以莅之。动之不以礼，未善也。"（《论语·卫灵公》）这里的知就有道德理性能力的含义。

孟子将是非之心视为智之端，其所说的"是非"主要是指道德意义上的是非。"恻隐之心，仁之端也；羞恶之心，义之端也；辞让之心，礼之端也；是非之心，智之端也。人之有是四端也，犹其有四体也……凡有四端于我者，知皆扩而充之矣，若火之始然，泉之始达。苟能充之，足以保四海；苟不充之，不足以事父母。"（《孟子·公孙丑上》）而孟子所谓"良知"是指"所不虑而知者"（《孟子·尽心上》），是人本然地具有的对自己的本性的认识，这与后世所谓道德直觉相类。王守仁所谓"致良知"，其良知也是这个意思。

墨家对知有较多论述，认为"知，材也"（《墨子·经上》），"知也者所以知也，而不必知，若明"（《墨子·经说上》）。意思是说，知是人认识事物的能力，但仅有这种能力还不能构成认识，如同眼睛有视物的能力，但仅有这种能力还不能形成视觉，还需要与客观事物相接触，即："知，接也。"（《墨子·经上》）"知。传受之，闻也；方（空间）不瘴（障），说也（推理知识）；身观焉，亲也。所以谓，名也。所谓，实也。名实耦，合也。志行，为也。"（《墨子·经说上》）即通过传授、推理和亲身体验获得认识。对事物的认识包含事物的名称、名称所表示的事物、名称与事物的符合关系以及目的与行动的实际行为。墨家把"为"作为知的一个重要方面，强调知不能脱离实践。东汉王充除了重视感性经验，认为知识来源于实践外，还强调了理性思维，批评了墨家的狭隘经验论："夫论不留精澄意，苟以外效立事是非，信闻见于外，不诠订于内，是用耳目论，不以心意议也。夫以耳目论，则以虚象为言。虚象效，则以实事为非。是故是非者，不徒耳目，必开心意。墨议不以心而原物，苟信闻见，则虽效验章明，犹为失实。"（《论衡·薄葬》）以耳目获得的知识，有时只是虚象，还需要"心意"的"诠订"，即需要理性认识的分析、综合、判断。

荀子指出："所以知之在人者谓之知，知有所合谓之智。"（《荀子·正名》）他从认识论的角度对人的认识与认识对象做出了明确的区分。知是人的认识能力，智是人的认识与客观事物相符合。荀子认为人除了可以认识客观事物，还可以知“道”：“故治之要在于知道。人何以知道？曰：心。心何以知？曰：虚壹而静。”（《荀子·解蔽》）虚即不要有先入之见；壹即专心，集中注意；静即不为幻象扰乱认识。荀子认为，知“道”需要有一个过程，需要有“虚壹而静”的修养功夫才能实现。

第二，关于知行关系中的知。

荀子认为，行比知重要：“不闻不若闻之，闻之不若见之，见之不若知之，知之不若行之。学至于行之而止矣。行之，明也；明之为圣人。”（《荀子·儒效》）不仅要有道德认识，还要有道德实践，只有道德认识得到真正的践行，才能成为有德的人。

董仲舒认为，知先行后：“何谓之智？先言而后当。凡人欲舍行为，皆以其智先规而后为之。其规是者，其所为得，其所事当，其行遂，其名荣，其身故利而无患，福及子孙，德加万民，汤武是也。其规非者，其所为不得其，所事不当，其行不遂，其名辱，害及其身，绝世无复，残类灭宗亡国是也。故曰莫急于智。”（《春秋繁露·必仁且智》）程颐也认为知先行后：“须是知得了，方能乐得。故人力行，先须要知。”“譬如人欲往京师，必知是出那门，行那路，然后可往。如不知，虽有欲往之心，其将何之？”（《河南程氏遗书》卷十八）同时，他还赞成知行相合，认为：“人既能知见，岂有不能行？”（《河南程氏遗书》卷十七）陆九渊也主知先行后说：“博学、审问、慎思、明辨、笃行。博学在先，力行在后。”（《陆九渊集》卷三十五）

朱熹提出“知行相须”：“致知力行，论其先后，固当以致知为先，然论其轻重，则当以力行为重。”（《朱文公文集》卷五十）“古圣贤教人，必以穷理为先，而力行以终之。”（《朱文公文集》卷五十四）“知、行常相须，如目无足不行，足无目不见。”（《朱子语类》卷九）朱熹既强调真知，也强调力行，认为二者不可偏废：知之愈明，行之愈笃；行之愈笃，则知之愈明。

王阳明提出知行合一，认为二者互相蕴涵：“知之真切笃实处，即是行；行之明觉精察处，便是知。知行工夫，本不可离，只为后世学者分作两截用功，失却知行本体，故有合一并进之说。”（王阳明：《传习录》中）他还认为二者不分先后，“一念发动处，便即是行了”（王阳明：《传习录》下）。知和行就是良知和良知的显露，因此要通过“致良知”的功夫使二者合一。

王夫之在知行关系上做出了重要的理论贡献，他认为，知与行是统一的，“知行终始不相离。存心亦有知行，致知亦有知行，而更不可分一事以为知而非行，行而非知”（《读四书大全说》卷三）。二者相互促进，不断深化。但二者的统一是建立在行的基础上的，行而后知，知以行为功，“行焉可以得知也”，“知虽可以为行之资，而行乃可以为知之实”（《四书训义》卷二），“且夫知也者，固以行为功者也。行也者，不以知为功者也。行焉可以得知也，知焉未可以收行之效也”（《尚书引义》卷三）。行可兼知，而知不可兼行。

第三，关于德性①之知。

张载提出“德性所知”，“见闻之知，乃物交而知，非德性所知；德性所知，不萌于见闻”（《正蒙・大心》）。“人谓已有知，由耳目受也；人之有受，由内外之合也。知合内外于耳目之外，则其知也过人远矣。”（《正蒙・大心》）知是内外之合，见闻之知是感性认识，德性所知则超越感性认识，“合内外于耳目之外”。德性所知是对天地神化的认识，它以道德修养为基础：“《易》谓‘穷神知化’，乃德盛仁熟之致，非智力能强也。”（《正蒙・神化》）

程颐区分了“德性之知”与“闻见之知”：“闻见之知，非德性之知，物交物则知之，非内也，今之所谓博物多能者是也。德性之知，不假闻见。”（《河南程氏遗书》卷二十五）他将德性之知视为内在的自我认识。王夫之认为：“德性之知，循理而及其原，廓然于天地万物大始之理，乃吾所得于天而即所得以自喻者也。”（《张子正蒙注》卷四）他认为德性之知是对天地万物根本原理的认识。

王廷相对德性之知的先验论提出了批评，他指出：“世之儒者乃曰思虑见闻为有知，不足为知之至，别出德性之知为无知，以为大知。嗟呼！其禅乎！不思甚矣。殊不知思与见闻必由吾心之神，此内外相须之自然也。德性之知，其不为幽闭之孩提者几希矣。禅学之惑人每如此。”（王廷相：《雅述》上篇）吴廷翰也认为“德性之知，必实以闻见，乃为真知”，“今以

① 张岱年先生认为，“德性”是中国古典哲学中的一个重要概念，与康德的“实践理性”颇为近似，但我国古人并没有像康德对于“实践理性”那样对“德性”做出详细的论证。与“德性”相近的概念是“道心”，张先生认为“道心”是纯粹的道德意识。

德性为真知，而云‘不假闻见’，非也。婴孩始生，以他人母之而不识，长则以他人为母，终其身不知。或闭之幽室，不令人见，不闻人语，虽天日且不识，而况于他乎？故婴孩之知，必假闻见”（吴廷翰：《吉斋漫录》卷下）。

第四，关于格物致知的知。

“格物致知”始见于《礼记·大学》，是道德修养的命题。宋儒对它进行了系统研究和阐释。程颐、朱熹所阐释的“格物致知”的“知”都有双重含义，即道德认识能力和道德认识的内容①。程颐说：“‘致知在格物’，非由外铄我也，我固有之也。因物有迁，迷而不知，则天理灭矣，故圣人欲格之。”他又说：“知者吾之所固有，然不致则不能得之，而致知必有道，故曰‘致知在格物’。”（《河南程氏遗书》卷二十五）前者似指道德认识的内容，后者似指道德认识的能力。朱熹对“格物致知”有一段系统的论述：“所谓致知在格物者，言欲致吾之知，在即物而穷其理也。盖人心之灵莫不有知，而天下之物莫不有理，惟于理有未穷，故其知有不尽也。是以大学始教，必使学者即凡天下之物，莫不因其已知之理而益穷之，以求至乎其极。至于用力之久，而一旦豁然贯通焉，则众物之表里精粗无不到，而吾心之全体大用无不明矣。此谓物格，此谓知之至也。”（朱熹：《大学章句集注》）就心之知与物之理相对而言，知似为认识能力；就理有未穷，知有不尽而言，知既指认识能力，也指认识内容，主要是所知的内容，“吾心之全体大用”也兼指认识能力与认识内容。

总之，知在我国古代伦理学中既指道德认识能力，也指道德认识的对象、结果。但这种道德认识能力中既包含着理性认识的成分，也包含着直觉思维的成分；这种道德认识的对象既有道德规范的意味，也有德性、良知、天理这种先验道德的成分。

二、道德理性与道德推理的概念互涉

无论是在西方伦理思想史上还是在中国伦理思想史上，无论是对道德

① 张岱年．中国古典哲学概念范畴要论．北京：中国社会科学出版社，1989：217.

理性持肯定态度的思想家还是持否定态度的思想家，无论他们给道德理性赋予怎样的具体内容，他们所使用的道德理性无非包括三个方面的含义：一是在实体的意义上使用它，即将它作为人的机体的一部分，这主要是在古希腊时期；二是将它作为一种对人的约束力量，对欲望、激情起引导和节制作用；三是将它作为一种理性的能力，以进行道德思考和道德推理。随着科学的发展和人对自身认识的深化，将理性作为人的机体的一部分的含义渐渐地已经不再使用，而道德理性的另两重含义则日益凸显，并成为道德理性的基本内涵。

道德理性的两重含义实际上体现了道德理性的两个不同的侧面：一个是道德理性的规范性含义，另一个是道德理性的功能性含义。在这两个层面中，静态的道德理性更多地具有规范性内涵，而动态的道德理性，即道德推理，则更多地体现为功能性内涵。虽然二者各有侧重，但是显然，静态的道德理性也具有功能性含义，而动态的道德推理也具有规范性含义，道德理性与道德推理呈现出明显的概念互涉。由于本书是以对道德理性的内涵分析切入的，因此下文中仍以“道德理性的规范性含义”“道德理性的功能性含义”的方式表述，但其在意涵所指上则是双重的。

1. 规范性内涵

道德理性的规范性内涵是指道德主体根据自己的道德推理所确立的行为准则，所体现的道德原则或道德规范，它既是道德理性的功能性含义的前提和根据，即进行道德推理的逻辑上的大前提，又是道德推理的积淀，最终表现为集体理性。换言之，道德推理体现道德理性的功能性，道德推理的结果则体现道德理性的规范性，体现道德主体的行为准则。

（1）体现了集体理性

道德理性的规范性既是道德推理的前提和根据，又是道德推理的结果。作为前提，它是具有普遍性的道德原则；作为结果，它是得到道德主体认同的具体的行为准则。普遍性的道德原则与得到道德主体认同的行为准则的区分对于道德理性的规范性研究是有着重要意义的，认同的过程也是道德推理发挥作用的过程。

具有普遍性的道德原则是道德推理的凝结和积淀，最终体现为集体理性。道德最初就是社会大多数成员共同意愿的凝结。在原始初民那里，将自己的需要融入社会成员共同的需要之中，服从社会成员共同的需要，是不自觉的，或是迫不得已的。那时个人无力对抗强大的自然，没有能力独自在恶劣的自然环境中生存，而只能采取合乎社会成员共同意愿的行为方式。而这个社会成员的共同意愿也就是最基本的公共道德准则。这种公共道德准则的形成是社会成员不自觉的理性选择的结果，是道德生活经验的积累。如果人完全按照自己的意愿来行动，来满足个人生存、发展的需要，那么就无所谓道德。但是无数次道德实践证明，人们只有把自己的主观需要融入社会成员共同的生存、发展的需要当中去的时候，自己的需要才能得到满足，个人才能得到生存与发展。随着社会生活的发展，人与人之间的联系更为紧密了，正如马克思指出："人们按照自己的物质生产率建立相应的社会关系，正是这些人又按照自己的社会关系创造了相应的原理、观念和范畴。"①

一旦个体的道德理性上升为集体的道德理性，上升为道德原则，它就具有了普遍的约束力。对此，夏伟东在《道德本质论》中做了深刻的阐述，他指出：

> 理性对个人意向与欲望的把握，是通过把社会的或集体的道德价值，用道德规范的形式明确肯定下来，从而使之成为一种个人所感受得到的约束力量而实现的。理性与个人意向或欲望的节制与摆脱节制的关系，始终是规范伦理学的中心议题之一。马克思主义伦理学在这个问题上把理性理解为社会性的，认为理性在很大程度上，正是一个或大或小的团体的一种共同意志、共同要求、共同利益的结晶。这种结晶源于各个个人，又是各个个人普遍升华了的"公共财富"。因此，理性对于个人的意向或欲望来说，总具有一种压抑的特质，即要迫使个人的志向或欲望始终沿着某一集体的共同志向或欲望的方向发展，而不能与集体的发展方向背道而驰。②

---

① 马克思恩格斯选集：第1卷．北京：人民出版社，1995：108.

② 夏伟东．道德本质论．北京：中国人民大学出版社，1991：114.

康德在他的《实践理性批判》中，也将个人的行为准则与普遍的道德原则区分开来，强调要使意志的准则符合普遍的立法原则。他确立的纯粹实践理性的基本法则就是："这样行动：你意志的准则始终能够同时用作普遍立法的原则。"① 意志的准则是主观的，是每个人在具体的情况下依据自己的主观需要而为自己的行为订立的准则，实践理性要求主观的准则要符合客观的普遍立法。或者说，每个人在为自己立法时，所立之法虽然在形式上是主观的，但它必然要包含客观的内容，能够同时用作普遍立法的原则。从另一个角度说，要使自己所遵循的行为准则，与社会普遍的道德要求相符合。

（2）体现了客观性

道德理性的规范性是其功能性的伦理前提和根据，但这个前提不同于一般逻辑前提，不仅仅是形式上的，而且有其客观内容。正如胡塞尔在《伦理学与价值论的基本问题》中所指出的："为了澄清伦理学中的事实，我们必须研究：虽然自古以来在伦理学中不断谈到伦理原则，但是在这儿称为伦理原则的，几乎不是与逻辑学中的逻辑原则真正类似的东西。如同原则一样，双方附属的理论也没有真正的类似。人们传统上称为逻辑原则的，是形式规则；而人们称为伦理原则的，则是非形式规则。"② 道德理性的规范性体现了道德理性的客观性，而且正是因为道德理性的客观性才使它具有了约束力和导向性。

道德理性的客观性体现为它是社会关系的反映，是社会生活的要求。道德理性是社会存在的产物，是一定的社会关系和道德关系在人们意识中的反映和概括，它反映了社会道德关系和客观的社会道德要求对人们的行为、情感的基本节制和约束。"社会关系的含义是指许多个人的合作"③，这种合作关系是道德理性的深刻渊源，决定了道德理性的规范性的客观必然性。正如恩格斯在论述道德与法的起源时所讲的："在社会发展的某个很早的阶段，产生了这样一种需要：把每天重复着的产品生产、分配和交

---

① 康德. 实践理性批判. 北京：商务印书馆，1998：31.

② 埃德蒙德·胡塞尔. 伦理学与价值论的基本问题. 北京：中国城市出版社，2002：45.

③ 马克思恩格斯全集：第3卷. 北京：人民出版社，1960：33.

换用一个共同规则约束起来，借以使个人服从生产和交换的共同条件。这个规则首先表现为习惯，不久便成了**法律**。”① 道德理性是人们在合作关系中，在生产、分配和交换关系中形成的共同需要，它既为这种关系所规定，在内容上体现着这种关系，又是维系这种关系所不可或缺的要素。黑格尔也看到了实践理性的这个性质，他说：“实践理性设定善这施展才华内在的东西，而且实践理性之所以成为真正的实践的理性，是由于它首先要求真正地实践上的善必须在世界中有其实际存在，有其外在的客观性，换言之，它要求思想必须不仅仅是主观的，而且须有客观性。”②

道德理性的客观性使它对道德生活具有导向性。它引导着道德主体服从它，把个人的欲望、要求置于其下，使之符合道德理性的要求。因而道德理性的导向性体现为规范性和约束性。它起着约束人的欲望、节制人的情感的作用。它在发挥这种作用的同时，也就为人的行动指明了方向。柏拉图把理性与个人志向或欲望的关系比喻为驭手与烈马的关系：人的欲望就像一匹暴躁的烈马，必须由技艺高超的理性驭手来驾驭。事实上，理性不仅仅是驭手，更像是路标，引着驭手和烈马一路坦途，走向目标。约束性与导向性是相辅相成的：没有驭手的约束作用，烈马会失去束缚；而没有路标的导向作用，驭手也会失去方向和目标。

道德理性的导向性还体现为一种理想性。道德理性与一般的道德意识不同，它并不满足于对既有的现实生活和现实存在的善之引导与调节，而是面向将来，体现出一种理想性。道德理性是人们为了满足自己的需要、追求自己的价值目标而在道德生活中所进行的思维活动及其思维成果，它既有反映客观现实和为客观现实所规定的一面，又有反映客观现实的发展规律，超越现有事物和当前范围的限制，按照人们的意志及客观规律的发展方向去发展的一面。道德理性具有天然的理想性，努力把握并且实现“应当”。

(3) 体现了具体历史性

正因为道德理性的内容是客观的，它才不是先验的，不是一成不变

---

① 马克思恩格斯文集：第 3 卷. 北京：人民出版社，2009：322.

② 黑格尔. 小逻辑. 北京：商务印书馆，1980：143.

的，而是随着社会历史条件的发展而变化的。每一个时代都有每一个时代的道德理性。道德理性的基础在社会历史之中。道德蕴涵于人们的社会关系之中，而在每一个时代、每一个社会，人与人之间关系的特征是不同的，决定这种关系的物质生产方式也是不同的，因而其道德理性也是不同的。当然，道德理性具有主观的形式，包含着个体的欲望、意志、要求的深刻影响，包含着个体的思维特征，但是，人的欲望、意志、要求也是具体的、历史的。柏拉图的道德理性是指公正的生活，也就是国家的各个阶级成员和谐地发挥他们各自的功能，以实现城邦整体的善与正义。而功利主义所强调的理性原则则是个人利益的最大化。人的道德理性总是历史性的或处于某种特定的历史时空中的道德理性，它必须根植于活生生的客观现实并在客观现实中获得自己的力量。恩格斯曾经批判费尔巴哈的抽象道德："爱随时随地都是一个创造奇迹的神，可以帮助克服实际生活中的一切困难……它是为一切时代、一切民族、一切情况而设计出来的；正因为如此，它在任何时候和任何地方都是不适用的，而在现实世界面前，是和康德的绝对命令一样软弱无力的。"① 空洞的、没有客观内容的、没有具体的历史性的道德理性是无力的，无法得到真正的运行。

2. 功能性内涵

道德理性的功能性内涵是指道德主体对道德情境的分析、判断，根据一定的道德原则，运用道德推理，进行道德选择，做出道德判断，形成新的道德认识，确立自己的行为准则的能力。道德理性的最核心的功能是进行道德推理，道德推理作为思维过程，最终表现为进行道德判断、得出道德结论、做出道德评价、为自己确立行为准则等。

（1）体现着个体理性

道德理性在功能上是一种道德思维能力，承载这种思维能力的总是某个具体的道德个体。道德认知、道德推理、道德判断都是由具体的个人来完成的，道德理性的成果也体现为道德个体对道德理性的认同，体现为个人的行为准则。

---

① 马克思恩格斯选集：第4卷．北京：人民出版社，2012：246-247．

首先，道德理性的承载者是一个个具体的道德个体。就一个具体的道德个体而言，其运用道德理性的基本过程是根据自己所认同的集体理性对具体的道德情境进行分析、判断、推理，得出道德结论，也就是个体的行为准则。而这个行为准则又蕴涵了集体理性，是个体化的集体理性，其中蕴涵了丰富的具体性。每一个具体的行为准则都包含了具体个体、具体时间、具体地点、具体目的、具体条件等丰富的内容，包含着对道德原则的具体主体的解读与认同，包含着对道德情境的分析与判断，也包含着道德主体的认知与权衡。

其次，道德理性的最终成果也体现为个体性的成果。体现为集体理性的道德理性只有再经过个人的道德思维，体现为个体的行为准则时，才能够发挥作用，或者说，集体理性只有经过个体化才能发挥作用。黑尔在谈及道德原则时曾经指出："我们坚持认为，除非一个人努力试着用道德原则指导他的道德判断及行为，我们不能说他接受了道德原则。"①

（2）体现着主体性

道德理性调动道德主体的理性思维能力，遵循一定的逻辑思维规律进行推理，得出结论。在这个过程中，道德推理是道德主体的自主的思维活动，道德主体的主体性特征在其中得到体现。道德主体个人的意愿和目的，以及受道德理性所指导、约束的道德主体的欲望、需要等都在道德推理中发挥着或隐或显的作用，道德推理的过程体现着强烈的道德主体的个人主体性和个人色彩。这种主体性使道德主体在一定程度上感觉到自己的自由，感觉到自己是万物的尺度。

如果说道德原则即相当于康德所谓的定言命令，那么道德主体的行为准则则类似于康德所谓的假言命令，即以主体的主观感受性为基础的准则。但这种主体性并不是任意性和随意性，而是在道德原则的约束和引导下的主体性。也正是这种主体性的存在，才使道德理性更具有迷人的色彩。正是这种客观性之中的主体性，才更具有人性的魅力。也正是在这个意义上，康德指出：一切道德判断中最为重要的就是，格外准确地注意到

---

① 黑尔．自由与理性//万俊人．20世纪西方伦理学经典·伦理学基础：原理与论理．北京：中国人民大学出版社，2004：299.

一切准则的主观原则，这样，行为的一切道德性才被安置在行为出于职责和出于对法则的敬重的必然性之中，而不是被安置在行为出于对行为可能产生的东西的热爱和倾心的必然性之中。对于人和一切被造的理性存在者而言，道德的必然性就是强制性，亦即义务，每一个以此为基础的行为都被表象为职责，而不是被表象为自己所中意的或可能会中意的行事方式[①]。

道德主体的行为准则在形式上体现为道德主体的自律。道德规范是他律与自律的统一，在强调道德原则的约束性时，既包含着强调道德原则的外在约束性的含义，也包含着强调道德原则的内在约束性的含义，也就是道德理性本身自主的选择，亦即康德所谓的人为自己立法。而道德主体的行为准则所包含的自律更为切近地表现为道德主体自己约束自己。它表现为对道德原则的认同，道德主体自觉地遵照道德原则的要求行事。

（3）体现着全人类性与超历史性

作为功能性的道德理性更多地表现出全人类性和超历史性。就思维的具体内容看，道德理性是客观的、具体的、历史的，但从思维形式看，道德理性则具有全人类性和超历史性。两千多年前亚里士多德所讨论的实践三段论至今仍然为人们进行道德推理时所应用，而中国的荀子所概括的类比推理仍为我们进行道德判断时所遵循。同样的思维过程无论是在古希腊还是在中国，无论是在印第安人的原始部落还是在今天的美国，都曾经一而再，再而三地发生过，虽然人们可能对这一思维过程并不自觉。

3. 道德理性的概念界定

综上所述，道德理性指道德主体分析道德情境，进行道德推理，确立自己的行为准则的理性能力，道德理性能力的成果最终积淀为道德规范和道德原则。道德理性包括两方面的内涵，一是规范性内涵，二是功能性内涵，二者是紧密结合在一起的，不能截然分开。道德理性的规范性内涵是功能性内涵的必然结果，功能性内涵是规范性内涵的理论渊源。道德理性

① 康德．实践理性批判．北京：商务印书馆，1998：88.

通过规范性内涵为自己立法，通过功能性内涵为自己的法则寻求根据。二者在道德实践性上融为一体。

道德理性的规范性与功能性各有侧重：道德理性的规范性侧重集体理性的层面，体现了道德理性的客观性、导向性与历史性；而道德理性的功能性则侧重道德的个体主体的层面，强调道德理性的主体性、自由性与形式的超越性。但二者是紧密结合在一起的，在道德实践中融为一体。

道德理性的规范性与功能性是紧密结合在一起的，虽然在不同的历史时期研究者对它们的关注程度不同。在远古时期，人们更关注它的规范作用，而对于这种规范性在思维中如何发生、是否合理的关注程度则相对较弱。这一方面是由于人对自身的关注是随着社会及思维的深入发展而发展的，在当时人们对自身的认识尚没有达到相应的迫切性；另一方面是由于对准则的敬畏使人们自觉地臣服于它，而不去思考它的原因。人类早期的道德是与宗教、风俗、习惯紧密结合在一起的，更多地表现为外在性，再现为道德理性的约束力量。而随着早期智者发出的“认识你自己”“人是万物的尺度”这些人本主义的呼声，人们对道德的思考也就更深入、更细致，人们就更多地运用道德理性于道德的思考之中，更多地思考道德原则的根据、道德情境的特征、道德行为的选择，等等。当然，这并不是说当人们进行更为深入的道德思考之后，道德理性的约束功能就隐而不彰，恰恰相反，当人们深入地思考并认同道德根据时，道德理性的约束功能就越加强大。

首先，道德理性是个体理性与集体理性的统一。道德理性在规范性含义上体现了集体理性，表现为具有一定普遍性的道德原则，它要求人们服从集体的意志，将个人的欲望情感置于集体理性的约束之下。但是道德理性在功能性上又体现了个体理性，没有个体理性对集体理性的认同，那么它在具体的道德主体那里无法成为规范力量，也就是集体理性必须成为个体化的集体理性，它才能够成为真正意义上的具有强大约束力量的集体理性。道德理性正是这种个体化的集体理性：一方面，它必然要得到道德个体的认同，使集体理性化为个体理性，否则它难以发挥作用；另一方面，它又必须体现集体理性，使个体理性上升为集体理性，否则它只是个体的任意性。正如马可·奥勒留所说：“你必须总是把这记在心里：什么是整体的本性，什么是我的本性，两者怎么联系，我的本性是一个什么性质的整体的一部分；没有人阻碍你说或者做那符合本性（你是其中的一部分）的事。”①

其次，道德理性是客观性和主观性的统一。人类理性本身就具有客观性和主观性统一的性质。一方面，作为人类在认识世界和改造世界的实践活动中所表现出来的特征，人类理性必须反映和适应客观世界，因而人类理性有客观的性质。另一方面，作为把握世界和解释世界的一种手段，理性采取的是某种主观的形式，因而，理性必然带有主观的成分。而道德理性的客观性首先体现为它正确地反映了社会经济关系和道德关系，从而体现出对道德生活的导向作用，这种导向作用一方面表现为对个体的规范和约束，另一方面表现为一定的理想性或者说道德上的“应当”。而道德理性的主观性表现为道德自由，但是这种道德自由并不是任性的和绝对的，它是与道德理性的客观性结合在一起的道德自由，这种道德自由体现为主体为自我立法，体现为道德主体的自律和对较高道德境界的不懈追求。

最后，道德理性是内容的具体历史性和形式的超越性的统一。一方面，在现实中，道德理性都是单个人在特定的历史条件下和具体的情境中处理具体问题时表现出来的思维和行为，因此，任何道德理性都只能是具体的并带有特殊性的品格，体现出具体历史性。另一方面，作为理论化的产物和思维形式，道德理性活动的思维形式则具有突破特殊情境和特殊形式的要求，并且必须以一定的共识和基础而趋向普遍性，从而体现为思维形式的超越性。

与道德理性相类的理性类型是法律理性和宗教理性，因为它们有着共同点，即都具有规范性，并且都具有实践性。道德理性与法律理性尤其相类，它们都可以在事前进行规范判断，在事后进行评价判断。二者的区别主要在于：道德理性更富于情境性，而且价值倾向性更为明显，不同的人在价值倾向上是有很大不同的，甚至同一个人在人生的不同时期也会有不同的价值倾向性；法律理性更富于确定性，在法律条文没有修改时，法律条文是法律理性进行规范和判断的依据，也是其评价的依据，这一依据对

① 马可·奥勒留．沉思录．北京：中国社会科学出版社，1989：10.

任何人没有不同，这也就是人们所说的法律面前人人平等。宗教理性与道德理性的不同之处在于：道德理性的直接依据是道德规范和道德原则，而宗教理性的直接依据和前提是信仰。宗教理性是在“信”的基础上所进行的理性活动，或者说其“信”的内容是理性的前提，其本身并不是理性的结果，而道德理性的规范性就是其依据，也是道德理性的积淀。

总之，道德理性作为道德主体分析道德情境，进行道德推理，确立自己的行为准则的理性能力，其成果最终积淀为道德规范和道德原则。它所具有的规范性内涵与功能性内涵是紧密结合在一起的，不能截然分开，其规范性内涵是功能性内涵的必然结果，功能性内涵是规范性内涵的理论渊源。道德理性通过规范性内涵为自己立法，通过功能性内涵为自己的法则寻求根据。二者在道德的实践性上融为一体。

三、道德推理的内涵和特征

随着道德理性的双重内涵的彰显，道德推理的意涵所指也即开始浮现。道德推理作为道德理性的动名词形式，更多地表现为道德理性的功能性，但它又不仅仅是一个功能。道德推理的成果体现为道德理性为自己立法，体现为道德主体对自我的自觉约束，体现出一种规范性，而这种具体的规范性的不断积累就成为道德推理内涵的重要组成部分。

需要说明的是，我们的研究是从道德理性的功能的角度来定义道德推理的，但道德推理还有一种很有价值并且应用广泛的定义方式，即从“道德推理”是“推理”的种概念的角度进行定义，将它视为“推理”的一种特殊类型。“推理”是从一个或者一些已知命题得出新命题的思维过程或形式，在这个意义上，道德推理则是道德主体在掌握一定的道德概念和道德判断的基础上，由一个或一些道德判断推出另一些道德判断的思维形式。

我们之所以在两种定义方式中选择前一种，是因为前一种定义方式更富于伦理学的理论内涵，而后一种方式更多是从逻辑学的角度而言的，而且前一个角度的探讨也必然会涉及对道德推理的思维形式的探讨。

道德推理是一种具有实践品格和内在逻辑的理性过程，它具有自身的目的性，即探求评价道德主体、道德行为以及指导行为和解决道德问题的最佳方法。在这个过程中，道德推理呈现出追求道德进步和道德自由的品格特征，同时具有自己的内在逻辑。

首先，道德推理具有实践性的品格。道德推理并不是纯粹的理性活动，它包含着直接的目的性和现实性，担负着事实认定、道德评价、道德决定等实践任务。里德认为，"我认为一切推理作用，是被用来证明：这样的行为是对的，值得从道德上加以赞美；或那样的行为是错的，或是中立性的（即就其本身来说，它在道德上既非善，又非恶）"①。而证明道德实践行为对错的目的和价值就在于指导道德实践。当道德推理的结论付诸人的行动，转变为人的实践活动时，道德推理的价值就得到了直接的体现。

现代元伦理学强调道德推理的前提和结论中的"祈使成分"，实际上是强调结论对行为的引导作用，强调道德推理的实践性。如黑尔认为："如果一组前提中不包含至少一个祈使句，则我们就不能从这组前提中有效地引出任何祈使式结论。""无论借助何种推论（不管这些推论是多么不严格），我们都无法从一组在任何情况下也不含蓄地包含一种祈使句的前提之中，获得一种对'我该做什么？'这一问题的答案。"② 如果在前提中不包含祈使成分，也即不包含对实施某一行为的要求，那么，它的结论就无法提供对如何行为的指导。黑尔认为，如果一个判断没有提供做某事的理由，它就不是道德判断。他将道德判断、道德推理与直接的道德行为紧密地联系在一起，强调道德推理的"祈使"性特征。

其次，道德推理具有追求道德进步的品格。道德推理是一个由实然探索应然的过程，它根据已有的道德事实和道德主体的价值观念，经过一系列的分析、抽象、归纳、演绎等道德推理过程，使道德主体的认识从"实然"中衍生出"应然"。"应然"既体现了"实然"的客观要求，又高于"实然"。当人们认识到什么是自己行为中的"应然"，明晰自己应该做什么、不应该做什么的时候，道德主体就实现了在该行为上的道德进步，这

① 周辅成．西方伦理学名著选辑：下卷．北京：商务印书馆，1964：339.
② 黑尔．道德语言．北京：商务印书馆，1999：47.

种进步的不断累积，便是个人道德能力和境界的提升。

道德推理也是一个由已知探索未知，透过道德现象的表层和外部联系发现道德现象的本质和规律的过程。在这个过程中，人们对道德现象、道德生活的认识更加深刻，认识成果的积淀又成为下一次道德推理的基础。道德推理使人们的道德认识不断更新，道德新知不断取代已知，推动着人类的道德认识和道德实践不断进步。

再次，道德推理有追求道德自由的品格。卢梭对道德自由给予了极高的评价，他认为："唯有道德的自由才使人类真正成为自己的主人；因为仅有嗜欲的冲动便是处于奴隶状态，而唯有服从人们自己为自己所规定的法律，才是自由。"① 而自己给自己立法，必然由人的理性经过道德推理来实现。现实的世界是一个善恶交错、真假并存的错综复杂的世界，生活于这一世界的道德主体面临着各种复杂的道德冲突、道德评判的处境，道德推理的目的便是解析这种复杂性，对自己的道德生活和道德行为做出规划和决定，使自己摆脱道德困扰，按道德行事，自觉自为地生活，获得道德上的自由。

最后，道德推理具有其内在的思维规律。列宁在读黑格尔的《逻辑学》时写下了这样一段话，并在旁边反复标注了"注意"：

> "行动的推理……"对黑格尔来说，**行动**、实践是**逻辑的"推理"**，逻辑的式。这是对的！当然，这并不是说逻辑的式把人的实践作为它自己的异在（＝绝对唯心主义），而是相反，人的实践经过亿万次的重复，在人的意识中以逻辑的式固定下来。这些式正是（而且只是）由于亿万次的重复才有着先入之见的巩固性和公理的性质。
>
> 第1个前提：**善的目的**（主观的目的）对**现实**（"外部现实"）的关系
>
> 第2个前提：外部的**手段**（工具），（客观的东西）
>
> 第3个前提，即结论：主体和客体的一致，对主观观念的检验，客观真理的标准。②

① 卢梭．社会契约论．北京：商务印书馆，2003：26.

② 列宁全集：第55卷．北京：人民出版社，1990：186.

这些逻辑的“式”正是推理的规律性。逻辑的形式、规律、规则都是客观事物在人的主观意识中的反映，是通过千百万次实践的重复而在人的意识中固定下来的思维规律和结构。思维的逻辑性反映了客观实践的规律性，而对实践推理逻辑性的强调也就在于人的认识对于预见性和确定性的要求，因而它能更好地满足人们稳定性的心理需要，增强人们对推理结论的确信。

总之，道德推理是指道德主体运用已有的道德认识分析道德情境，做出分析、评价和选择，形成新的道德认识，确立自己的行为准则，得出道德结论的思维过程。它是道德理性的功能性的体现，与道德理性的规范性紧密结合在一起。道德推理秉承了道德理性的基本性质，同时又具有自己独特的品格特征。道德推理具有实践性品格，具有追求道德进步和道德自由的品格，并且具有内在的思维规律。

第二章　道德推理的价值依据

任何一个推理，必须首先有一个大前提，有一个进行推理的价值依据或理由。对于道德推理而言，道德的理由是我们的前见，是我们基本的道德观念、价值观点。我们在生活中可能面对各种各样的道德选择，运用各种各样的道德推理，但是，单纯的理性推理只是技术手段，如果没有一定的价值观点作为依据，我们便会陷入混乱之中。因此，伦理学所探讨的重要内容之一就是进行道德推理时所依据的理由。图尔闵在他的《理性在伦理学中的地位审察》一书中指出：

> 无论什么时候，只要我们做出一个道德抉择，我们就会掂量所涉及的相关事实，然后再下定决心。在这个过程中，我们从事实的理由(factual reasons，R）到伦理的结论（E)。这时，我们会问自己，这是一个正确的决定吗？从我所知道的事实的理由来看，我是应该做出这样的选择、得出这样的伦理结论吗？这个理由是这个结论的正当理由吗？当我们从伦理学上一般地考虑这个问题时，我们自然地对这样的问题感兴趣：是什么使一系列特定的事实，R，成为一个特定的伦理结论 E 的正当理由？在伦理学上，什么是正当理由？而这又激起我们对更深层次的问题的兴趣：如什么是对“正当”的分析，是快乐更善，还是知识更善?①

① Toulmin S E. An Examination of the Place of Reason in Ethics. Cambridge：The Cambridge University Press，1984：3.

道德推理的正当理由的问题是进行道德推理的前提，同时，它也是一个深入的理论问题，是伦理学得以确立的理论基础，正如斯图亚特·雷切尔斯所说："如果我们想理解伦理学的性质，我们一定要聚焦于理由。"①在伦理学史上，不同的时期、不同的伦理学家提出了不同的理论框架，寻求能够对我们的全部行为都具有充分解释力的理论体系。

道德理由的根据在哪里，这是古往今来伦理学家们不断思索的问题，围绕着这个问题在伦理学史上形成了两大流派，即目的论与道义论。关于目的论与道义论的论争由来已久，时至今日，人们对讨论二者孰是孰非仍旧孜孜不倦，对这一问题的反省能够为我们提供重要的思想资源。

一、目的论路径

目的论强调道德行为的正当性取决于它符合快乐、幸福、至善等目的，在古代希腊，它体现为德谟克利特、伊壁鸠鲁等人的感性幸福论。在当代，目的论这个传统范畴已经在多数情况下为后果论或效果论所取代。正如戴维·莱昂斯所说："目的论者主张行动的正当性毫无例外地取决于其效用，也就是取决于它们对于内在地善的事态的贡献。"② 并且后果论更恰切地表明了目的论的代表性理论——功利主义的特征。菲利普·佩迪特在为《后果论》撰写的导论中写道："大致说来，后果论是这样一种理论：一种特定的选择是不是一个行动者已经做出的正确选择，这要看这种决策的相关后果，要看这种决策对世界的相关影响。"③

后果论这一概念意味着将一般的伦理范畴与功利主义的思维模式直接等同起来。后果主义的原则是，在行动者可能采取的行动中能够带来最大效果的行动才是正确的行动，根据功利主义的主张，这种具有内在价值的最大效果当然是幸福④。后果论在当代表现为行动功利主义和准

① 斯图亚特·雷切尔斯．道德的理由．北京：中国人民大学出版社，2009：47.

② 阿马蒂亚·森．后果评价与实践理性．北京：东方出版社，2006：1.

③ 同②400.

④ 斯马特，威廉斯．功利主义：赞成与反对．北京：中国社会科学出版社，1992：81.

则功利主义。

1. 古希腊的感性幸福论

德谟克利特是西方感性主义幸福观的第一人，也是道德目的论的第一人，他的思想产生了深远的影响。与德谟克利特同时而与其观点相左的柏拉图甚至想把他能搜集到的德谟克利特的所有作品付之一炬。在柏拉图的作品中，几乎引到了古代所有哲学家，但却没有一处提到德谟克利特，据第欧根尼·拉尔修的《名哲言行录》第9卷记载，阿里多克森认为“这无疑是因为他感觉到他斗争的对象是哲学家中最强的一位”。在与德谟克利特遵循同一思想路线的伊壁鸠鲁乃至后来的功利主义的幸福观中都有德谟克利特思想的痕迹。德谟克利特被马克思誉为第一个博学多才的希腊人。

德谟克利特把道德的根据归结为快乐，能否带来快乐是判断一个行为是否符合道德的标准。他认为：“快乐和不适构成了那‘应该做和不应该做的事’的标准。”① “快乐和不适，决定了有利与有害之间的界线。”② 快乐既是有益与有害的标准，即功利的标准，同时也是应该与否的标准，即道德的标准。当人们进行道德选择和做出道德决定时，唯一要考虑的便是快乐。同时，道德的目的也是为了人的幸福，“法律意在使人们生活得更好。这只当人们自己有成为幸福的人的愿望的时候才能达到；因为对那些遵从法律的人，法律显得是适合于他们的本性的美德”③。

对感性快乐的肯定是感性主义幸福观的一个基本特点，开感性主义幸福观之滥觞的德谟克利特也当然地对感性的快乐持肯定的态度。他认为生活是愉快的，而愚蠢的人活着却感觉不到生活的愉快。“对人，最好的是能够在一种尽可能愉快的状态中过生活，并且尽可能少受痛苦。”④ 人不仅应当愉快地过生活，而且生活中也应当有适当的享乐，他认为“一生没

① 周辅成. 西方伦理学名著选辑：上卷. 北京：商务印书馆，1964：73.

② 同①81.

③ 同①86.

④ 同①81.

有宴饮，就像一条长路没有旅店一样”[①]。“省吃俭用而忍饥挨饿，当然是件好事，但在适当的时机挥金如土，也同样是好事情。这就在于修养成熟的人来加以决断。”[②]

但是，德谟克利特也强调享乐需要受到节制。他认为，“不合时宜的享乐产生厌恶”，“要拒绝一切无益的享乐”[③]。要使享乐成为一件好事，需要成熟的个人修养参与其中。这种成熟的个人修养的一个重要方面就是节制。“节制使快乐增加并使享受更加强。”[④] “当人过度时，最适意的东西也变成了最不适意的东西。”[⑤] 由纵欲而获得的快乐也是不确定的、短暂的。“对于一切沉溺于口腹之乐，并在吃、喝、情爱方面过度的人，快乐的时间是很短的，就只是当他们在吃着、喝着的时候是快乐的，而随之而来的坏处却很大。对同一些东西的欲望继续不断地向他们袭来，而当他们得到他们所要的东西时，他们所尝到的快乐很快就过去了。除了瞬息即逝的快乐之外，这一切之中丝毫没有什么好东西，因为总是重新又感觉到有需要未满足。”[⑥] 他认为，人们通过享乐上的有节制和生活上的宁静淡泊才得到愉快。

德谟克利特对于贪欲给予了猛烈的抨击。他把无节制的欲望看作一个儿童的事，而不是一个成年人的事。他认为对一种特定对象的强烈欲望，使灵魂看不见其余一切。“如果对财富的欲望没有厌足的限度，这就变得比极端的贫穷还更难堪。因为最强烈的欲望产生出最难当的需要。”[⑦] “贪得无厌的欲望使人失其所有，就像伊索寓言中所说的狗一样。”[⑧] 这是因为贪图财富的人会不断地投身于某种新的企图，并陷于贪得无厌，终至做出某种为法律所禁止的无可挽救的事情来。因此不应该追求贪欲，而应该满足于自己所有的，把自己的状况和那些更不幸的人比一比，想想他们

---

① 周辅成. 西方伦理学名著选辑：上卷. 北京：商务印书馆，1964：84.
② 同①.
③ 同①76.
④ 同①83.
⑤ 同①85.
⑥ 同①85.
⑦ 同①83.
⑧ 同①.

的痛苦，就会因自己有比他们较好的命运而庆幸了。如果接受了这一原则，就能生活得更愉快，并且能驱除生活中的恶，如嫉妒、仇恨、怨毒等。

德谟克利特肯定感性的快乐，同时也对灵魂的快乐和精神的幸福给予了很高的评价。他认为快乐有高下之分，肉体的快乐是低下的、不确定的，灵魂的快乐才是高尚的，幸福就居于灵魂之中。“幸福不在于占有畜群，也不在于占有黄金，它的居处是在我们的灵魂之中。”① 幸福是值得追求的，人应当更关注自己的灵魂，追求精神的快乐。他指出，“心灵应该习惯于在自身中来汲取快乐”②，“人们比留意身体更多地留意他们的灵魂，是适宜的，因为完善的灵魂可以改善坏的身体，至于身强力壮而不伴随着理性，则丝毫不能改善灵魂”③。德谟克利特把幸福界定为精神性的、居于灵魂之中的东西，与精神的快乐、高尚的快乐相对，肉体的快乐是低下的、不确定的，甚至是有害的④。因此，“凡是期望灵魂的善的人，是追求某种神圣的东西，而寻求肉体快乐的人则只有一种容易幻灭的好处”⑤。

总之，德谟克利特将道德的标准定位于快乐，认为快乐与否是“应该”或“不应该”的根据，他肯定感性快乐，甚至是有节制的享乐，但他认为无节制的享乐会给灵魂带来伤害，相反只有宁静淡泊才能得到真正的愉快，灵魂的快乐、心灵的快乐更值得追求。

伊壁鸠鲁是古希腊影响最大的快乐主义者。他对快乐主义做了理论上的阐述，这是人们把他视为比亚里斯提卜更重要的快乐主义的代表人物的原因。他把感觉视为一切的标准，指出：“如果你排斥一切感觉，你就连你所指称的标准也不会剩下，这样，你就会没有可以用来判定你所责斥的错误判断的东西了。”⑥ 从这一标准出发，伊壁鸠鲁也把追求快乐视为自己的

---

① 周辅成. 西方伦理学名著选辑：上卷. 北京：商务印书馆，1964：79.
② 同①78.
③ 同①81.
④ 同①85.
⑤ 同①74.
⑥ 同①95.

目的，“因为我们认为幸福生活是我们天生的最高的善，我们的一切取舍都会从快乐出发；我们的最终目的乃是得到快乐，而以感触为标准来判断一切的善。既然快乐是我们天生的最高的善，所以我们并不选取所有的快乐，当某些快乐会给我们带来更大的痛苦时，我们每每放过这许多快乐；如果我们一时忍受痛苦而可以有更大的快乐随之而来，我们就认为有许多种痛苦比快乐还好”①。与亚里斯提卜不同的是，他所说的快乐也不完全是亚里斯提卜所宣扬的肉体的快乐，他没有停留在感性快乐上，把肉体的快乐视为最高的善，而是兼顾灵魂的安宁和精神的快乐：“当我们说快乐是最终目的时，我们并不是指放荡者的快乐或肉体享受的快乐（如有些人所想的那样，这些人或者对我的意见是无知的，或者是不造成我们的意见或曲解了我的意见），而是指身体上无痛苦和灵魂上无纷扰。”②

伊壁鸠鲁也给理性以地位，认为“无限的和有限的时间都具有同等的快乐，只要一个人以理性来衡量这种快乐”③。“但是理性能使我们思议肉体的终结和消散，而使我们解脱对未来的畏惧，理性使我们如此完备地得到生命所能得到的一切快乐，以至我们没有必要把永恒纳入我们的欲望之中，但是理性并不逃避快乐，而且当环境使它脱离生命时，理性也不是没有享受过幸福的生活的。”④ 伊壁鸠鲁还提出了需要对快乐和痛苦加以权衡的思想，“每一种快乐都是善，然而并不是每一种快乐都值得我们选取；正如每一种痛苦都是恶，却并非每一种痛苦都应当趋避。对于这一切，我们必须加以权衡”⑤。而这种权衡的标准则是理性，他指出：“不断地饮酒取乐，享受童子与妇人的欢乐，或享用有鱼的盛筵，以及其他的珍馐美馔，都不能使生活愉快；使生活愉快的乃是清醒的理性，理性找出了一切我们取舍的理由，清除了那些在灵魂中造成最大的纷扰的空洞意见。”⑥

---

① 周辅成. 西方伦理学名著选辑：上卷. 北京：商务印书馆，1964：103-104.
② 同①104.
③ 同①94.
④ 同①95.
⑤ 同①104.
⑥ 同①104-105.

但是，伊壁鸠鲁在伦理学史上仍然以其感性主义幸福论闻名，甚至是感性主义幸福论的重要代表人物。这就是因为，他在道德的最终根据上，仍然是以快乐为根基的，以道德所带来的外在结果为道德的根本理由。

2. 古典功利主义

密尔在《功利主义》一书的开篇就提出："行为对错的标准究竟是什么，这个问题虽然争议不断，却始终没有取得多少实质性的进展；就目前的人类知识状况来看，没有什么比这种情形更加出乎人的意料之外了，也没有什么比这种情形更加能够表明，我们对一些最重要问题的思考至今仍然是非常落后的。"① 虽然密尔认为我们对一些重要问题的思考仍然是落后的，但对他而言，功利主义的思考无疑是最先进的。

(1) 边沁的功利原则

功利论是一种典型的后果论。使"功利"这个词产生巨大影响的是边沁，功利主义因他的论述而得名。边沁在他的《道德与立法原理导论》开篇即阐述了功利原理和功利的含义：

> 功利原则是指这样的原理：它按照看来势必增大或减小利益有关者之幸福的倾向，亦即促进或妨碍此种幸福的倾向，来赞成或非难任何一项行动。我说的是无论什么行动，因而不仅是私人的每项行动，而且是政府的每项措施。②
>
> 功利是指任何客体的这么一种性质：由此，它倾向于给利益有关者带来实惠、好处、快乐、利益或幸福（所有这些在此含义相同），或者倾向于防止对利益有关者遭受损害、痛苦、祸患或不幸（这些也含义相同）。如果利益有关者是一般的共同体，那就是共同体的幸福，假如是指某一个人，那就是这个人的幸福。③

功利原理也被称为最大幸福原理，它把功利或幸福作为衡量和检验一

---

① 穆勒. 功利主义. 上海：上海世纪出版集团，2008：1.
② 边沁. 道德与立法原理导论. 北京：商务印书馆，2000：58.
③ 同②.

切德行的标准，作为一切行为的出发点。当一个行为增大共同体的幸福的倾向大于它减小这一幸福的倾向时，它就符合功利，或曰符合功利原理。符合功利原理的行动就应当去做，至少可以说不是不应当做的，是一项正确的行动。

边沁的功利论立足于他对人性的判断的基础上，他认为避苦求乐是人的本性，苦乐是人类至上的主人，我们的所行、所言和所思都受它们的支配，它们是人类行为的根本原因。只有快乐和痛苦能够指示我们应当干什么，决定我们将要干什么，是非标准、因果联系俱由其定夺。一个人可能口头上声称不受其主宰，但实际上他每时每刻对其俯首称臣。

但是，人类的情感是非常复杂的，不是只有快乐、痛苦，而且快乐、痛苦本身也是非常复杂的。为了解决这个难题，边沁提出了联想原理，通过联想原理，简单的快乐可以复合成复杂的快乐，复杂的快乐也可以分解为简单的快乐。而针对快乐与痛苦的量的分别，边沁提出了计算的方法，即从以下七个方面对此进行考量：（1）其强度；（2）其持续时间；（3）其确定性或不确定性；（4）在时间上的远近；（5）其丰度，指同种感觉随之而来的可能性，即乐有乐随之，苦有苦随之；（6）其纯度，指相反感觉不随之而来的可能性，即苦不随乐至，乐不随苦生；（7）它的范围，即受苦乐影响的人数的多少。

事实上，越是如此精确的计算越使功利主义陷入困境。毕竟，由不同事态所引起的快乐或者幸福并不是同质的，例如并不是每个人都会认同针戏（pushpin）的快乐等同于吟诗的快乐。快乐也并不是只有量的区别而无质的差异，为此，边沁的后继者尤其是密尔对此做出了重要的修正。

（2）密尔的修正

密尔依然秉持把功利或最大幸福原理当作道德基础的信条这一主张，认为行为的对错与它们增进幸福或造成不幸的倾向成正比。密尔所做的修正体现在以下两方面：

首先，密尔承认快乐有质的区分，认为某些种类的快乐比其他种类的快乐更值得欲求，更有价值。在评估快乐的时候，数量与质量都是考虑的因素。感官的、肉体的快乐是低级的快乐，而理性的、精神的快乐是高级的快乐，高级的快乐更持久、更耐人回味、更值得欲求。因此，在是做一只快乐的猪还是做不满足的苏格拉底的抉择上，密尔认为："做一个不满足的人胜于做一只满足的猪；做不满足的苏格拉底胜于做一个满足的傻瓜。如果那个傻瓜或猪有不同的看法，那是因为他们只知道自己那个方面的问题。而相比较的另一方即苏格拉底之类的人则对双方的问题都很了解。"①

其次，密尔对幸福的概念做了进一步的解说。他指出："构成功利主义和行为对错标准的幸福，不是行为者本人的幸福，而是所有相关人员的幸福。"也就是说，虽然行为是由行为者本人做出的，但作为他判断自己行为正确与否的标准的幸福，并不是他本人一己之幸福，而是他的行为所涉及的所有相关者的幸福的总合。其中，他个人的幸福与其他相关者的幸福相比较，并不具有优先性，每个行为的相关者包括行为者本人的幸福都同等重要，需要考虑的只是幸福的大小，而不是幸福属于谁。为此，"行为者在他自己与他人的幸福之间，要像公正无私旁观者那样，严格地不偏不倚"②。

古典功利主义者的理论通常被概括为以下三个观点：第一，判断行为对错只根据其结果，其他一切都不重要；第二，在评价结果时，唯一相关的是行为所产生的幸福或不幸的总量，其他一切均不相关；第三，对每个人的幸福的计量是相同的。正确的行为就是其所产生的幸福多于不幸，并且二者的差额或可能的差额最大的行为，每个人的幸福都被视为同等重要。

功利主义对哲学家、经济学家和其他研究人类行为决定的理论家有着极大的吸引力。然而，功利主义也受到了一些反对意见的严峻挑战。之所以说严峻，是因为上述三个主要观点都面临着挑战。

首先，真的只有结果是重要的吗？在学术期刊《调查》（*Inquiry*）1965年的文章中，H.J. 麦克洛斯基提出了这样一个案例。假设一个功利主义者访问一个存在种族冲突的地区，在他访问期间，一个黑种人强奸了一个白种人妇女，结果导致发生种族骚乱，白种人暴徒怒殴、杀害黑种

---

① 密尔．功利主义．上海：上海人民出版社，2008：10.

② 同①17.

人。在这种情况下，只有尽快逮捕嫌疑人才会停止骚乱，停止白种人对黑种人处以私刑。而这位功利主义者刚好是这起强奸案的目击证人，他的证词将会宣告某个特定的黑种人有罪。按功利主义的理论，这个功利主义者就应该做假证，随意指认一个无辜的人，以便最快地平息事态。但是，如果真这么做，正义何在？

其次，真的只有快乐是唯一重要的吗？假设你认为某人是你的朋友，但他在背后坑害你。如果没有人告诉你这件事，你不会感到痛苦，仍旧会很快乐。如果按功利主义的理论，似乎你不知道此事为好。但是，你真的愿意为了快乐而不想知道真相吗？不想知道谁是真的朋友吗？

最后，我们应当同等地关心每一个人吗？假如一座大楼失火，一个人既可以救自己的孩子，也可以救邻家的孩子，难道他真的应该把自己的孩子和邻家的孩子作为相关者同等看待，通过判断哪一个孩子将来能对人类做出更大的贡献来决定救哪一个孩子吗？正如约翰·科廷汉姆所说，“在着火的大楼里，父母离开他自己的孩子去救其他人”，因为“那些人将来对一般福利的贡献更大，这样的父母不是英雄，而是道德轻视的对象，一个道德上被排斥的人”①。

这些案例和反驳确实触及功利主义的基本观点，值得功利主义者认真对待。为此，当代功利主义者针对人们对功利主义的责难，以两个不同的思路为功利主义辩护，形成了功利主义的当代理论形态，即准则功利主义和行为功利主义。

3. 当代功利主义

行为功利主义的代表人物 J. J. C. 斯马特在其《一种功利主义伦理学体系概述》中对准则功利主义与行为功利主义做了明确的区分：准则功利主义根据在相同的具体境遇里，每个人的行为所应遵守准则的好或坏的效果，来判定行动的正确或错误；行为功利主义则根据行为自身所产生的好或坏的效果，来判定行为的正确或错误。

---

① 斯图亚特·雷切尔斯. 道德的理由. 北京：中国人民大学出版社，2009：109.

（1）准则功利主义

准则功利主义理论为了避免古典功利主义的缺陷，以道义论为支撑，强调规则的重要性，并且把功利原理的适用范围限定在规则的选择上。“功利原则在通常情况下不是用于决定应该采取什么样的行为（这通常是由规则来决定的），而是用于决定应该采取什么样的规则。”① 也就是说，功利原则决定道德规范，道德规范决定行为。因此，准则功利主义首先是考虑什么样的一般道德原则或规范会促进最大幸福，确定了这样的道德原则或规范之后，人们的行为选择便诉诸这一道德原则或规范，人们的行为只有诉诸这一原则或规范才能得到正当性的证明。人们的行为选择和评价的直接标准是规则，功利原则则是终极标准。由于在行为和功利原则之间引入了道德原则或规范这一中介，功利就不再是人们的行为的唯一标准。

作为人们行为选择和评价的直接标准的道德规范在准则功利主义那里占有极为重要的地位。为此，准则功利主义的重要代表布兰特对道德规范进行了深入的考察。他认为：“对一个社会而言，一种道德或道德法则，当且仅当在权衡接受或保持任何其他道德法则和其后果时它们不带来更大的可期望的功利，这种道德或道德法则就是最可欲的。”② 换句话说，如果某个道德法则能够比其他道德法则带来更大的功利，那么该道德法则就是最值得欲求的。需要说明的是，布兰特所说的道德法则并不是一个只强调“最大幸福”原则的唯一普遍性的单一性原则体系。在他看来，只有一个能为人们的行为提供多方面标准的原则体系，才能适合不同层次的社会群体的要求，也才会带来真正的福利。为此，布兰特提出了自己多元论的社会道德原则系统，即他所谓的多元的“道德法典”（the moral code）。

对于一个社会而言，某一道德法则是否是该社会理想的道德法则，并不仅仅取决于功利，还需要满足以下四个条件：第一，理想的道德规范必然是简单的，是能够被社会中绝大多数人所掌握的；第二，确定理想的道

---

① 弗兰克纳．善的求索——道德哲学导论．沈阳：辽宁人民出版社，1987：83．

② Brant R B．Morality，Utilitarianism，and Rights．New York：The Cambridge University Press，1992：198．

德规范，必须以社会的制度背景为基础，并且从长远的和整个社会的角度来判定道德规范的功利的大小；第三，在遵守理想的道德规范时允许特例的出现，以便避免在某些特殊的情况下，由于遵守理想的道德规范而对整体的功利造成极大的损害，与功利主义的初衷相违背；第四，要使理想的道德规范变成人们现实中所遵守的道德规则，不仅要求道德以利益来积极地培养人们对这些规范的遵守，而且要求道德以惩罚来消极地防止人们对这些规范的违背①。

而对于个人而言，道德法则可以称为个人的良心，它具有如下五个要素："对于一个有个人道德法典的人来说：（1）对自己，或者更大范围地说，对他人完成的一些行为具有内在的赞同或反对的动机；（2）当他自己的行为表现为缺乏这种动机时体验到犯罪感，当另一个人的行为缺乏这种动机时表现出不赞同，当其他人的行为体现出这种动机的过剩时表现出尊重和钦佩；（3）认为他被驱使完成的行为，或者因为没有完成而产生犯罪感的行为等等是有意义的；（4）认为自己对所有上述行为的态度是正确的；（5）有语言能力表达出所有这一切。"② 这五个要素中，最为重要的是（1）和（2），这是布兰特经常使用"个人的道德法典"的含义。

但是，布兰特对功利主义所做的道义论方向的修正却受到了功利主义阵营内部的强烈批判，行为功利主义者斯马特就是质疑布兰特的主力。斯马特认为，准则功利主义面临这样两个难题：第一，当行为处在两种不同准则的支配下，而这两种准则又自相矛盾时，如何做出准则选择？例如，一位被俘的战士在受到拷问时，是遵守"不撒谎"的准则，还是遵守"讲真话"的准则？第二，准则是既定的，无法涵盖一切具体的情况，而现实则是复杂的，相应地人所要采取的行为也是复杂多样、不断变化的，准则无法解释一切、指导一切。因此，如果一味地要求以准则为标准行事，在斯马特看来，这就是一种"准则崇拜"。"在某些情况下，遵

① Brant R B. Morality, Utilitarianism, and Rights. New York: The Cambridge University Press, 1992: 119.

② 布兰特. 善与正当的理论//万俊人. 20 世纪西方伦理学经典·伦理学基础：原理与论理. 北京：中国人民大学出版社，2004：396.

守普遍有益的准则并不最有益，那么拒绝打破普遍有益的准则这种做法就是不合理的，甚至可称之为准则崇拜。”① 如果具体的行为可以突破准则而有所例外，那么就会如莱昂斯所说，准则功利主义将消融于行为功利主义之中。

（2）行为功利主义

相对于准则功利主义的多元论，斯马特的行为功利主义则是彻底的一元论的效果论。正如斯马特所说，“具有‘一个准则’的准则功利主义和行为功利主义是完全一样的”②。而这“一个准则”正是“最大可能的利益”，因此“我们应当把行动的理由精确地表述为，采取 A 比采取 B 会产生具有更大可能性的好效果”③。在行为的选择上，功利是斯马特考虑的唯一因素，当功利可能与其他价值发生冲突时，斯马特毫不犹豫地选择功利，即使这种功利可能是非正义的。针对麦克洛斯基所提出的案例，斯马特指出：“不管行为功利主义多么不乐于这种结论，他也必须承认，当他处于这种境遇时，应当得出非正义的结论。”④ “如果伦理理论是功利主义的，它有时只好接受非正义，而那些受到正统教育的人事实上不喜欢这种可能性。”⑤

在行为的评价上，评价行为正确与错误的标准同样是其在增进普遍幸福方面的实际的好效果。虽然有些不同的行为可能产生同样的实际结果，但行为人在动机、预期的结果方面可能是完全不同的。如果仅以行为的实际效果作为评价的标准，显然不能标识行为在动机与预期效果方面的差异。为此，斯马特规定了用不同的概念来表达其间的差异。他指出：“我们用‘正确的’和‘错误的’来称赞选择时，所依据的标准是其在增进普遍幸福方面的实际的好效果；我们用‘理性的’和‘非理性的’来称赞选择时，所依据的标准是它的可能的好效果。”同时，他用“好”和“坏”来描述行为的动机。但是斯马特强调，当一个好的行为有坏的效果时，一

① 斯马特，威廉斯．功利主义：赞成与反对．北京：中国社会科学出版社，1992：10.
② 同①11.
③ 同①30.
④ 同①68.
⑤ 同①69.

个功利主义者“要隐藏对这个行动的称赞”①。显然，斯马特认为，对一个行为的评价，必然以行为的实际效果为终极标准。在复杂的动机与效果的关系问题上，斯马特同样坚持了彻底的效果论。

对于功利主义的重要概念如快乐、幸福等，斯马特更多地倾向于边沁的观点。他将边沁称为快乐论的行动功利主义者。他自己则明确宣称：“高级”快乐是否优于“低级”快乐的问题没有多大的实践意义。有的人可能具有偏爱“高级”快乐的内在本性，但另一些人可能没有这种本性，因此不能说“高级”快乐比“低级”快乐具有更大的内在价值。也许边沁也会像密尔那样，选择做不满足的苏格拉底而不是一只满足的猪，但这并不是因为精神的快乐优于肉体的快乐，而是因为不满足的哲学家是社会中的有用的力量。

在幸福的概念上，斯马特认为，幸福总的说来是一个描述词，只是在一定程度上是一个评价词。它的描述性的意义是指，“称一个人是幸福的，他必须在相当长的时间内感到适度的满足和快乐。这是最低限度的条件，只有满足了这些最低限度的条件，我们才能对各种满足和快乐进行评价，按照幸福的标准为其分等”②。也就是说，幸福的内涵中必须包含快乐和满足，如果一个人不能被描述为快乐的、满足的，也就不能把他评价为幸福的。但是，幸福的内涵要比快乐更丰富，它还包含时间上的持久性。我们可以说八点一刻时我们是快乐的，但未必能说这一时刻是幸福的。正如我们可以说在某个时间正在下雨，但我们不能说在那个时间气候潮湿，因为气候潮湿是一个持续的状态，它要求持续地下雨。在这样的界定下，斯马特解释了苏格拉底变成傻子是否会幸福的问题。斯马特指出，如果苏格拉底成为一个傻子以后，他会感到满足，但是如果事前告诉他将成为傻子，那么他会比现在更加不满足。也就是说，我们的满足感包含两层含义，一是我们在一个具体的境遇中是满足的，二是我们在预料未来的境遇时也是满足的。在幸福的概念上，斯马特强调幸福概念的描述性内涵，认

---

① 斯马特，威廉斯．功利主义：赞成与反对．北京：中国社会科学出版社，1992：47-48.

② 同①21.

为其描述性内涵是最基本的内涵，它在一定程度上是评价词，但又不完全是一个评价词，“否则，就可以称一个痛苦的、过得不够快乐的、甚至根本就不快乐或者一直就感到非常不满足的人是‘幸福’的，而这的确是十分荒唐的”①。

斯马特以彻底的一元论实现了对古典功利主义的回归，对于人们对功利主义的责难给予了逻辑一贯的反驳，为功利主义的基本观点做了更深入的辩护，但却不能说他的反驳和辩护是真正有效的。正如威廉斯所评价的，“斯马特论文的价值在于，它对功利主义作出了某种解释。由于这种解释不是在许多限制条件下作出的，因而只是一种辩解式的解释”②。他坚持古典功利主义的基本思路，但却并没有因为他的支持而使古典功利主义所面临的责难消弭，而他的观点也被称为顽固的、拒不认错的功利主义。

威廉斯从理论和社会后果两个方面对斯马特的行为功利主义进行了批驳。他认为，功利主义在理论上的重要问题在于，功利主义在道德思想上进行一种显著的抽象，即从个人的分离性中进行的抽象。首先，作为功利主义的供应品的受惠者，个人丧失了他们的分离性。因为在总体效用进行最大化的形式中，总会有一种对满足的积聚，而这种积聚基本上不关心得到满足的那些人的个人分离性。其次，功利主义的这种抽象还涉及能动性。对功利主义者来说，价值的基本载体是事态，因此，在有关的因果差别已经得到允许的情况下，究竟是谁产生了一个特定的事态这件事情本身就不可能产生任何进一步的分别。“不管我作为一个特定的个体可能具有什么样的计划、欲望和理想，作为一个功利主义的道德行动者，我的行动都必须是影响我所处的状况的一切因果款项的输出，那些款项包括在因果范围内的一切计划和欲望，不管它们是我自己的还是其他人的。作为一位功利主义的行动者，我只是碰巧代表了在某个时间接近某些因果杠杆的那个满足系统。”③ 这样，功利主义就忽视了我的能动性和其他人的能动性

① 斯马特，威廉斯．功利主义：赞成与反对．北京：中国社会科学出版社，1992：21.
② 同①76.
③ 威廉斯．道德运气．上海：上海译文出版社，2007：5.

的区分。于是，“威廉斯断言：功利主义严重地威胁到个人生活的完整性，而一旦那种完整性被破坏或被剥夺了，一个人也就觉得自己的生活丧失了意义”①。

威廉斯针对斯马特的拒不认错，指出了功利主义的流行可能导致的社会后果。威廉斯认为，有强有力的理由认为功利主义的流行可能导致不幸。首先，人类在社会中和人与人的关系中赞赏的许多品质显然是非功利主义的。它们既存在于心灵中，又存在于它们趋于产生的行动中。其次，存在囚徒困境那样的难题，如果每一个人都按照功利主义的原则做出理性的选择，所导致的效果比他们采取不符合功利主义合理性的策略所导致的效果更差。也就是说，作为一种典型的后果论，功利主义流行本身所造成的社会后果并不好。

阿马蒂亚·森则也指出了作为后果论的功利主义在后果考察方面的缺陷。他认为功利主义道德结构由两种成分结合构成，其一是结果功利主义这一核心要素，其二是将关于结果的判断转化为关于行动的判断的某种后果论方法。而论述功利主义伦理学的文献显示出这样的偏好：在一段时间中只考虑一种影响因素，例如，一类行动中的一种行动，或一类规则中的一种规则。这样的后果论可以称为单一影响后果论，而行为功利主义、规则功利主义等等都是其特例②。功利主义原则是一种评价性原则，而评价性原则要指导人们的行动就必须转化为行动的原则。影响人们的行为结果的因素是非常复杂的，而行为功利主义、规则功利主义考虑的都只是单一影响因素，这就导致功利主义行为准则存在种种无法解决的片面性。

事实上，伟大的功利主义者亨利·西季威克也早已经敏锐地意识到，弄清一种分配既有幸福的方法是否比另一种方法更好具有实践意义，但“功利主义准则似乎没有回答这个问题；至少是我们不得不用某种公正（或对这种幸福的正确分配）原则来补充追求最大整体幸福的原则”③。罗尔斯也指出：“古典功利主义只有在试图摆脱僵局时才求助于平等。”④ 罗

① 威廉斯．道德运气．上海：上海译文出版社，2007：18.

② 阿马蒂亚·森．后果评价与实践理性．北京：东方出版社，2006：4-5.

③ 亨利·西季威克．伦理学方法．北京：社会科学出版社，1993：430.

④ 同②7-8.

尔斯指出，功利主义的最大问题在于：它只关心在一个社会里如何最大限度地增加所有成员的满足净余额，即增加社会财富的总量，而不关心满足的总量怎样在个人之间进行分配。功利主义认为，凡是能够最大限度地增加利益总额的准则都是合理的。

正是由于后果论存在着种种问题，因此，在后果论的早期形态——目的论产生之初就同时并存着另一种伦理学理论形态——道义论。

二、道义论路径

与功利主义相对应的另一伦理学路径为道义论。与后果论诉诸行为后果相反，道义论认为一个行为的正确与否并不是由其后果所决定的，而是由行为本身的动机、依循的标准等因素所决定的。在道德的理由上，道义论诉诸行为规则、规范及标准，其理论的核心是义务和责任。在西方，开道义论先河的是苏格拉底，康德将道义论推向了巅峰。在当代，道义论依然富于理论的活力，罗尔斯的正义论、罗斯的混合义务论都是道义论的当代形态。

1. 古希腊：柏拉图以善的范型为标准

柏拉图 18 岁起师从苏格拉底，长达 8 年。苏格拉底的思想主要是通过柏拉图的记述流传下来的。正是由于这个原因，我们很难确切地分清哪些是苏格拉底的思想，哪些是柏拉图的思想。一般说来，人们明确地把“知识即美德”这一命题归于苏格拉底名下，而这个命题正是道义论的先声。

柏拉图否认感觉的确定性，将理性视为最真实的，认为人的行为要遵从理性的要求。他指出：“凡是由人的理性推理所认识的东西总是真实的，永远不变的，而凡是意见和非理性的感觉的对象总是变化不定的，不真实的。”① 人的一切快乐必须由理智来决定，离开了理智，任何快乐都无从

① 北京大学哲学系. 古希腊罗马哲学. 北京：商务印书馆，1961：207.

谈起。他甚至对肉体的、感官的快乐采取了排斥的态度，认为肉体的快乐是暂时的、低级的，“你在任何时候所感到的快乐都不会给你留下依稀的回忆”，“当你快乐时，你也不会想到你是快乐的”①。如果不克服肉欲，灵魂就不能到达善的境界：“吃喝等等肉欲的快乐，好像笨重的负担。从这些恶徒的生时，就紧缚着他们，并拖着他们堕落，使他们的心灵的视觉转注于下界的事物——如果他们在年轻的时候，就把那些恶性加以洗刷，使他和这些快乐分离，解除了这些障碍，由向下的方向转向相反的方向，那么，以他们所有的那同一的才能用来看真理，一定会像他们现在的眼睛观察事物那样锐利了。”②

否定了感觉的确定性，否定了感性的快乐，柏拉图还对以快乐作为善的标准的观点进行了反驳。在《菲利布斯》(也译《斐利布》)篇中，柏拉图借苏格拉底之口反驳了菲利布斯的观点。菲利布斯认为：快乐是一切生灵的真正目的，一切生灵都应该以快乐为目的，而且快乐是一切善中最大的善，善和愉快两个名词是正确地给予同一事物的。苏格拉底一上来就否认这一层，并且继续说道：“就本性和名称而论，它们是两回事，而且智慧比快乐还具有较大的善。”③ 如果没有智慧，当你快乐时，你也不会想着你是快乐的。他认为，快乐与善并不是一回事，痛苦与恶也不是一回事，善人之所以为善，是因为他们有善德，而不是为了追求快乐。善人和恶人都会感到快乐和痛苦，但并不能因此而说善人和恶人一样善或一样恶。

柏拉图认为，人应当追求善的生活，以善的范型为标准。他指出：“善的范型是最高的知识，所有别的东西，惟有利用善的范型，才能变为有用和有益的……没有善的范型，则其他任何的知识或财产，都于我们毫无益处。你以为如果我们只有一切其他的东西而没有善时，这些东西有任何的价值吗？或者如果我们没有美和善的知识，一切其他事物的知识有任何的价值吗？一定没有。”④ 他把德性置于重要地位，将德性作为人唯一

① 周辅成. 西方伦理学名著选辑：上卷. 北京：商务印书馆，1964：188，189.
② 同①179.
③ 同①191.
④ 同①165.

的追求："不论在私人生活中，或在公共生活中，都应该抛开一切，先追求德性的实际。"① 善是行为的目的，是心灵的追求。"真实的善是每个人的心灵所追求的，是每一个人作为他一切行为的目的的。第一个人的心灵对于这个善都有预觉，都不这样一个目的。"②

总之，柏拉图以善的范型为善的标准，将快乐与善完全分离开来，要求人们以善为行为的目的，为善而善。

2. 近代：康德的义务论

康德是公认的典型的道义论者，他与边沁的以功利为衡量一切行为的唯一标准相反，他宣称："定言命令只有一条，这就是，要只按照你同时认为也能成为普遍规律的准则去行动。"③ 所谓定言命令，就是直言断定的、绝对的和无条件的道德命令，也被称为绝对命令。

定言命令出自人的理性自身，是人的理性为自我立法。康德哲学的"拱顶石"就是人的自由，它既是解释先验世界的概念，也是康德伦理学的前提和基础。道德法则实际上是自由法则，它是理性自己为自己订立的法则。而"理性的立法所要求的却是它只需要以它自己本身为前提条件，因为规则唯有在它无须把一个理性存在者与别的理性存在者区分开来的偶然的、主观的条件有效时，才是客观的和普遍地有效的"④，因此，有限的、经验的准则就被排除在外，理性所立之法均以定言命令的形式呈现出来。

定言命令是与假言命令相对的。假言命令总是以外在目的为条件，它的逻辑形式是"如果……就……"，比如，如果你想老来富足，那么年轻时就要勤劳节俭，这里，意志就被引向人们预先假定的它所欲求的老来富足上了，而这种欲求取决于行为者本人的主观愿望，如果行为者本人不想老来富足，那么勤劳节俭的假言命令对他就没有约束力。而定言命令则是客观的和普遍有效的，它只有一条，即"按照你同时认为也能成为普遍规

① 周辅成. 西方伦理学名著选辑：上卷. 北京：商务印书馆，1964：212.
② 同①166.
③ 康德. 道德形而上学原理. 上海：上海人民出版社，1986：72.
④ 康德著作全集：第5卷. 北京：中国人民大学出版社，2007：21.

律的准则去行动”，康德也用另一种形式来表达绝对命令：“这样行动，你意志的准则始终能够同时用作普遍立法的原则。”① 一方面，这个用定言方式提出的道德法则是无条件的，意志与这个法则的关系就是在义务的名下的依赖性，这种依赖性意味着对行为的一种强制性。另一方面，绝对命令要求行为准则具有普遍性，它适用于一切时间、一切地点，普遍有效。为了说明这一点，康德举例说，自杀者用于指导自己行为的箴言是：“无论何时，倘若活着很可能带来更多的坏处而无甚好处，那么，为了自爱自尊，我应当结束我的生命。”而自爱自尊会使人们努力让自己生活得更美好，并不是去结束自己的生命，因此，这条箴言是不可普遍化的，因此不应该遵照这一箴言来行动。

康德把对普遍法则的遵循称为意志自律。“道德法则无非表达了纯粹实践理性的自律，亦即自由的自律，而这种自律本身就是一切准则的形式条件，唯有在这个条件下，一切准则才能与最高实践法则符合一致。”②康德的自律强调的是，道德标准是人内在的尺度，是发自内心的、自觉自愿遵循的原则，意志自律是一种服从理性的自律。道德法则建立在人的意志自律的基础上，道德必须是自律的，有些行为虽然看起来符合道德律，但如果不是出自意志的自律，就不是真正道德的。与自律性相对立的就是他律性，他律是与义务的原理相反对的。“意志的自律是一切道德法则所依据的唯一原理，是与这些法则相符合的义务所依据的唯一原理。反之，任意选择一切的他律不但不是任何义务的基础，反而与义务原理，与意志的德性，相互反对。”③

在康德那里，仅仅遵循道德的普遍法则还不够，如康德所说，“要使某种东西在道德上成为善的，它仅仅符合道德法则还不够，而且它还必须为了道德法则的缘故而发生”④。善的意志是一切道德价值的必要条件，评价行为的价值时它居于首位。康德认为，人的一切内在品质，只有具备善的意志才具有善的道德价值，明智、勇敢、果断和忍耐等善的品格，如

① 康德. 实践理性批判. 北京：商务印书馆，1998：33.

② 同①34-35.

③ 同①34.

④ 康德著作全集：第4卷. 北京：中国人民大学出版社，2005：400.

果没有善的意志的统帅，就必将酿成恶行。“善的意志并不因它造成或者达成的东西而善，并不因它适宜于达到任何一个预定的目的而善，而是仅仅因意欲而善，也就是说，它就自身而言是善的。”① 善的意志才是理性本身的善，是具有内在价值的善。有用与否，效果如何，既不能给善的价值增加什么，也不能使它减损丝毫。对康德而言，善的意志就像一颗宝石，其自身不借助于任何他物便熠熠生辉。“如果它（意志）在尽了最大的努力之后依然一事无成，所剩下的只是善的意志（当然不仅仅是一个纯然的愿望，而是用尽我们力所能及的一切手段），它也像一颗宝石那样，作为在自身就具有其全部价值的东西，独自就闪耀光芒。”② 而且这颗宝石在世界范围内仅此一颗，“在世界之内，一般而言甚至在世界之外，除了一个善的意志之外，不可能设想任何东西能够被无限制地视为善的”③。

康德认为善的意志的概念存在于自然的健康知性之中，不需要被教导，只需要被启蒙。为了阐明它，就要提出义务的概念。为解释义务的概念，康德提出了著名的义务三命题。命题一：只有出自义务的行为才有道德价值，否则就没有道德价值。虽然有些行为合乎义务，但却是出于虚荣，或者出于同情，甚至是出于追求名利的欲望，这样的行为没有道德价值。命题二：一个出自义务的行为具有自己的道德价值，不在于由此应当实现的意图或者所要达到的目标，而在于这个行为被决定时所遵循的准则。出于义务而援救溺水者的行为，乃是出于“应当救人”的道德法则，无论是否达到了救援的目标，这种行为都是具有道德价值的。命题三：义务就是由尊重规律而产生的行为必然性。义务是对规律的尊重，义务所要求的行为具有普遍必然性，而规律是理性的规律，因而遵从规律就是遵从理性，服从规律就是服从理性。

虽然康德强调为义务而义务，但他也承认，求得幸福必然是“每一个理性的然而却有限的存在者的热望。因而也是他欲求能力的一个不可避免的决定根据”④。但是个人幸福原则不能成为理性的原则和实践的法则。

---

① 康德著作全集：第4卷．北京：中国人民大学出版社，2005：401.

② 同①.

③ 同①400.

④ 康德．实践理性批判．北京：商务印书馆，1998：24.

“纯粹实践理性并不希望人们应当放弃对于幸福的要求，而只是希望一旦谈到职责，人们应当完全不瞻顾幸福。”① 这是因为：

第一，个人幸福原则以个人幸福为意愿的最高决定根据，它以主体的接受性为基础，依赖于一具体对象的此在，从而，它从属于感觉（情感），而不属于知性。康德注意到了幸福或愉快有高下之分，读一本富有教益的书所带来的愉悦和餐饮所带来的愉悦是不同的，但是，一旦将意志的决定根据置于低级的欲求能力之中，那么任何高级的欲求能力就都得不到承认了。如康德所说：“如果意志的决定依赖于他出于随便什么原因而期待的愉悦或不愉悦，那么他是通过何种表象方式受到刺激的，对他来说都完全是一样的。他在作出选择时所要考虑的就是，这种愉悦有多强烈，有多久长，是否容易得到，是否经常复现……所以如果一个人只求人生愉悦，那么他就不问那些表象是知性表象还是感性表象，而只问在最长的时间内它能够为他带来多少和多大的愉快。”② 换句话说，如果为感性的愉悦留下一点空间，它就会得寸进尺，占据全部的空间。因此，康德完全排除了实践原则中的感性成分，甚至德性带来的愉悦感，那些雅兴高致也不能成为理性的原则，因为一旦以愉快作为意志的标准，即使这种愉快是德性带来的愉快，它最终必将扩展为没有任何限定的愉快。“如果我们也与伊壁鸠鲁一样听凭德行所允诺的愉快来决定意志，那么我们就不能随后又指责他说，他把这种愉快与最粗俗的感觉愉快完全混同了。”③

个人幸福原则，不论其中运用了多少知性和理性，对于意志而言，除了那些适合于低级欲求能力的决定根据之外，仍然不包含其他的决定根据。于是，或者高级欲求能力，或者纯粹理性必定是独立而自为地实践的，这就是说，通过实践规则的单纯形式决定意志，而无须设定任何情感——从而无须愉悦与不愉悦的表象作为欲求能力的质料，后者时时是原则的经验条件④。

第二，人是理性的，然而也是有限的，人总会有所需求，用康德的话

---

① 康德. 实践理性批判. 北京：商务印书馆，1998：101.

② 同①22.

③ 同①23.

④ 同①23.

说，这是一个由他自己的有限本性强加在他头上的问题。人的需要必然涉及某种与构成主观基础的快乐或不快的情感相关联的东西，这种情感决定了人们为满足他们的状态所必需的东西。这个质料的决定根据只能在经验中被主体认识到，所以不能把这样一个任务看作一个法则。虽然幸福概念构成了客体与欲求能力的实践关系的基础，但它只是种种主观根据的一个通名。每个人应该将他的幸福置于何处，取决于每个人自己独特的快乐与不快的情感，甚至在同一主体之中，也取决于随他的情感而变化的不同需求。因而一个主观必然的法则在客观上是一个完全偶然的实践原则。“即使假定一切有限的理性存在者，对于什么是他们不得不认定为他们愉快与痛苦的情感的客体，甚至对于他们必须用以达到愉快与防止痛苦的手段，都有彻底一致的想法：他们的自爱原则仍然完全不能冒充为实践法则；因为这种异口同声本身无非偶然而已。”①

康德认为幸福的法则是偶然的、主观的，所以它不能成为实践法则。理性在实践法则中直接决定意志，而不必借助于偶然生发的快乐与不快的情感，甚至不必借助于对这个法则的快乐与不快的情感，这只是因为，如果使理性能够立法，那么它作为纯粹理性是能够实践的②。

总之，在康德的道德学说里，道德意味着没有任何外在的功利目的，出自外在目的的行为即便符合道德义务和道德法则也不能被称为道德的行为，道德只能以道德本身为目的。按照这样的思路，康德提出了“人是目的”这一著名命题。康德说：“每个有理性的东西都须服从这样的规律，不论是谁在任何时候都不应把自己和他人仅仅当作工具，而应该永远看作自身就是目的。”③ 康德的道德哲学突出了人的主体性地位，把人视为目的，他为义务而义务的主张是道义论的最经典的形态，为其后的伦理学发展提供了一份宝贵的理论资源。

3. 当代：正义论、权利论与显见义务论

由于功利主义在当代现实的道德生活中的极端发展带来了种种问题，

---

① 康德．实践理性批判．北京：商务印书馆，1998：25.

② 同①24.

③ 康德．道德形而上学原理．上海：上海人民出版社，1986：86.

人们在反驳功利主义的同时，也出现了向道义论的某种程度的回归，因此当代道义论也出现了一些新的发展。其中较有代表性的便是罗尔斯的正义论、诺齐克的权利论与罗斯的显见义务论。

（1）罗尔斯的正义论

罗尔斯是当代著名的政治哲学家之一，代表作有《正义论》《政治自由主义》《万民法》等。罗尔斯的《正义论》出版于1971年，该书出版后产生了广泛的社会影响。罗尔斯在假设的“无知之幕”的前提下建构了正义论体系，并且秉承康德的义务论传统将正义作为社会制度的首要原则，因而被视为义务论在当代的重要代表。

罗尔斯建立正义论体系的第一步就是回归契约论。他在《正义论》的序言中就阐明了自己理论的渊源和性质，他指出：“我一直试图做的就是要进一步概括洛克、卢梭和康德所代表的传统的社会契约理论，使之上升到一种更高的抽象水平，借此，我希望能把这种理论发展得能经受住那些常常被认为对它是致命的明显攻击。而且，这一理论看来提供了一种对正义的系统解释，这种解释在我看来不仅可以替换而且或许还优于占支配地位的传统的功利主义解释。作为这种解释之结果的正义论在性质上是高度康德式的。”①

罗尔斯的正义论的逻辑起点是他所假定的“原初状态”。原初状态与传统理论的自然状态大体相当，它既不是一种实际的历史状态，也不是文明之初的原始状态，而只是一种为了确定正义原则而纯粹假定的一种状态。在这种状态中，人们不知道自己的社会地位、出身，也不知道自己的先天的资质、能力、智力、体力等方面的状况，甚至也不知道自己可能有的善的观念和心理倾向。也就是说，人们是处于“无知之幕”之后来进行原则的选择的。“任何人在原则的选择中都不会因自然的机遇或社会环境中的偶然因素得益或受害。由于所有人的处境都是相似的，无人能够设计有利于他的特殊情况的原则。”② 尽管在原初状态下的人类处于一种无知的处境，但他们却具有两种道德能力：一是正义感的能力，二是追求善的观念的能力。这样，他们“既不想赠送利益也不想损害他人，他们不受爱

---

① 罗尔斯．正义论．北京：中国社会科学出版社，1988：2.

② 同①10.

或宿怨的推动。他们也不寻求相互亲密，既不妒忌也不虚荣。借用的比赛的术语我们可以说：他们在努力为自己寻求一种尽可能高的绝对得分，而并不去希望他们的对手的一个高或低的得分，也不寻求最大限度地增加或减少自己的成功与别人的成功之间的差别”①，即彼此之间“相互冷淡”。正是在这种原初状态下，人们从自我利益出发就会寻求在最差或最劣的环境条件下最大限度地实现自己的利益，从而选择正义的原则。

正义在罗尔斯那里是一个社会制度的首要价值：“正义是社会制度的首要价值，正像真理是思想体系的首要价值一样。一种理论，无论它多么精致和简洁，只要它不真实，就必须加以拒绝或修正；同样，某些法律和制度，不管它们如何有效率和有条理，只要它们不正义，就必须加以改造或废除。每个人都拥有一种基于正义的不可侵犯性，这种不可侵犯性以社会整体利益之名也不能逾越。”② 罗尔斯围绕着正义这一核心范畴，沿着康德理性主义义务论的思路提出了正义的两个原则：第一，每个人对与其他人所拥有的最广泛的基本自由体系相容的类似的自由体系都应有一种平等的权利；第二，社会的和经济的不平等应这样安排，使它们被合理地期望适合于每一个人的利益，并且依系于地位和职务向所有人开放③。

第一个原则强调自由是平等的，是每一个正义社会的公民都同样拥有的基本权利，所有的社会价值包括自由和机会、收入和财富等等都要被平等地分配。罗尔斯认为，自由包括政治上的自由（选举和被选举担任公职的权利）、言论和集会的自由、良心的自由、思想的自由、保障个人财产的自由、依法不受任意逮捕和剥夺的自由等。在一个正义的社会中，公民拥有同样的权利，享受同等的自由。

第二个原则强调如果社会价值不能被平等地分配，它必须符合每个人的利益，它必须适合于最不受惠者的最大利益，在机会公平的条件下，职务和地位向所有人开放。这一原则承认人们在某些方面是不平等的，但它要求在平等原则的约束下来安排这些不平等，以使每个人都受益。这一原

---

① 罗尔斯. 正义论. 北京：中国社会科学出版社，1988：138.

② 同①1.

③ 同①56-57.

则又被称为差异原则。

这两个正义原则在优先性上不是平列的，第一原则优于第二原则，也就是说，罗尔斯将平等原则置于第一位，如果违反了第一原则，第二原则也就无足轻重了。“这一次序意味着：对第一个原则所要求的平等自由制度的违反不可能因较大的社会经济利益而得到辩护或补偿。财富和收入的分析及权力和等级制，必须同时符合平等公民的自由和机会的自由。”① 罗尔斯对第二原则的适用做了详细的阐述，还特别指出，“仅仅效率原则本身还不能成为一种正义观”②。在典型的市场竞争经济条件下，收入和财富以效率原则进行分配，这种分配是正义的，“自然的自由体系最明显的不正义之处就是它允许分配的份额受到这些从道德观点看是非常任性专断的因素的不恰当影响”③，因此，效率原则必须受到某些背景制度的约束，只有当这些约束被满足，由此产生的有效率的分配才是正义的。因此，他的正义原则可以表述为：所有社会价值——自由和机会、收入和财富、自尊的基础——都要平等地分配，除非对其中一种价值或所有价值的一种不平等分配合乎每一个人的利益。

罗尔斯在多方面运用了康德的道义论作为正义论的理论资源，罗尔斯说：“两个正义原则则给了康德的人是目的的观念以一种更强有力的和更有特色的解释。它们甚至排除了把人们看作促进相互利益的手段的倾向。在社会体系的设计中，我们必须把人仅仅作为目的而决不作为手段。”④ 他甚至认为：“在不管我们的具体目的是什么，正义原则都适用于我们的意义上，按照正义原则行动也就是按照绝对命令行动。”⑤ 应当说，罗尔斯确实是当代道义论的典型代表，他以道义论为思想资源，不仅成功地对道德进行了抽象的论证，同时，又返回到了现实，对社会生活提供了巨大的指导作用。

（2）诺齐克的权利论

诺齐克的代表作是《无政府、国家和乌托邦》。与罗尔斯不同，他继

① 罗尔斯. 正义论. 北京：中国社会科学出版社，1988：57.

② 同①67.

③ 同①68.

④ 同①81.

⑤ 同①252.

承了古典自由主义哲学家的“个人权利至上”的观点，认为所有的人都有生命和自由的权利，它们神圣不可侵犯，不能因任何正当理由而被践踏。他在《无政府、国家和乌托邦》开头便指出：“个人拥有权利。有些事情是任何他人或团体都不能对他们做的，做了就要侵犯到他们的权利。这些权利是如此的强有力和广泛，以致引出了一个问题，即国家及其官员能做些什么的问题。”① 他认为，在个人生活之外并无其他价值，没有任何价值能够使人有理由未经他人同意便侵犯其道德空间，即便以社会或国家的名义也不能强制任何人为社会利益做出任何类型的牺牲。这种对不可侵犯的权利的规定处于诺齐克权利理论的核心地位。

在此基础上，他确立了国家的正当性的原则，即正义的国家乃最少干预个人事务、最能保障个人权利充分实现的国家，即最小国家或最弱意义的国家，也即传统的自由主义者所提倡的“守夜人”国家。在诺齐克看来，任何对国家功能的扩大都会侵犯个人权利。而在扩大国家功能的理由中，认为市场在自然分配中存在问题，需要国家再分配的观点是最重要的。为了反驳这种观点，诺齐克确立了自己的“持有正义”的理论。

诺齐克认为，在一个社会中，人们在财产上总的持有状况是否正义，取决于每个人的持有是否正义。个人的持有是否正义又分为两个方面：一是无主物的最初获得是否正义，二是财产的转让是否正义。诺齐克提出了持有正义的领域：“(1) 一个符合获取的正义原则获得一个持有的人，对那个持有是有权利的。(2) 一个符合转让的正义原则，从别的对持有拥有权利的人那里获得一个持有的人，对这个持有是有权利的。(3) 除非通过上述 (1) 与 (2) 的 (重复) 应用，无人对一个持有拥有权利。分配正义的整个原则只是说：如果所有人对分配在其下的持有都是有权利的，那么这个分配就是公正的。”② 这样，诺齐克就排除了一切干涉个人权利的分配原则，比如目的论原则等。在诺齐克看来，罗尔斯的正义原则就是一种目的论原则，它强调在分配出现差别时使处于不利地位的人得到最大可能

① 诺齐克．无政府、国家和乌托邦．北京：中国社会科学出版社，1991：1.

② 同①157.

的利益。

诺齐克特别强调私有产权的问题。他认为私有制有如下优点：私有制通过把生产资料放在那些能很有效率地（能产生利润）使用它们的人手中而增加了社会产品；因为由个人掌管资源，就不存在有新思想的人必须说服某人或某个小团体才能试验的现象，试验就受到鼓励；私有制使人们能够决定他们愿意承受什么类型的冒险，并从事各种各样的冒险事业；私有制使一些人为了未来的市场而节制现在对资源的使用，从而保护了未来世代的人们；它为那些不从众和媚俗的人提供了各种谋生之道，使他们不必去说服任何人或小团体雇用他们；等等。由此可见，私有产权是诺齐克所大肆谈论的权利、自由的前提条件①。

在罗尔斯的理论中正义占据核心地位，而在诺齐克的理论中他所强调的则是权利。尽管如此，二者同属道义论。诺齐克自己也坚持认为，权利理论符合康德式原则。诺齐克说："对行为的边际约束反映了其根本的康德式原则：个人是目的而不仅仅是手段；他们若非自愿，不能够被牺牲或被使用来达到其它的目的。个人是神圣不可侵犯的。"②

（3）罗斯的显见义务论

罗斯是牛津大学"怀特道德哲学"副教授，奥里尔学院院长，后来被聘为美国哥伦比亚大学客座教授，曾出任牛津大学副校长。他在学术上有杰出的成就和声誉，是现代英国直觉主义的集大成者，著有《正当与善》（*The Right and Ethics*）、《伦理学基础》（*Foundations of Ethics*）。

作为与以摩尔为代表的后果论针锋相对的理论家，他继承了摩尔的直觉主义，但却对摩尔的后果论提出了有力的反驳。他认为不仅善是不可定义的，同样，正当也是不可定义的，因而不能将正当追溯到善，即使从事道德上正当的行为最终能够使行为者获益，但这一结果与这些行为在道德上的正当性是不相干的。他强调："对一个行为来说，它的正当性与结果最大化并不是同一回事，行为结果的最大化甚至并不是其正当性的依据。"

---

① 诺齐克．无政府、国家和乌托邦．北京：中国社会科学出版社，1991：182.

② 同①39.

“如果它们能使结果最大化，同时又是正当的，这只能说是一种有趣的现象，而并不具有道德上的重要性；即使没有最大化的结果，我们还是要去做它们。”① 显然，罗斯是一位义务论者，与康德相较，他又是一位相对温和的义务论者。他的义务论观点，主要体现在他的显见义务论中。

罗斯将“显见义务”或“条件义务”视作指称行为所具有的特征的方式，显见义务并不是某个实际要履行的义务，而是指一种行为的特征，正如菲利普·斯特拉顿-莱克在为罗斯《正当与善》一书所写的导言中所概括的：“说一种行动是显见地正当的，并不等于说我们有某种义务去从事这一行动，而是说这一行为具有某种特征，该特征赋予我们一个从事该行动的道德上的理由。”“显见义务”这个词容易让人产生误解，以为它所指的是义务，为此罗斯特别强调，事实上它不是某种义务，而是某种以特殊方式与义务联系起来的事物。“显见的”一词还给人以某种暗示，人们所谈的只是一种现象，而且是初看一种道德处境时所显现出来的表面现象，而事实上它所指的是一种涉及这种处境性质的客观事实，或更严格地说是包含在其本性中的一种因素。

罗斯所说的“显见义务”或称“条件义务”是与“实际义务”或称“绝对义务”相对应的概念。显见的义务具有“倾向于成为我们的义务的那种特征”，而实际的义务则具有“是我们的义务的特征”。我们所从事的任何行为都包含着各种各样的因素，借助这些因素，行为落入了各种不同的范畴中。比如，借助于违背诺言，这个行为倾向于成为不正当的；借助于能够缓解伤痛，这个行为倾向于成为正当的。“成为某人义务的倾向”，可被称作一种部分结果式（parti-resultant）的属性，亦即借助其本性的某个部分而属于某类行为的倾向。而“是某人的义务”则是全结果式（toti-resultant）的属性，亦即借助其整个本性而且丝毫不少于此的属于某个行为的属性②。在具体情境中我们应当做什么取决于实际的义务，而在一般抽象层次上，做什么行为在道德上是对的取决于显见的义务。

罗斯将显见义务分为如下几种类型。第一，忠诚的义务，这是基于自

① 罗斯．正当与善．上海：上海译文出版社，2008：93．译文略有改动。
② 同①84．

己先前行为的义务，基于自己先前的承诺或者某种隐含的承诺，比如在交谈中、在记录历史时不说谎。第二，补偿的义务，这是基于自己先前错误行为的义务。第三，感激的义务，这是基于别人先前的行为，比如他们对我们的服务等而产生的义务。第四，正义的义务，这是基于对快乐和幸福的分配，如果这种分配与人们的应得不相当，就有纠正和阻止这种分配的义务。第五，仁慈的义务，这是基于这样的事实：我们应当根据德性、智慧、快乐的状况改善其他人的条件。第六，自我提高的义务，这也是基于我们可以提高自己的才智、德性的事实。第七，不作恶的义务，这是以否定方式表达的义务，也是更严格的义务，禁止我们以伤害他人或出自自身快乐的倾向而行动。在上述七种义务中，不作恶的义务具有优先性，当不作恶的义务与其他义务相冲突时，首先应该履行不作恶的义务。

作为一位直觉主义者，罗斯把对显见义务的把握诉诸直觉。他认为显见义务是自明的，我们对这些义务的认识是不可证明的，只能凭借直觉进行把握。他说，一种行为"是显见正当的，这一点是自明的，这不是在它从我们生命的一开始就是自明的，或者说在我们初次接触到这一命题时就认识到它是自明的，而是说当我们的心智达到足够的成熟程度并对这一命题给予了足够的注意时，它就是显而易见的，不需要任何证据或超出它本身之外的证据"①。这就如同数学公理或一种推理形式的有效性一样不证自明。罗斯认为，当我们的心智达到足够成熟时，我们对有些道德概念的把握就如同我们认识到 2＋2＝4 一样，可以直观地把握到。但是，罗斯也承认，"对我们在特殊环境下的特殊义务的这种感觉——由我们在行为的所有方面给予行为的充分反思开道并通报——是高度易错的"②，但他认为，这是我们义务的唯一向导。

这个向导在相互冲突的义务面前有些不知所措。例如一个人和朋友有约在先，但如果他不去赴约就能够阻止一个严重的事故或者为事故受害者减轻伤痛，那么，当遵守约定的义务与阻止严重的事故之间发生矛盾时，该如何行动呢？罗斯认为，在这种情况下，不遵守约定是正当的，理由并

① 罗斯．正当与善．上海：上海译文出版社，2008：85．译文略有改动。

② 同①98-99.

不是不去赴约会带来更多的善，而是因为他除了有遵守诺言的义务外，还负有阻止一个严重事故的义务，而后者在那种情况下更是一种义务。“规定我们实际义务是什么，并非是哪个显见义务是真实的，哪种仅仅是表面的。毋宁说，它是在规定哪种道德上相关的考虑给了我们分量更重的理由。”① 但是，如果进一步追问，为什么后一种义务分量更重，衡量的标准是什么，罗斯会如何作答呢？罗斯说：“在我看来，对于如何估价这些显见义务相较而言的严格性，无法提出任何普遍的规则。我们只能说，有大量的严格性属于‘完全义务’中的种种义务——遵守诺言、弥补过错、回报我们接受到的那么多服务的义务。至于其他的，‘决定取决于感知’。”②

在他对上述义务的解析中，我们已经可以看出一些端倪。虽然他一再强调不采纳“正当者是因其能产生最多的善才成其为正当”的观点，但他却说：“如果我能预见，实现我的诺言和帮助一个我没作过承诺的人，会带来同样多的善，我会毫不犹豫地将前者看作我的义务。”③ 显然，在暗中，他以善的多少作为衡量的标准。其实，在罗斯对显见义务的分类中，已经暗含着结果主义的因子。不作恶的义务就是要避免伤害，而慈善的义务就是要产生利益，同时他还把正义的义务与自我提高的义务放到了增进善的义务之下，他明确地说：正义“与慈善以及自我提高一道都归入到下面这种普遍原则之下：我们应该产生尽可能多的善”④。一方面罗斯宣称正当与善没有直接关联，另一方面又承认增进善本身就是显见正当的，所以，罗斯一方面把正当与善分别开来，另一方面又认可了二者之间的特定的关联。罗斯自己也承认，他在“关于正当的行动的概念（这是我可以合理地认其为我的义务的那种行为）是在关于正当的行动的真实观念和关于道德上善的行为的观念之间进行的一种并不令人满意的折中”⑤。

事实上，这种折中是必然的，虽然罗斯所做的折中并不令人满意。因

---

① 罗斯. 正当与善. 上海：上海译文出版社，2008：36.
② 同①98.
③ 同①72.
④ 同①82.
⑤ 同①32.

为虽然义务论与后果论是西方伦理思想史上两种分立的思想路径，两种思想路径的争论绵延至今，各有所长，也各有所短，但都无以对道德现实做出有力的解释，正如有学者所指出的，后果主义和义务论的区分已经过时了，因为一种可接受的后果主义理论和合理的义务论是同一个理论。义务论和目的论不可能被完全彻底地区分开来。

三、寻求道义与功利的统一

在目的论与道义论的对垒中，我们既可以看到它们各自的合理因素，又可以看到二者的尖锐对立，从而看到了二者无法解决的逻辑的、历史的矛盾。对这一矛盾的解决可能正是我们找寻道德推理的价值依据的契机。如前所述，道义论与目的论不仅是两种可以互补的伦理学方法，而且也是必须相互参照、相互支援的伦理学方法论资源。我们就沿着这两种思路探究下去，探讨道德原则和道德目的——德性与幸福，以寻求道德理由的真正根据。

1. 德性与幸福的悖论

在古希腊的文化语境中，一个社会的文化价值目标实际上是“好”(good)，它蕴涵着道德与幸福相一致的意思。正如康德所指出的，对于拉丁文 bonum 一词所指称的那种东西，德文却有两个悬殊的概念，并且还有同样悬殊的语词 das Gute（善）和 das Whol（福），这两个词与 bonum 相当①。无独有偶。中国古代的“德”的概念也包含着双重含义，即德与得，或曰善与福。德与福都是人类生活的价值取向，德与福的一致是人类眷注的目标。当我们把道德原则植根于利益，而在其运行中又强调其超越性时，德性与幸福的一致的问题便凸显在我们面前。

（1）问题的提出

在实际生活中常常发生的德性与幸福相冲突的现象是困扰伦理学者

---

① 康德. 实践理性批判. 北京：商务印书馆，1998：60.

的一个重要的问题，也是人们面临现实的道德选择时质疑道德原则的重要原因。不容否认，幸福是每一个人人生的重要目标，虽然每一个人的幸福观是不同的，但是每个人都追求幸福，如果德福一致，人们的生活追求就不会发生矛盾，成为道德的人亦即成为幸福的人，将成为人的第一追求。但是现实生活却不尽如人意，从苏格拉底时代起，人们就不断地为一个又一个的德与福的悖论所困扰。

在柏拉图的《理想国》中，有这样三个故事，突出地反映了德与福的悖论。

第一个故事：有一个牧羊人名叫古阿斯，他发现了一个神奇的指环，戴上它之后，就可以随意隐形。于是，他开始用这种能力从事奸淫、抢劫和谋杀，为了追求自己的快乐不惜让他人付出任何代价。人们要苏格拉底回答：为什么即使能够隐形，古阿斯包括其他人也不应该为恶？提问的人认为，任何有机会这样做的人都会这样做，这是人的本性。苏格拉底认为，正义或道德是生活中的财富和优势，最终能够带来幸福。

第二个故事，有两个人，其中一个诚实、老实、正直，但他却恰恰有与之相反的声誉，因为人们把他看得很坏，他最终在痛苦、贫穷和不体面中死去。而另一个人有着很好的声誉，被称为社会栋梁，但事实上他做的每一件事都极为卑劣，他腐败、不诚实，而且还犯罪。但因为别人把他看得那么好，他活得高寿、富有、有权力而且受人尊敬。甚至在他死后，他还留下了相当可观的财产，以他的名义承担了宗教仪式的费用。苏格拉底面临这样的挑战，他需要说明在这个寓言中为什么第一个人比第二个人好。

苏格拉底的回答仍然是：道德与正义符合人的本性，而恶行是与人的本性相反的，是灵魂的疾病，道德的本性是与幸福相和谐的。苏格拉底在受审而为自己辩护时仍然表达了他对此坚定不移的信念："好人不会遭逢恶果，诸神不会抛弃他。"然而，具有讽刺意味的是，苏格拉底所做的这个讲演，正是他为自己被错误地判罪并处以死刑而做的申辩。

第三个故事：如果一个人在罪恶地实施使自己成为僭主的阴谋时被抓住了，放到拉肢架上受刑，眼睛也被烧坏了，妻儿也受到各种酷刑，最后被钉死在柱子上。假如他能逃脱，后来成功地做了僭主，掌握了城邦中的大权，可以随心所欲，成了本城公民和异邦人羡慕的对象，他的福气为人们所称道。那么，在后一种情况下，他是不是就幸福一些呢？苏格拉底的辩论对手显然认为后者是幸福的，虽然他与前者一样没有德行，但前者受到了惩罚，而后者则因恶得福。但是苏格拉底认为在这两种情况下，他怎么都不可能幸福，通过邪恶手段成为僭主不可能幸福，因实施阴谋而受罚同样不可能幸福，但是逃避惩罚更加不幸。

对这些问题，苏格拉底抑或柏拉图都做出了理性主义者的回答：无论如何，都要把德性坚持到底。柏拉图借苏格拉底之口告诫人们："我把自己所有的时间都花在试探和劝导你们上，不论老少，使你们首要的、第一位的关注不是你们的身体或职业，而是你们灵魂的最高幸福。我每到一处便告诉人们，财富不会带来美德（善），但是美德（善）会带来财富和其他各种幸福，既有个人的幸福，又有国家的幸福。"①

传说苏格拉底确实是一个将德行放在最高位置上的人。人们这样记述苏格拉底："与苏格拉底的勇敢相伴的，是他的耐心、淳朴和在任何考验下都不曾丧失的自我控制能力。他对疲劳的承受能力我们已经见到，这一点名闻遐迩，这种承受能力还使苏格拉底在每次宴会上都作出良好姿态，成为诙谐而令人愉快的宾客，他与同伴们一起开怀畅饮，却从不像他们那样酩酊大醉，亚西比德对此壮举赞不绝口。苏格拉底从不发怒、激动或怀恨在心。"② 据说，有一次，有个人踢了他一脚，他也没有发怒，别人都为他的忍耐感到意外，他解释说："怎么，如果一头驴给了我一脚，难道我还要向它提起诉讼不成？""他对于肉欲的驾驭，是常常为人所强调的。他很少饮酒，但当他饮酒时，他能喝得过所有的人；从没有人看见他喝醉过。在爱情上，哪怕是在最强烈的诱惑之下，他也始终是'柏拉图式'的；假如柏拉图所说的话是真的。他是一个完美的奥尔弗斯③式的圣者；在天上的灵魂与地上的肉体二者的对立之中，他做到了灵魂对于肉体的完全的驾驭。"④ 苏格拉底这样描述自己的一生："我从来没有过过普通人的

---

① 柏拉图. 申辩篇//柏拉图全集：第1卷. 北京：人民出版社，2002：20.

② 让·布伦. 苏格拉底. 北京：商务印书馆，1997：28.

③ 又译俄耳甫斯，希腊神话中的人物，传说由于他拒绝参加为酒神狄俄尼索斯举行的秘密仪式而被酒神的女祭司杀死。

④ 罗素. 西方哲学史：上卷. 北京：商务印书馆，1988：127.

平静生活。我不关心大多数人关心的事，挣钱、有一个舒适的家、担任文武高官以及参与其他各种活动……我试图逐个劝说你们不要把实际利益看得高于精神和道德的良好状态，或者更广义地说，把国家或其他任何事物的实际利益看得高于保持它们的良好状态。”① 颇具反讽意味的是，这段关于他自己一生的总结和对他人的规劝正是苏格拉底为自己辩护时所讲的。而他为自己辩解的证据就是“最令人信服的证据就是我的贫穷”②。但是这个播种德性的人，这个高扬理性的人，最终却被处以绞刑。当然，这是苏格拉底自己的选择。

也许苏格拉底确实是幸福的，但是，他仍然无法让他的反对者相信，信守道德而遭受折磨比违背道德而尽享荣誉、地位、富贵更幸福。其实，从柏拉图的论述中，我们可以看出其中的一个逻辑矛盾，事实上，他并不是在论述为什么德性先于幸福，而是直接将幸福等同于德性。这种思路在道德理性主义者那里屡见不鲜。

（2）德性与幸福的虚幻一致

无论是道义论者还是功利论者都期望在自己的理论体系内实现德与福的一致。但是，在这个问题上，道义论者似乎面临着更大的理论困难。这是因为，功利论本身即将追求感性的幸福与快乐视为自己的德性追求，在其理论体系内，幸福目标与德性目标是一致的。而道义论则不得不面临这样的事实：

> 这是一个不可否认的事实：善良的人表面上并不总是过得很好。一个人即使是节制和明智的，也还是可能得病；相反一个无视他的身体的人却还是可能保持身体强健和精神饱满。一个能干和诚实的人尽管十分努力却还是可能失败，而一个恶棍却可能通过不义的手段积蓄大量财富。坦率常常给我们招来权势者的厌恶，而奉承却得到他们的喜好。③

对这一现象做出合理的解释是道义论不得不面临的问题，而在这一问

① 柏拉图．申辩篇//柏拉图全集：第1卷．北京：人民出版社，2002：26．

② 同①20．

③ 弗里德里希·包尔生．伦理学体系．北京：中国社会科学出版社，1988：343．

题上，斯多葛派的解决方案无疑具有典型性。

斯多葛派认为，善是依据本性、理性的生活，而依据理性的生活就是有德性的生活，善本身就是幸福，有道德的人总是有福的，没有道德的人总是不幸的。幸福就在德性之中，如果一个人没有德性，无论他有多少财富、权势，他也不可能幸福。服从自然、理性的规定本身就是幸福，在一切行为中都服从理性的人，将会远离恐惧、痛苦、欲望、快乐。而且恐惧、痛苦、欲望、快乐本身都是不重要的，甚至幸福同样是不重要的，只有德性才是唯一的善。人可以穷困潦倒，可能病痛缠身，但他仍然可以坚定地与自然相和谐而生活下去，仍然可以有德性，可以像苏格拉底那样高贵地死去。

与其说斯多葛派认为有德的人就会有福，而不会承受苦难和不幸，不如说斯多葛派极端蔑视肉体的痛苦，甚至幸福。他们认为生死、荣辱、苦乐都与人的幸福无关，感官的快乐或痛苦，身外的财富或权势都是身外之物，幸福不在于此，而在于追求理性，在于追求灵魂的完善，在于在苦难面前泰然自若、安之若素，达到一种不动心的状态。

斯多葛派的代表人物埃皮克泰德曾经描述过一个近乎神圣的道德形象，他指出这个人虽然有病，面临危险，含垢忍辱，生计艰难，但是他仍然可以是幸福的。因为，他的灵魂是完善的，他在道德上是完善的。他不怨天尤人，摆脱了世俗的愤怒、嫉妒、憎恨的感情，这种道德上完善的人将与神相会合。晚期斯多葛派的塞涅卡则认为最高幸福是人安于命运的安排，毫无怨言地忍受命运的一切打击，不做身外事物的奴隶，达到精神上的无动于衷。他说：“那末我可以把由于理性而没有任何情欲、没有任何恐惧的人叫做幸福的人。”“最高的幸福在于精神上的无动于衷。”①

对灾难和痛苦的蔑视曾经是人们诟病斯多葛派的原因之一。英国哲学家罗素就认为：“斯多葛主义里有着一种酸葡萄的成分。我们不能够有福，但是我们却可以有善；所以只要我们有善，就让我们装成是对于不幸不加计较吧！这种学说是英勇的，并且在一个恶劣的世界里是有用

---

① 章海山. 西方伦理思想史. 沈阳：辽宁人民出版社，1984：137.

的；但是它却既不是真实的，而且从一种根本的意义上来说，也不是真诚的。”① 罗素认为，在斯多葛派那里存在着两种伦理体系，一种是对自己的高等伦理，一种是对“不知法度、没有教养的人”的低等伦理。当一个斯多葛派哲学家想到自己的时候，他就认为幸福以及其他一切世俗所谓的美好都是毫无价值的；他甚至说渴望得到幸福是违反自然的，意思是说那里面包含着不肯委身听命于神的意志。但是，作为一个执掌帝国大政的实践者，马可·奥勒留却非常清楚这种东西是行不通的。他的责任是要使非洲的粮船按时到达罗马，是要采取措施来救济饥馑所造成的苦难，是要使野蛮的敌人不能越境。这就是说，在对付这些不能被他认为是斯多葛派的哲学家的臣民的时候，他就接受通常的世俗的善恶标准了②。

黑格尔对斯多葛派是这样理解的：“斯多葛派哲学的伟大处即在于当意志在自身内坚强地集中时，没有东西能够打得进去，它能把一切别的东西挡在外面，因为即使痛苦的消除也不能被当作目的。”③ 斯多葛主义的思想也曾经有力地、活跃地、使人感动地宣扬了道德精神，以致在这个学派消失十几个世纪之后，它的思想又在康德主义中重现。康德分析道：

> 一个斯多亚派分子在痛风剧烈发作时呼喊道：疼痛，你尽可以如此厉害地折磨我，我仍然将永不承认：你是一种恶的东西；人们可以笑话他，但他的确是对的。他感觉到这是一种祸害，而他的叫喊就吐露了这一点；但是，他没有理由承认，恶因此就附着于他了；因为疼痛丝毫不降低他人格的价值，而只是降低了他的境况的价值。他当时若意识到曾撒过的一次谎，此谎必定会打击他的勇气；但如果他当时意识到，他不是因不义的行为招致这种疼痛并且因此使自己配当惩罚，那么这种疼痛只是充任使他升华的肇端。④

① 罗素．西方哲学史：上卷．北京：商务印书馆，1988：340．

② 同①339．

③ 罗国杰，宋希仁．西方伦理思想史：上卷．北京：中国人民大学出版社，1987：280．

④ 康德．实践理性批判．北京：商务印书馆，1998：65．

显然，德与福在斯多葛派那里达到了一致，但这种一致是虚幻的，当然其中包含了精神的、意志的因素，但它是以对幸福的感性因素的否定为前提的。并不是所有的人都会不论现实中的痛苦，并不是所有的人都会认为痛苦也是幸福。在幸福的内涵中，不只有理性的内容，也有感性的成分。

其实，在古希腊有记载的文献中，较早地论述了幸福的是梭伦，而梭伦的幸福论就不是纯粹理性的幸福论。据希罗多德《历史》第一卷 30—33 记载，梭伦在访问埃及时，曾与国王克洛伊索斯进行了一番关于幸福的对话。克洛伊索斯问梭伦，怎样的人是最幸福的。他之所以问这个问题，是因为他认为自己是最幸福的。梭伦回答说："说到你本人，我认为你是极为富有并且是统治着许多人的国王；然而就你所提的问题来说，只有我听到你幸福地结束了你的一生的时候，才能够给你回答。毫无疑问，纵然是豪富人物，除非他很幸福地把他的全部巨大财富一直享受到他临终的时候，他是不能说比仅能维持当日生活的普通人更幸福的。因为许多有钱的人并不幸福，而许多只有中等财产的人却是幸福的。拥有巨大财富的不幸的人只在两方面优于幸福的人。但幸福的人却在许多方面都超过了前者。有钱的人更有能力来满足他的欲望，也更有能力承受大灾难的打击。后者当然不能像前者那样地满足自己的欲望并且也经不住这样的灾难，然而他的幸运却使这些灾难不会降临到自己身上，此外，他还会享受到这样的一些幸福：他的身体不会残废，他不会生病，他不会遇祸，有好孩子，又总是心情愉快的。如果这一切之外，他又得到善终的话，这便正是你所要寻求的人，也就是够得上称为幸福的人。"① 显然，梭伦将身体健康、不遭受苦难、心情愉快并且能够始终保有它们视为幸福的要素。

只要我们不是无视幸福的感性方面，只要我们不是把幸福直接等同于德性，我们就不能否认德与福之间的矛盾。正如麦金太尔所评述的："道德法则和人类生活的目的的逐渐分离达到这样一种程度：法则的遵守和目的的实现之间的联系仅仅是一种偶然性的联系；并且如果它就是如此，那是无法忍受的。正是由于康德认识到了这一点，认识到了目的的模糊导致幸福概念的模糊和不确定，致使他责令我们不是去寻求幸福，而是去寻求

---

① 周辅成. 西方伦理学名著选辑：上卷. 北京：商务印书馆，1964：36-37.

应得的幸福。”①

(3) 德性与幸福的二律背反

康德秉承了西方伦理学自梭伦以来的传统，将德与福的一致视为至善，但在康德看来，至善是人生的终极眷注而在现实生活中又无法实现的目标，其间蕴涵实践理性的二律背反。

至善是指完全的善，既包含了德性，也包含了幸福。人作为有限的理性存在是两个世界的成员，他既是感性世界中的一员，又生活在理智世界中。在理智世界中，他是遵守道德法则而行动的理性存在，他以德性，亦即定言命令作为其意志的动机，作为其道德追求，作为其存在的最高目的。在感性世界中，人是由自然法则所支配的自然存在，他以幸福作为其生存目的。“人类，就其属于感性世界而言，乃是一个有所需要的存在者，并且在这个范围内，他的理性对于感性就总有一种不能推卸的使命，那就是要顾虑感性方面的利益，并且为谋求今生的幸福和来生的幸福（如果可能的话）而为自己立下一个实践的准则。”② 人类理性应该把德性作为高于幸福的生存目标，只有这样人类才能表现出不同于一切自然存在的理性尊严，所以他应该努力排除自然法则的限制，做一个有德性的人。但是，人作为感性存在，德性作为无上的善，并不是整个的和完满的善，为了成就至善，还需要加上幸福。德行作为德性的外在表现，作为得到幸福的配当，“是所有向我们显现为值得想望的东西的无上条件，从而也是我们对于幸福的全部追求的无上条件，因而也就是无上的善。但是它并不因此就是整个的和完善的善，而作为有限的理性存在者的欲求能力的对象；盖缘为了成就至善，还要加上幸福”③。这样，德性和幸福就一起构成了人对至善的拥有，与德性相匹配的幸福也就构成了可能世界的至善，而德性作为条件始终是无上的善。因此，纯粹实践理性所追求的乃是一个包括德性与幸福这两个要素在内的无条件的总和。

这样，人作为两个世界的存在者，他对于幸福的要求如果以德性为条

---

① 阿拉斯戴尔·麦金太尔. 伦理学简史. 北京：商务印书馆，2003：343-344.

② 康德. 实践理性批判. 北京：商务印书馆，1998：12.

③ 同②121.

件就是合理的，在德性这一至上条件和最高限制之下人也应该配享幸福。如果说一个有德性的人却不能或不配享有幸福，那显然与人所追求的完满境界是不相协调的。德性与幸福就此紧密地联结在一起：

> 德行与幸福的这种连接就可以作两种理解：或者成就德行的努力和对幸福的合理要求原非两种各别的行为，而是完全同一行为，因为在这里前者无需用与后者所需的准则不同的准则设为根据；或者那种连接被放置在如下一点上：德行将幸福作为某种与德行意识不同的东西产生出来，犹如原因产生结果。①

历史上的伊壁鸠鲁学派与斯多葛学派都是从第一种理解来把握德性与幸福的关系的，他们都着力思索德性与幸福的同一性。在伊壁鸠鲁学派看来，德性已经居于促进他自己幸福的准则里面，幸福是整个至善，德性仅仅是谋求幸福的准则形式；而在斯多葛派那里，幸福的情感已经包含在他关于德性的意识之中，德性是整个至善，幸福仅仅是意识到拥有德性属于主体的状态。但是，在康德看来，德行的准则与个人幸福的准则就它们的无上实践原则而论是完全不同的，德性与幸福是两种种类完全相异的元素，因此，它们的结合只能以综合的方式进行。也就是说，德性与幸福必定是以因果关系的方式统一在一起的，这也就意味着，其中一个必须以另一个为原因或根据。

如果德性与幸福之间是因果关系，那么，就存在两种情况，一种是追求幸福的欲望是德性准则的动机，另一种是德性的准则必须是幸福的有效原因。这两个互相矛盾的命题必有一个为真，否则，至善的概念就无法建立起来。但康德确实面临着实践理性的二律背反：

> 第一种情形是绝对不可能的，因为把意志的决定根据置于对幸福的渴求之中的准则，是完全非道德的，不能够为任何德行建立基础。但是，第二种情形也是不可能的，因为世界上一切原因和结果的实践连接，作为意志决定的后果，并不取决于意志的道德意向，而取决于自然法则的知识以及把它们用于这个意志的目标的自然能力，从而通

---

① 康德. 实践理性批判. 北京：商务印书馆，1998：122.

过一丝不苟遵循道德法则〔而成就的〕幸福与德行之间的必然的和足以达到的至善的连接，在这个世界上是无法指望的。①

将意志的动机置于个人幸福的要求之下，所产生的行为虽然不一定是不道德的行为，但它绝不是依据道德产生的行为，而道德法则也不是感觉世界的规律，所以即使一种道德行为获得了幸福的结果，那也不是出于意志的道德信念而实现的，因此，无论追求幸福的欲望是德性准则的动机，抑或德性的准则是幸福的有效原因，二者都是不能成立的。这就意味着至善依照实践规则是不可能的，而促进至善的道德法则亦将流于幻想，指向空洞的想象的目的，从而本身就是虚妄的。

正如张志伟在《康德的道德世界观》中所评述的："实践理性的二律背反不仅暴露了康德哲学的深刻的内存矛盾，也同样体现了康德哲学敢于直面矛盾的批判精神。无论在任何情况下，康德伦理学的基本原则从未发生动摇，他坚定不移地主张道德法则的自律性和纯洁性，丝毫不妥协地坚持唯有出于责任的行为才具有道德价值，几近无情地将一切经验的质料、主观的情感以及爱好、欲望和功利因素完全排除在道德价值之外。就此而论，康德的道德哲学表现出了一种不讲现实的超现实主义立场。"②

2. 道义与功利的统一途径

毋庸讳言，道德推理的价值依据应当有其现实的基础，应当有其实实在在的根据，否则就是天上的道德。如果道德不体现历史发展的方向，不体现"应当"，道德价值也就无从体现。因此，道德应当是道义与功利的统一，而实现这种统一的途径是从利益关系出发的。

（1）利益关系是人类社会最本质的关系

恩格斯在《反杜林论》中指出："人们自觉地或不自觉地，归根到底总是从他们阶级地位所依据的实际关系中——从他们进行生产和交换的经济关系中，获得自己的伦理观念。"③ 道德的根源在于经济关系，而经

① 康德．实践理性批判．北京：商务印书馆，1998：125.

② 张志伟．康德的道德世界观．北京：中国人民大学出版社，1995：204-205.

③ 马克思恩格斯选集：第3卷．北京：人民出版社，2012：470.

济关系的直接表现就是利益关系。

在最直接最直观的形态上，利益表现为主体对外界对象的创造和享用；在功能和目的上，利益表现为为主体谋幸福；在社会历史内容上，利益是由一定的社会关系，特别和首先是由一定的经济关系所决定的①。利益在形态上可以分为物质利益、政治利益、精神利益等等，其中，物质利益是最基本的利益。

人类社会是建立在利益和利益关系的基础之上的。

首先，人类的生存发展离不开利益，首先是物质利益。人类每时每刻都离不开衣食住行，都必然有满足自己物质需要的生活资料。物质利益是人类生存发展的基础。而为了获得物质利益，人们就要结成一定的关系，结成一定的组织和共同体，从而也就产生了政治利益。而人又不仅是一个物质的、政治的存在，他还有精神生活，有起码的尊严、人格和荣誉，因而人的生存和发展也离不开精神利益。

其次，人类社会与利益关系相伴生。人类要生存，首先必须满足自己的各种需要。任何需要都是一定主体在一定的生产关系中，在一定的客观条件下，对一定对象的需要，都必然通过一定的社会关系才能实现。需求关系就变成了人与人之间的利益关系、利害关系。正是利益关系将不同需要的人联结了起来，正如马克思和恩格斯在批判那种把社会的人看作各个孤立的原子的观点时所指出的："他的每一种本质活动和特性，他的每一种生活本能都会成为一种**需要**，成为一种把他的**私欲**变为对他身外的其他事物和其他人的癖好的**需要**。因为一个人的需要，对于另一个拥有满足这种需要的资料的利己主义者来说，并没有什么明显的意义，就是说，同这种需要的满足并没有任何直接的联系，所以每一个人都必须建立这种联系，这样就相互成为他人的需要和这种需要的对象之间的皮条匠。由此可见，正是**自然的必然性**、**人的特性**（不管它们表现为怎样的异化形式）、**利益**把市民社会的成员彼此连接起来。"② 正是利益能把全体社会成员动员起来，组织起来，联结起来，不断解决个体之间、群体之间、个体与社会

---

① 张国钧．邓小平的利益观．北京：北京出版社，1998：1-4.

② 马克思恩格斯全集：第2卷．北京：人民出版社，1957：154.

之间、群体与社会之间的这样那样的利益矛盾，这是社会发展的动力之一。

人与人之间的利益关系的特点，使道德调节成为必要。

首先，利益在一定的时期的有限性造成了利益关系的复杂性。一般地说，人是“一个有生命的、自然的、具备并赋有对象性的即物质的本质力量的存在物”①，人在与自然的对象性关系中结成人与人之间的关系。人对自然的把握在一定的时期内是有限的，从而造成了人的利益的有限性，而不同的人所认定的利益目标的差异性甚至对立性使利益的有限性的问题更为突出，这就使通过道德约束来协调人与人之间的利益关系成为必要。

其次，利益的普遍性造成了利益关系的普遍性。对于每一个人而言，在他生存发展的过程中，都有利益与之相伴；而当人们结成了一定的组织或共同体，又会形成组织或共同体的利益。利益的普遍性造成了利益关系的普遍性，人与人之间的利益关系无处不在，伴随着社会生活的方方面面。这种普遍的利益关系决定了人们的利益追求也同样遍及各个领域，而只要有利益追求，就会有利益的冲突与矛盾，就需要道德的调节。

最后，利益的基础性造成了利益追求的开放性，造成了利益关系的变动性。没有利益，也就没有主体的生存，因此，每一个主体都会不同程度地追求自己的物质利益、政治利益、精神利益。利益总是以永不满足的冲动寻求新的增长点，以期从时间上更久远地保有，从量上不断地扩大，而这种冲动自然会对人与人之间的关系产生影响，使利益关系处于不断变动之中。不断变动的利益关系为了维持其协调、稳定也需要道德的调整。

正因为利益关系是历史的、有条件的而非一成不变的，因此，道德也是不断变化的。利益关系在不同的历史阶段、不同的文化背景、不同的国家、不同的条件下是不同的。即使在一个国家的范围内，在一个大体确定的历史阶段内，利益关系也有一个逐步发展和显现的过程，其内容和作用的强度与范围都依条件的不同而不同，其表现形式也是千变万化的。正因为利益关系的这种历史性、有条件性，由它所决定的道德才是历史的、具体的。恩格斯曾经在批判费尔巴哈试图寻求永恒不变的道德原则时指出：“这种要求的借口是，道德世界也有凌驾于历史和民族差别之上的不变的

---

①　马克思恩格斯全集：第42卷. 北京：人民出版社，1979：166.

原则。相反，我们断定，一切以往的道德论归根到底都是当时的社会经济状况的产物。而社会直到现在是在阶级对立中运动的，所以道德始终是阶级的道德；它或者为统治阶级的统治和利益辩护，或者当被压迫阶级变得足够强大时，代表被压迫者对这个统治的反抗和他们的未来利益。没有人怀疑，在这里，在道德方面也和人类知识的所有其他部门一样，总的说是有过进步的。但是我们还没有越出阶级的道德。”①

道德与利益关系相并生，随利益关系的变化而变化。脱离了物质利益的道德则是纯粹的概念规定和道德假设。“不管是康德或德国市民（康德是他们的利益的粉饰者），都没有觉察到资产阶级的这些理论思想是以物质利益和由物质生产关系所决定的**意志**为基础的。因此，康德把这种理论的表达与它所表达的利益割裂开来，并把法国资产阶级意志的有物质动机的规定变为**‘自由意志’**、自在和自为的意志、人类意志的**纯粹**自我规定，从而就把这种意志变成纯粹思想上的概念规定和道德假设。”② 但是，如果说人们奋斗争取的一切都与他们的利益有关，如果说思想一旦离开利益就会使自己出丑，那么道德是不是应当以利益为根据，这是不是又回到了功利论？其实，我们并不是一般地反对功利论，毛泽东在《在文艺座谈会上的讲话》中指出：“唯物主义者并不一般地反对功利主义，但是反对封建阶级的、资产阶级的、小资产阶级的功利主义，反对那种口头上反对功利主义、实际上抱着最自私最短视的功利主义的伪善者。世界上没有什么超功利主义，在阶级社会里，不是这一阶级的功利主义，就是那一阶级的功利主义。我们是无产阶级的革命的功利主义者，我们是以占全人口百分之九十以上的最广大群众的目前利益和将来利益的统一为出发点的，所以我们是以最广和最远为目标的革命的功利主义者，而不是只看到局部和目前的狭隘的功利主义者。”③ 正如毛泽东所指出的，我们的功利主义是革命的功利主义，它与边沁的功利主义是根本不同的。这种不同在下文中通过对利益关系的分析以及道德选择的理由的直接表现中可以反映

① 马克思恩格斯选集：第3卷．北京：人民出版社，2012：471.
② 马克思恩格斯全集：第3卷．北京：人民出版社，1960：213.
③ 毛泽东选集：第3卷．北京：人民出版社，1991：864.

出来。

（2）利益关系的结构

普列汉诺夫说，在鲍威尔等人看到观念、理性的地方，马克思看到利益。“马克思指出，当观念与某一时代的历史过程的担负者的社会阶层的实在的、经济的利益不适合时，观念每一次都‘被污辱了’。只有理解这些利益才能给予理解历史发展的现实进程以钥匙。”① 法国启蒙学派也已经看到了利益在历史中具有决定意义，然而对他们来说，这只是意见支配世界这个公式的变形。“他们认为人们的利益本身亦是从属于他们的意见的，而且跟着意见的变化而变化的。”② 但是马克思从来没有将利益理解为抽象的个人利益。利益也不只有个人利益一个层次。

如前所述，不同的主体都有自己的利益，但群体主体总是以个人主体为单位而形成的，无论群体大小、性质如何，都可以被视为与个人主体不同的一类主体，并且其在利益构成上，总是蕴涵着个人利益。因此，我们将利益划分为个人利益和与之相对应的公共利益，即群体主体的共同利益。公共利益是由个人利益构成的，在人类社会之初，二者是融为一体的。在阶级社会中，个人利益与公共利益既相互依存，又存在着激烈的冲突与对抗。

在人类社会之初，个人利益与公共利益是融为一体的。当时低下的社会生产力使人们紧密地联系在一起，个人与氏族共同体相依为命、休戚与共。当时人们的意识水平也没有发展到能够将自我从氏族共同体中分离出来的程度，即使后来有了自我意识，也并没有独立的个人利益的观念。

随着生产力的发展，分工和私有制出现了，个人利益与社会的共同利益才发生分裂。这种分裂的出现也意味着个人利益与社会共同利益之间矛盾的产生。“随着分工的发展也产生了个人利益或单个家庭的利益与所有互相交往的人们的共同利益之间的矛盾；同时，这种共同的利益不是仅仅作为一种‘普遍的东西’存在于观念之中，而且首先是作为彼此分工的个

① 普列汉诺夫. 论一元论历史观之发展. 北京：三联书店，1973：106.

② 同①107.

人之间的相互依存关系存在于现实之中。”① 也就是说，个人利益与社会共同利益存在着矛盾，而且由于人与人之间的相互依存，人们之间也确实存在着共同利益。

在个人利益与共同利益的关系上，施蒂纳认为，个人利益与社会共同利益是对立的，他要么拿个人利益反对共同利益，要么拿共同利益反对个人利益。所以他无法理解作为个人利益的代表的资产者“为什么总是经常要顺应僧侣的或教书匠的也就是理想的利益”②，即我们所说的共同利益。但是正如马克思恩格斯所说，施蒂纳“非常不愉快地发现，在历史上表现出来的两个方面，即个别人的私人利益和所谓普遍利益，总是互相伴随着的”③。个人利益与共同利益是互相伴随的利益的两个方面，每个人都既有个人利益，又会在生活中、现实中感到共同利益的存在，感到个人利益既蕴涵在社会共同利益之中，又不时地与之发生冲突。

那么，个人利益与公共利益的对立是怎样造成的呢？“个人利益总是违反个人的意志而发展为阶级利益，发展为共同利益，后者脱离单独的个人而获得独立性，并在独立化过程中取得**普遍**利益的形式，作为普遍利益又与真正的个人发生矛盾，而在这个矛盾中既然被确定为**普遍**利益，就可以由意识想像成为**理想的**，甚至是宗教的、神圣的利益”④。在不同的历史条件下，共同利益会有不同的表现。在私有制下，在个人利益变成阶级利益的过程中，个人行为不可避免地受到物化、异化，同时又表现为不依赖于个人的、通过交往而形成的力量，从而个人的行为转化为社会关系，转化为某些力量，决定着和管制着个人，因此，这些力量在观念中就成为“神圣的”力量，也就是说，在一定的不以人的意志为转移的生产方式内，总有某些异己的、不仅不以分散的个人而且也不以其总和为转移的实际力量统治着人们。可见，私有制的存在是造成这种对立的根源。在私有制条件下，由于人们在生产关系中所处的地位不同，人们的共同利益是不同的，这样就不仅存在着个人利益与共同利益的矛盾，而且存在着不同的共

① 马克思恩格斯全集：第3卷. 北京：人民出版社，1960：37.

② 同①272.

③ 同①272-273.

④ 同①273.

同利益之间的矛盾，也即阶级利益的矛盾。由于共同利益的多样性而使个人利益与共同利益的对立呈现出极为复杂的情况，尤其是统治阶级将其阶级的共同利益作为整个社会的共同利益强加给被统治阶级时，被统治阶级的个人利益与这种所谓的“共同利益”的对立是极为尖锐的。

个人利益与共同利益的对立并不是绝对的。“这种对立的一面即所谓‘普遍的’一面总是不断地由另一面即私人利益的一面产生的，它决不是作为一种具有独立历史的独立力量而与私人利益相对抗，所以这种对立在实践中总是产生了消灭，消灭了又产生”①。个人利益与共同利益的对立是由个人利益在特定的历史条件下产生的，又由于某种特定的历史条件而消灭。这两个方面的对立是：“个人生活的经验条件所产生的，它们不过是人们的**同一种**个人发展的表现，所以它们仅仅在**表面上**是对立的。至于由发展的特殊条件和分工所决定的这个个人的地位如何，他比较多地代表矛盾的这一面或那一面，是更像利己主义者还是更像自我牺牲者，那是完全次要的问题，这个问题也只有在一定的历史时代内对一定的个人提出，才可能具有任何一点意义。”② 马克思这里所说的特定的历史条件，指的是资本主义私人占有制的消灭。

（3）道德推理价值依据的直接表现

道德承担着解决复杂的利益冲突与对立的责任。

从道德推理的价值依据的认同机理上看，它是从个人利益出发的。对于每个人来说，出发点总是他们自己，或者说是他们看到的个人利益。如马克思所说：“个人总是并且也不可能不是从自己本身出发的。”③ 道德无论是从其最初的根源，还是从个体发生看，都是从个人利益出发，保护个人利益，为个人的生存、发展服务的。也正是由于它是从个人利益出发的，维护了个人的利益，才能够得到社会成员的认同，成为社会普遍认同的道德原则。

需要说明的是，马克思所强调的个人利益不是抽象的个人利益，在他

---

① 马克思恩格斯全集：第3卷．北京：人民出版社，1960：276.

② 同①274.

③ 同①274.

说“在任何情况下，个人总是‘**从自己**出发的’”[①] 之后，紧接着的话是：“但由于从他们彼此不需要发生任何联系这个意义上来说他们不是**唯一的**，由于他们的**需要**即他们的本性，以及他们求得满足的方式，把他们联系起来（两性关系、交换、分工），所以他们**必然要**发生相互关系。但由于他们相互间不是作为纯粹的**我**，而是作为处在生产力和需要的一定发展阶段上的个人而发生交往的，同时由于这种交往又决定着生产和需要，所以正是个人相互间的这种私人的个人的关系、他们作为个人的相互关系，创立了——并且每天都在重新创立着——现存的关系。”[②] 所以，这里的个人也不是抽象的、孤立的、任意的个人，不是思想家们所理解的“纯粹的”个人，而是在一定历史条件和社会关系中的个人。“这不应当理解为，似乎像食利者和资本家等等已不再是有个性的个人了，而应当理解为，他们的个性是受非常具体的阶级关系所制约和决定的。”[③] “私人利益本身已经是社会所决定的利益，而且只有在社会所创造的条件下并使用社会所提供的手段，才能达到；也就是说，私人利益是与这些条件和手段的再生产相联系的。”[④] 私人利益的内容、实现形式和手段，是由不以任何人的意志为转移的社会条件所决定的。不认识到这一点，就不会真正理解个人利益与社会整体利益的关系。

从道德推理的价值依据的客观内容看，它是为人们所认同的道德原则，它体现的是集体理性和公共利益。这种公共利益在共时性上体现的是共同体成员利益的总体，是能够代表共同体成员个人利益的公共利益；在历时性上体现的是具有长远观点、能够代表共同体未来利益的公共利益。也就是说，这种公共利益并不只是当代人的利益，也蕴涵着未来人的利益，至少不伤及其利益。不同的道德规范体现公共利益的程度是不同的，如不要随地吐痰具有较大的普适性，能够为几乎所有的社会成员所认同，职业道德则只在职业范围内为从事同一职业的人所认同，而阶级的道德则为同一阶级的成员所认同。但是，无论具有怎样的适用范围的道德规范，都体现

---

① 马克思恩格斯全集：第3卷. 北京：人民出版社，1960：514.

② 同①514-515.

③ 同①86.

④ 马克思恩格斯全集：第46卷：上. 北京：人民出版社，1979：102-103.

了同一范围内的公共利益。道德体现了公共利益与个人利益的协调，而一旦人们从自我的私人利益出发，形成了统一的社会道德原则，这个道德原则往往是公共利益的体现。它是与私人利益相协调的结果，又超越私人利益。它并不是私人利益的简单累加，而是私人利益共性的凝结，它超越了私人利益的特殊性，是总体的个人利益，是集体的个人利益。

马克思曾经指出："大家知道，有一种心理学专门用细小的理由来解释大事情。它正确地猜测到了人们为之奋斗的一切，都同他们的利益有关，但是它由此得出了不正确的结论：只有'细小的'利益，只有不变的利己的利益。大家也知道，这种心理学和对人的了解在**城市**里更是屡见不鲜。在那里，人们把洞察世界，能透过观念和事实的重重云雾识破忌妒成性、勾心斗角、抓住几股线头就想操纵整个世界的卑鄙小人的眼力看作有远见卓识的标志。但是同时大家也知道，贪杯过度是要跌破**自己的脑袋**的。在这种情况下，这些聪明人对人和世界的了解首先就是糊里糊涂地跌破自己的脑袋。"① 边沁把个人利益当作公共利益的基础，边沁认为，每个人都为自己的私人利益服务，同时也为其他人的私人利益服务。社会是由个人组成的，为个人服务就是为社会利益服务，实现个人利益与实现他人利益和社会利益是和谐一致的。但是，他们忽略了这一点，即组成社会的个人并不是孤立的，人并不像土豆那样放在一起仍然是一个个孤立的土豆。

从道德推理的价值依据的运用看，道德推理的价值依据具有超越性。一旦它为人们所认同，它就要求个人对它服膺，这时它就具有了超越个人利益的属性，获得了超越个人利益原则的制约性，它体现为道德的超功利性。道德就是道德，它不能因一时一地的一己私利而改变。

当个人利益与公共利益融为一体时，人们的道德观念与这种利益关系相适应，它体现为原始的集体主义。人们在道德观念上和道德原则上，是将公共利益置于第一位的，当然这种公共利益与个人利益是紧密地结合在一起的，二者是一而二、二而一的关系。

当个人利益与公共利益发生分裂，产生矛盾和冲突时，人们需要协调个人利益与公共利益的关系，在协调这种关系时，能够为共同体或阶级的

---

① 马克思恩格斯全集：第1卷. 北京：人民出版社，1995：187.

成员共同认同的道德准则一旦确立，它就有独立于个人的力量，具有相对于个人的优先性。首先，这是由于共同体对于个人具有优先性。马克思指出：只有在集体中，个人才能获得全面发展其才能的手段，也就是说，只有在集体中才可能有个人自由。当然，共同体必须是代表了个人利益的共同体，“在过去的种种冒充的集体中，如在国家等等中，个人自由只是对那些在统治阶级范围内发展的个人来说是存在的，他们之所以有个人自由，只是因为他们是这一阶级的个人。从前各个个人所结成的那种虚构的集体，总是作为某种独立的东西而使自己与各个个人对立起来；由于这种集体是一个阶级反对另一个阶级的联合，因此对于被支配的阶级说来，它不仅是完全虚幻的集体，而且是新的桎梏。在真实的集体的条件下，各个个人在自己的联合中并通过这种联合获得自由”①。

在社会主义条件下，虽然社会成员的个人利益与社会共同利益在某种程度上还存在着一定的矛盾，但社会成员的共同利益在根本上和长远上代表了社会成员的个人利益。社会主义道德保护个人正当利益，同时将社会共同利益置于首位，当个人利益与社会共同利益发生矛盾时，要求个人利益服从社会共同利益。社会主义道德之所以能够为我们社会中的绝大多数人所认同，是因为它保护了社会成员的正当的个人利益，同时它体现了社会中大多数人的共同利益。这也正是我们的社会以社会主义道德为我们的道德理由的原因。

道德推理的价值依据既不是目的论的，也不是道义论的，而是二者的有机统一。其内在根据在于利益关系，其认同机制是从个人利益出发的，而其客观内容则在一定程度上体现了集体理性。在人们依据社会主导的价值依据进行道德选择时，价值依据具有超越性，它不因一时一地的一己私利而改变。

（4）德福一致的道德追求

当我们把道德推理的价值依据建立在利益关系的基础之上时，德性与幸福的一致也是我们的目标。将道德的根据建立在利益关系基础上的马克思、恩格斯对德福的一致也多有论述。马克思在他中学的毕业论文中就将

① 马克思恩格斯全集：第3卷．北京：人民出版社，1960：84.

个人的完善与人类的幸福结合在一起："在选择职业时，我们应该遵循的主要指针是人类的幸福和我们自己的完善……人类的天性本来就是这样的：人们只有为同时代人的完善、为他们的幸福而工作，才能使自己也达到完美。""那些为共同目标劳动因而自己变得高尚的人是伟大人物；经验赞美那些为大多数人带来幸福的人是最幸福的人。"①

德性与幸福的一致是三个层面的问题：一是道德原则层面的德性原则与幸福原则的一致性；二是具体行为中的德与福的一致性，即具体的德行是否能够直接带来利益，带来幸福；三是具体个人身上的德性与幸福的一致性，即有德的人是否有福。

在道德原则层面，德与福在方向上或者说在追求上的一致性是探讨德福一致的前提，如果德性原则与幸福原则是根本背离的，那么二者的一致性也就无从谈起。

首先，从道德原则的根源及职能看，道德反映了利益关系，而我们也应当信守正确地反映了利益关系、代表着共同体利益的道德原则。这样，信守道德原则从理论上讲也就应当使共同体的利益得到实现。个人利益寓于共同体的利益之中，那么，遵守道德原则也就意味着个人利益的实现。但是道德原则体现的是公共利益，体现的是个人利益的总体性，它并不是每时每刻都与具体的个人利益直接等同的。

其次，从幸福的内涵看，利益与幸福也并不是直接同一的。幸福有两个层面的定义：一是精神上的幸福，即人们在创造物质生活和精神生活条件的实践中，由于感受到目标和理性的实现而得到的精神上的满足；二是与人们的物质生活相关的有利遭遇与处境。在这两个层面中，幸福都要求有直接的感受性，要求道德主体能够在当下直接感受到幸福。而利益则是具有多层面性的，有物质利益、政治利益、精神利益，有长远利益、眼前利益，也有个人利益和集体利益。也就是说，当道德主体所获得的利益并不为其所感受，或者并不为其所期待时，利益就并不等于幸福。虽然利益并不等于幸福，但它为幸福提供了条件。直接的、当下的物质利益是个人生活幸福的基本条件，而精神利益、政治利益、长远利益、公共利益的实

① 马克思恩格斯全集：第40卷．北京：人民出版社，1982：7.

现也是精神幸福的内容。

应当说，在道德原则的层面，德性原则与幸福原则并不是绝对一致的，其一致性体现在德性原则为幸福原则提供条件。

在具体的行为的层面，德与福的一致性也需要具体分析。在具体的行为中，德行与个人的感性幸福并不是直接对当的。借用康德的论述，如果我们认为德行是幸福的条件，我们只能说德行是幸福的必要条件，而不是充要条件。没有德行终究是不可能幸福的，因为德行体现了社会道德的要求，体现了社会对个人幸福的共同性的探索与认同，背弃道德既是对个人利益的损害，也是对他人利益的损害，当然也意味着对个人幸福的损害。但要得到幸福，除了要有德性，还需要很多其他的条件，甚至有时这些其他条件在某些情况下会暂时成为主导因素，在这种情况下，有时无德也会获得意外之利，这是由事物发展的复杂性所决定的。但是，长久地看，幸福不可能长久地离开德性这一必要条件。

同时，我们还必须承认德行与理性的幸福、精神的快乐是对当的。对此，先哲们多有论述。正是在这个意义上，柏拉图“把那些高尚的、善良的男男女女称作幸福的，把那些邪恶、卑贱的人称作不幸的”①。德国伦理学家包尔生也认为，外在的幸福或好运并不总是落在有德性人的身上，但有德性的人即使没有得到外在的幸福，他们也能够感受到精神的幸福，能够在自己的内心发现幸福，他指出：

> 在此我们也达到了这样一个结论：对于真正善良的人来说，对于意志完全由德性支配的人来说，有德性的行为始终是最大的幸福和喜悦，即使它并不带来外在的幸福，即使它反给肉体带来磨难……这一事实仍是真实的：就是德性和成功、繁荣及幸福之间有一种普遍的内在联系，而邪恶与不幸之间的联系也是同样必然的。我们可以想像一个人，想像他毫无畏惧和顾虑地满足了他的欲望，心安理得地享受了运气提供给他的一切东西，在他整个一生中都交好运，但是，在现实生活中真的能有这样的人吗？无论如何，我们每一个人就我们现在的

① 柏拉图．高尔吉亚篇//柏拉图全集：第1卷．北京：人民出版社，2002：350.

情况来说，追随这样一个榜样都是不明智的。即使他在一切事情上都取得成功，这样的时候也可能到来：他要放弃他取得的一切而追悔过去。①

需要说明的是，在具体的行为中，应当遵循的是道德的原则而不是直接的个人幸福的原则，或者说不是完全从个人的利益出发行事的。这就存在道德原则与个人利益或个人感性幸福相冲突的情况，比如见义勇为就是这种情况。从道德原则来看，见义勇为是应当的、善的，但从个人利益的角度看，这种行为可能会直接对个人造成物质上的损害，如果把幸福完全理解为感性幸福，那么，见义勇为就是不幸福的。在这种情况下，德性与幸福的一致性主要体现在见义勇为对社会是好的，而我们是社会的成员，对社会好同时也是对我们好，它最终会使我们得到幸福。或者说这种德与福的一致是终极意义上的。

就具体个人而言，首先，个人的德性与幸福是在一定条件下达到一致的。

德性与幸福的一致需要一定的社会条件。马克思曾经指出："在古代的奴隶和奴隶主之间，在中世纪的农奴和领主之间，难道谈得上追求幸福的平等权力吗？被压迫阶级追求幸福的欲望不是被冷酷无情地和'由于正当理由'变成了统治阶级的这种欲望的牺牲品吗？""由于资本主义生产所关心的，是使绝大多数权利平等的人仅有最必需的东西来勉强维持生活，所以资本主义对多数人追求幸福的平等权利所给予的尊重，即使一般说来多些，也未必比奴隶制或农奴制所给予的多"②。在一定的社会中，如果本阶级的道德是社会中主导的道德，社会道德代表了本阶级的利益，那么德性与个人幸福更容易实现一致。

德性与幸福的一致需要一定的个人条件。德性只是实现幸福的必要条件。一个有德性的人能否实现幸福还要一些个人条件。第一，精神上的幸福需要有开阔的胸襟、豁达的情怀，还要有智慧，从而能对自己的境遇有很好的把握，当幸福来临时能够有深切的体会和感受。第二，物质上的丰

① 弗里德里希·包尔生. 伦理学体系. 北京：中国社会科学出版社，1988：347.
② 马克思恩格斯全集：第21卷. 北京：人民出版社，1965：332.

裕、前途上的顺利、个人成就的取得既需要有个人德性，也需要有个人才能，有时还需要有良好的机遇。幸福的取得是多种因素共同作用的结果，而德性是其中不可或缺的要素。

其次，个人的德性与幸福的一致性还表现在有德是有福的必要条件，也许有德未必有福，但是无德必无福。其实，福蕴涵着这样一个深意，即福是无害之利的拥有，只有有德性的人才有可能拥有无害之利。无德虽然可以获利，但其所获之利中必然含有有害的成分，或者损害了他人，或者损害了长远的利益，从而使其受到众人的阻碍与抵抗，这种利也就成为有弊之利，它仅仅是利，而不是福。

最后，个人的德性与幸福的一致体现在一生的过程中，而不是体现在一时一事上。得与失并不在一时之间，而在长远。

至于那些无德而得福的现象，包尔生的分析是意味深长的："这些现象并不是常规，而是例外。""在上帝和人面前，德性是受到赞扬的，而邪恶却是被蔑视和谴责的。"①

① 弗里德里希·包尔生. 伦理学体系. 北京：中国社会科学出版社，1988：343，344.

第三章　道德推理的逻辑形式

对道德推理的研究，主要应当包含两个方面：一是道德主体运用道德理性进行道德推理的过程，二是道德主体进行推理的思维形式。前者是一个动态的过程，后者则是一种静态的呈现。本章拟从静态研究入手探讨道德推理的逻辑形式，而对道德推理逻辑形式的研究又要从组成道德推理的构件——道德判断（语句）以及道德语句特有的形式特征——道德词开始。

一、道德词

20 世纪初摩尔明确将逻辑分析的方法引入伦理学领域，通过对“善”这个道德词的分析提出了对自然主义谬误的批判。

道德词是表达道德主体与道德客体之间的道德关系的词或术语，如“善”“应当”等等。道德词是构成道德判断必不可少的语词元素，是其特有的形式特征，没有道德词的参与，价值判断就不能成立。而道德词的特征在某种程度上也就是道德判断的特征，因而对道德词的研究也就成为伦理学研究必不可少的内容。20 世纪初摩尔以对自然主义谬误的批判质疑了道德词的事实性蕴涵，但是，道德生活告诉我们，在道德词中，既有事实蕴涵，也有价值蕴涵，既有描述性内容，也有评价性、规定性的内容。

1. 事实与价值的二分

在摩尔看来，怎样给“善的”下定义这个问题，是全部伦理学最根本的问题。他认为“善的”是一个单纯的概念，正像“黄”是一个单纯的概念一样，人们无法向一个事先不知道它的人阐明“黄”是什么，虽然人们能够说明某件衣服是黄的，土地是黄的，但仍然无法说明什么是“黄”，同样人们也无法阐明什么是“善的”。人们可以给复合概念下定义，比如，能给“一匹马”下一个定义，因为一匹马具有许多不同的性质和特质，可以把这些性质一一列举出来。但是，当把它们的全部性质列举出来的时候，当把一匹马简化为一些最简单的术语的时候，那么就不能再给这些最简单的术语下定义了。可是，“黄”和“善的”并不是复合概念，它们是最简单、最单纯的概念，由它们构成其他定义，而无法对它们进一步下定义。因此，“善的”是无法定义的。

> 当我们给马下定义的时候，我们可以意指某种更重要的东西。我们可以意指某一客体，而我们全都知道，它是按某种方式组成的：它具有四条腿、一个头、一个心、一个肝等等，而这一切是按一定的相互关系排列起来的。正是在这个意义上，我否认“善的”是可以下定义的……我们不能用任何东西这样来代替“善”，而这就是我断言“善”是不能下定义的意思。①

为了论述“善”是不可定义的，摩尔着重区分了“善的”和“善的东西”，他认为“善的东西”是可以下定义的，而“善的”是不可定义的。“善的”是一个形容词，而“善的东西”，即“善者”则必须是“善的”这个形容词所适合的一个名词。“这个形容词所适合的，必须是这个东西的整体，并且这个形容词必须总是真正适合它。然而，如果该整体是这个形容词所适合的东西，那么，它必须是跟这个形容词本身不同的某种东西；并且，这个不同的某种东西的整体，不管它是什么，将是我们给‘善的东西’下的定义。”② 也

---

① 摩尔．伦理学原理．上海：上海世纪出版集团，2003：16.
② 同①17.

就是说，“善的”是一种性质，它涵盖了“善的东西”的整体，但是这个“善的东西”的整体与“善的”这个形容词又是不同的。如果将“善的东西”等同于“善的”，即将有善性的事物等同于善性质自身，就会犯自然主义谬误。

> 关于“善”，通常就犯了这样一个简单的错误。真的，一切善的事物也是某种别的事物；这正像一切黄的东西产生光的某种振动一样真实。并且，伦理学的目的在于发现什么是属于一切善的事物的其他各个性质，这是事实。然而许许多多的哲学家们认为：当他们说出这些别的性质时，他们实际就是在给“善”定义；并且认为这些性质事实上并不真正是“别的”，而是跟善性绝对完全相同的东西。我打算把这种见解叫做“自然主义的谬误”。①

摩尔所提出的自然主义谬误割断了“善的”与“善的事物”，将善本体化，剪断了善与活生生的现实生活的联系，他的观点提出以后即遭到了很多思想家的批驳。如英国学者麦茨在评价摩尔时指出：“虽然我们可以称摩尔是最伟大、最敏锐和最富有技巧的现代哲学提问者，但还必须加上一句，他也是一位极其软弱和不能令人满意的解答者。”②

事实上，摩尔对自然主义谬误的阐述早在休谟那里就已经有了渊源。正如美国学者巴里·斯特德在其所著的《休谟》一书中所指出的：在本世纪（20世纪），休谟哲学得到了前所未有的高度评价，也许部分是因为，现代哲学家声称从休谟哲学中找到了当代最重要思想的最明显的来源。斯特德这里所说的“当代最重要思想的最明显的来源”就是指休谟在《人性论》一书中对事实与价值之间的鸿沟的阐述：

> 在我所遭到的每一个道德学体系中，我一向注意到，作者在一个时期中是照平常的推理方式进行的，确定了上帝的存在，或是对人事作了一番议论；可是突然之间，我却大吃一惊地发现，我所遇到的不再是命题中通常的“是”与“不是”等连系词，而是没有一个命题不

① 摩尔．伦理学原理．上海：上海世纪出版集团，2003：19．

② 侯忠海．摩尔论目的善及理想事物//湖北大学哲学研究所，国际价值学研究学会．价值论与伦理学论丛：3．武汉：湖北人民出版社，2003：250．

> 是由一个“应该”或一个“不应该”联系起来的。这个变化虽是不知不觉的，却是有极其重大的关系的。因为这个应该或不应该既然表示一种新的关系或肯定，所以就必须加以论述和说明；同时对于这种似乎完全不可思议的事情，即这个新关系如何能由完全不同的另外一些关系推出来的，也应当举出理由加以说明。不过作者们通常既然不是这样谨慎从事，所以我倒想向读者们建议要留神提防；而且我相信，这样一点点的注意就会推翻一切通俗的道德学体系，并使我们看到，恶和德的区别不是单单建立在对象的关系上，也不是被理性所察知的。①

其实摩尔关于自然主义谬误的论述与休谟对事实与价值之间的鸿沟的阐述在本质上是一致的，即事实与价值之间是否存在桥梁，从“是”能否推出“应该”的问题。显然，二者都将事实与价值割裂开来。顺着语言哲学的思路，很多哲学家、伦理学家都对这一问题做出了自己的回应，在逻辑上提出了休谟法则的反例。比如，“所有希腊人都是人，所以，如果你不应该吃人，你就不应该吃希腊人”。这是黑尔提出的包含假言条件的从“是”推出“应该”的有效推理，为此，黑尔对休谟法则做出了限制，他在与麦基对话时曾指出：“我们所说的是从事实中无法推理出毫不含糊的实质性结论，根本不存在‘如果’之类的条件的。”② 逻辑学家普赖尔也提出了一个著名的反例：“他是个大副，所以，他应该做大副该做的事情。”美国语言哲学家塞尔的《怎样从是推出应当》于1970年发表后在学术界引起了强烈的反响。

其实，对于事实与价值的二分，对于摩尔的观点，我们也可以提出这样的问题，即存在他所说的纯粹的、绝对的道德词“善的”吗？或者说，在人类社会中存在一个“价值中立”的事实语言符号系统和另一个纯粹评价性、规定性的价值语言系统吗？如果不存在这样的一个纯粹的评价性、规定性的价值语言系统，不存在一个纯粹的善，我们显然也无法给这样的善下定义。因此，要解决事实与价值的二分问题，我们首先需要探讨的是道德词的内涵。本章认为，道德词中除了评价性、规定性的功能性内涵

---

① 休谟．人性论：下．北京：商务印书馆，1997：509-510.

② 麦基．思想家．北京：三联书店，1987：224.

外，还存在描述性内涵，二者紧密地结合在一起。

2. 道德词的描述性内涵

无论哪个时代，也无论哪个思想家，他们对道德词的阐述都与当时的历史条件、社会生活紧密地联系在一起，而这也正是道德词的事实蕴涵的第一个方面。道德词是社会生活的反映，并且与社会生活密不可分。

（1）社会生活的内涵

任何一个道德词都具有丰富的社会生活的内涵，它产生于社会生活，反映了时代和社会生活的要求，在社会生活中得以确立，并且随着时代和社会生活的变化而变化。

首先，道德词产生于社会生活的需要。社会生活离不开人与人之间的关系，道德是协调人与人之间关系的必不可少的手段，而道德词则是从道德的角度对社会生活的描述，同时也是对社会生活的判断和规范。当人与人之间的交往中遵循着某种道德原则时，人们就不可避免地要对自己或他人是否遵循了这种原则做出判断，对人与人之间的关系本身做出评价，这种判断和评价督促着人们遵守这种原则，使每一个人都能够适应社会生活的需要，而善恰恰是为了人们做出判断而产生的，它本身不仅是对一个事物的评价，也是有关评价的观念。善的观念只有在社会生活之中才能得到应用。善恶评价是对一种关系的评价，如果仅仅是一个孤立的人是无法进行善恶评价的，虽然我国古代讲“慎独”“自省”，但这也是对自己与他人的关系的内省，没有人与人之间的关系就不可能存在对这种关系的评价。在善观念支配下所做的道德评价活动所产生的效果是直接作用于社会的。善观念给人们的激励作用会使人们在道德上不断完善自己，正确理解个人与社会的关系，促进社会的道德进步，在善观念支配下的道德谴责同样能使人们弃恶扬善，提高社会的道德水平。

其次，道德词是社会生活的反映。善是人们对某一事件、行为做道德评价时所使用的道德词。在道德领域里，善范畴几乎涵盖了全部的现实道德生活。因此，两千多年以来，这个范畴一直是伦理学家研究的热点，他们从不同角度、不同侧面对善的内涵进行了深入的探讨，而每一时代的思想家对这一范畴的阐述都深深地打上了那个时代的社会生活的印迹。柏拉图和亚里士多德对善范畴的论述就在不同程度上反映了当时的社会生活状况。

他们二人都生活于公元前三世纪，处于古希腊社会由盛到衰的转变中，当时的社会道德状况随经济的衰落、政治的动荡而日渐低落。由于战争的影响，人们的关系和观念也都改变了，品性和道德追求都有所下降，因而伦理学家、哲学家也由关注人与自然的关系而转向了关注如何维持个人的幸福，如何改变社会的道德状况。柏拉图在政治上是奴隶主贵族派的代表，他倾向于斯巴达的王政，把理想中的哲学王看作国家的统治者，试图以斯巴达城邦的蓝本来调解社会中的种种矛盾，他的善范畴的理论也就是建立在这个基础上的。在柏拉图那里，善不仅是伦理学范畴，也是本体论范畴。柏拉图以其理念论著称，他认为，世界上存在着最高的善，即善的理念，它是万物的源泉，是一种超验的神的力量，它能够给被知的事物以真理，给知者以知的能力，具有一种超乎真理与知识的绝对力量。世界上的善是善理念之子，分有善，从而具有善性。因此，值得永恒追求的是善的理念，人生的目的也就在于净化自己的灵魂以求得善。虽然人的心灵是欲求善的，但人必须通过理性才能认识善理念，只有理性控制了情感、情欲才可能达到善。

而亚里士多德则代表了奴隶主的中间阶层，他认为中产阶级是社会中最有作为的力量，他把解决社会矛盾的希望寄托在中产阶级身上，认为国家如果代表中产阶级则可以缓和贫富对立的矛盾。亚里士多德在性质上规定了善：

> “善”这个词的意义和“是”的含义同样多，它既可以用来述说实体，如神和理智；也可以用来述说性质，如各种德性；也可以用来述说量，如适度；述说关系，如有用；述说时间，如良机；述说地点，如适宜的依据；诸如此类。这说表明，善不可能是共同的、普遍的、单一的，否则它决不能适用于上述一切范畴，而只能适用于某一种范畴。①

① 亚里士多德. 尼各马科伦理学. 北京：中国社会科学出版社，1990：7-8.

他还在量的规定性上对善做了规定。他认为善就是中庸，也即适中，但这并不是绝对的平均点，而是适度，在过与不及中间保持一个适当的位置。除了论述个体的善，亚里士多德还论述了国家的善。国家的善无论在取得或保持上，都比个人的善更为宏大，更为完全。个人的善是值得去追求的，但民族的、城邦的善更为高尚、神圣。

无论是柏拉图还是亚里士多德，他们的善范畴都不可避免地刻有时代的印迹，都无法摆脱神的“声音”的指挥，他们的观念中都带有强烈的神秘色彩，同时，他们的观念中也显示出了奴隶主阶级为挽救其衰亡而做的努力。

再次，道德词的真正确立必须通过社会的道德生活。如果一个人不参与社会的道德生活，那么，他关于道德词的观念就只是空洞的教条，而不是活生生的动态的观念，并且那些教条也会随时间的流逝而变成“古董”。人的善观念并不仅仅是通过教育就可以形成的，还必须通过社会道德生活才能得以确立，因为当人们刚刚了解一个观念时并不能真正地接受它，只有在社会中运用它、证实它，它才会得到确认。而且，即使某一观念已经确认，也并非一成不变，人们利用已有的道德观念进行善恶评价，在评价的过程中也不断地调整自己的观念。每一个人都有“经一事，长一智”的体会，善观念也正是这样逐渐形成并深植于人们的内心之中的。

最后，道德词的内涵随着社会生活的变化而变化。无论是人类的善观念还是个体的善观念的产生都是根源于社会生活的，同时，也服务于社会生活。在理想性与社会道德生活的现实性的矛盾之中，善观念不断进步，社会道德水平不断提高。人们的观念是随存在而改变的。社会生活的现实制约着人类的善观念，在奴隶社会，占主导地位的伦理思想绝对不可能是平等、博爱的思想，无论善观念具有怎样的理想性它都不是超现实的。作为观念，它不可能摆脱它存在的现实基础。这一点是经过实践检验并在哲学原理中得到反复论证的。

善观念具有理想性，它往往高于社会实有的道德水平，但这种理想性本身也是现实的，就是说它包含着合理、进步的因素，通过人们的努力完全可以达到这种理想。新道德总是在旧道德中孕育和萌发的，而善观念正是这种新道德孕育的温床，这是因为善观念与现实最为接近，它直接来自人们的心理，而人们往往对于新事物是敏感的，在不断的道德评价中一系列新观念不断得到加强，因而虽然新事物尚未出现或仅仅处于萌芽状态，但社会中的先进分子已经注意到并阐发出来，从而成为社会的共同理想。

在对理想的不断追求中，善观念不断进步，社会道德水平不断进步。善观念永远高于现有的道德水平。当道德进步了，人们又有了新的追求，而善观念也不会停留在原有的水平上。因此人们又开始追求新的道德目标，而在这种追求中，道德水平也在不断进步。这也就是善观念作为意识的能动作用。

（2）具体语境下的描述性内涵

在一个特定的时代，在一个特定的语境下，如果我们把一个人或一个事物评价为善，评价为好，其中都包含着一些具体的事实内容。我们说一个人善，意味着这个人为人善良、乐于助人、关心集体等等；如果我们说一个事物好，意味着这个事物能够很好地发挥它的功能，便于人们利用等等。在具体的语境下，这些道德词都有它们特定的描述性意义。

艾耶尔沿着摩尔的路走向了极端，他将事实与价值完全割裂开来，但他并没有否认道德词的描述性意义。所以，他一再强调："在这里，把这一点说清楚是可取的，即我们主张不能用事实的词去下定义的，只是规范的伦理符号，而不是描写的伦理符号。因为这两种符号通常是由同样的感觉形式的记号构成，所以就有把这两种类型的符号混淆起来的危险。"①他认为，"x是错误的"这个句子具有复合的含义，一是表达关于某一类型行为的道德判断，二是指出某一类型的行为是为某一特殊社会的道德感所厌恶的。对于前者，"错误的"这个道德词是一个规范的伦理符号，而含有这种规范的伦理符号的句子，完全不表达一种经验命题。对于后者，"错误的"这个符号就是一个描写的伦理符号，含有它的句子所表达的是一个普通的社会学命题。

在西方现代元伦理学家中，对道德词的描述性意义给予肯定的是黑尔。他曾经分析"好草莓"中"好"的描述性内涵。他说，当我们看到草

---

① 艾耶尔．语言、真理与逻辑．上海：上海译文出版社，1981：119-120.

莓，我们就会知道它的“事实性”的规定，如这种草莓个头大小、味道如何、水分多少、是否新鲜等等，我们也知道“好”这个词的含义，那么，如果我们想识别这种草莓是不是好的，我们需要知道好草莓的标准，然后我们会把符合标准的草莓称为好草莓。反过来，当我们把一种草莓称为好草莓时，我们除了有赞赏它，希望选择它的意思外，同时也传达了这样一个信息，即它是符合好草莓标准的草莓，也就是说，当一种草莓被称为“好草莓”时，我们通常除了能够了解说话者的赞赏和推荐外，我们还能够知道，这种草莓一定是个大、味美、多汁、新鲜的草莓。道德词的描述性含义与此类似，黑尔的一句话非常形象地表述了道德词的描述性含义：“当一张报纸上说，X开球开得好时，它的意向主要不是赞许开球，而是告诉读者开球开得怎么样。”①

道德词的描述性含义有时是非常严格和精确的。比如，如果我们说这是一辆好汽车，它传达的信息是，这辆汽车符合有关汽车的技术标准。它有时甚至比描述性的词更为严格和精确。但如果我们说“这辆车的颜色是红色的”，其中“红色的”是绝对的描述性的语汇，但事实上，我们将紫色和橙色之间的颜色都称为红色。

黑尔认为，道德词的描述性意义从属于它的评价性意义。他有两个理由。一是评价性是永久不变的，但描述性在不同的情况下则有不同的含义。比如，我们称一辆汽车、一个计时器、一根板球棒是好的，我们是对它表述出赞许，这种含义在任何时候都不会改变。但这里每一个具体的好的含义却各不相同。二是对于任何一类对象来说，我们都可以用这个词的评价性含义去改变其描述性含义。60年代的好汽车，其技术性能指标在70年代可能就完全不符合人们的好汽车的标准了，在70年代，人们不会再称仅仅达到60年代的好汽车的标准的汽车为好汽车。对这种情况，黑尔是这样评述：“现在正在发生的事情是，人们为了变换这种描述性意义而作用该词的评价性意义；如果‘好的’是一个纯描述性词，那么，我正在做的事情就可以称之为对它的重新定义。但是，我们是不能把这叫做重新定义的，因为它

① 黑尔. 道德语言. 北京：商务印书馆，1999：113.

的评价性意义仍没有改变，我们毋宁是在改变其意义标准。这类似于史蒂文森教授称之为‘说服性定义’的过程。但是，这一过程并不必然带有浓厚的情感色彩。”① 他认为标准的变化有两种形式，一种是保留道德词的评价性意义，以此来改变其描述性意义，并确立新的标准。另一种是以一种习惯的方式或“加引号”的方式，逐步抽掉其评价性意义。当该词失去其全部评价性意义时，人们就把它当作一个纯描述性的词②。后一种情况实际上保留了原道德词的描述意义，而使其丧失了评价性意义。这两种情况是按相反的方向发生变化的。

但是，黑尔也指出，尽管对于“好的”一词来说，其评价性意义是第一位的，但对于其他一些词来说，它们的评价性意义却从属于它们的描述性意义。如“整洁的”“勤勉的”就是如此，人们通常用这两个词来表示赞许，但我们也可以不带任何讽刺意味地说，“太整洁了”，“太勤勉了”。这些词的描述意义非常牢固地依附于它们，尽管我们为了某些目的把它们归类为道德词（因为如果我们把它们完全视为纯描述的，就会导致逻辑错误）。但它们的价值意味却不及“好的”充分，倘若一个词的评价性意义从最基本的慢慢变成了次要的，这就是该词所诉诸的标准已成为习惯性的标志。

事实上，道德词的描述性意义与道德词的评价性意义紧密结合在一起，不可分割。虽然“好”表达评价意义没有变，但“好”的标准改变了，因而“好”的外延也就变了，如在70年代我们就不会称仅仅达到60年代标准的汽车为好。这里“好”的变化并不仅仅是描述性意义的变化，也包括评价性意义的变化。而这种变化正是社会生活发生变化的反映，也正是因为这种变化才使道德词的评价性意义以其事实性内涵为根据，事实性内涵通过评价性意义得以显现。

3. 道德词的功能性内涵

顾名思义，伦理学意义上的道德词是指表达或指称道德客体对道德主体的道德关系的词。这个定义本身就是一个功能性的定义，它天然地赋予了

---

① 黑尔. 道德语言. 北京：商务印书馆，1999：114.

② 同①115.

道德词以功能性的内涵。道德词的功能主要有两类：一是评价，二是规范。

(1) 道德词的评价性功能

道德词的评价性功能是道德词所具有的标示一行为、事件或行为主体的道德价值，如善或恶、正确或错误、应当或不当、好或坏等的功能。它体现了评价客体内在价值与外在价值、目的价值与工具价值的统一。

在评价客体的价值依据方面有两种观点，一是将其视为一种属性，二是将其视为道德客体满足道德主体需要的关系。

> 大多数价值理论可划分为以下两类：一类将善看作是一种属性；另一类则将善看作是具有价值的事物与其他东西——即那常常但又不总是被说成是心灵的某种状态，诸如，由对象引起的怜悯，或对之的渴望，或对之的赞许，或寻求着那种通过对象得以满足的心灵愉悦状态——之间的关系。①

罗斯认为，善或者说道德价值是一种内在的属性，而佩里则认为道德价值在于主客体之间的关系，在于客体对于主体的有用性，即强调其工具性。人们认为道德词所表明的工具价值强调对象功能的发挥而与其本身的状况无关，内在价值则强调对象本身的价值，不考虑超出其纯存在之外的功能。对于工具价值的评价，直接赞许其功能的发挥，而间接赞许事物本身；对内在价值的评价，则直接赞许事物本身。

由于在价值依据方面存在分歧，人们对道德词所表明的价值内容也有不同观点。有的学者主张道德词表明工具善，从工具善的角度来进行价值判断；而有的学者则强调其内在善。但在现实生活中，有的事物工具性较重要，而另一些事物本身便具有其价值，因此，很难截然将工具善与内在善区分开来。黑尔便不赞同工具价值与内在价值的区分，他指出："在哲学家们中间，一直都有在两种相互对立的东西中择一而行的倾向。一种倾向是认为所有价值判断都与具有某功能之对象的行为有关，而与对象本身无关。另一种倾向是认为，由于有些对象是因它们自身的缘故而受到赞许

① 罗斯. 正当与善//万俊人. 20世纪西方伦理学经典·伦理学基础：原理与论理. 北京：中国人民大学出版社，2004：61-62.

的，且没有一种超出其纯存在之外的明显的功能，所以赞许该对象也就是在做赞许一种具有某功能之对象完全不同的事情。”[①] 比如，对一个灭火器的判断，我们可以观察人们用它来灭火时的情况，然后再判断它的功能的发挥，而这些功能都有其特定的标准，如灭火的速度、需要耗费的化学制剂的数量等。这里说“这个灭火器是好的”，这个“好”表明它能够很好地发挥功能。而如果说“一个浴室是好的”，这个“好”则既是从工具性意义上说的，也是从它的内在性意义上来说的。如果撇开浴室的工具性善不谈，仅从浴室是否具有内在善的角度来探讨，如水温是否合宜并保持恒定，浴缸的大小和形状是否适合于使用等，我们也可以说“一个浴室是好的”，但我们的标准实际上仍旧是其工具善。所以工具善与内在善实际上是很难区分的，如黑尔所说：“使我的皮肤发热是浴室功能的发挥呢，还是应该说‘发热’是浴室的一种性质？同样，我们要求一个好菠萝具有的优点之一是，它应该是甜的，但菠萝的甜是它的一种内在性质呢，还是可以使我产生某种良好感觉的特性?”[②] 在这一点上，黑尔的观点是正确的，道德词是道德客体内在价值与工具价值的统一。如果评价客体是一个具体的人，道德词则是评价客体内在价值与外在价值，或自我价值与社会价值的统一。

道德词的评价功能体现了道德价值的性质与所蕴涵的价值量的大小。

道德词可以分为肯定性道德词和否定性道德词。如善、勤劳、正直等在日常语言中含有褒义的词通常是肯定性道德词，其中蕴涵着符合人们的价值观念和满足人们的价值需要的性质和含义。恶、坏、懒惰、偏私等在日常语言中含有贬义的词通常是否定性道德词，其中蕴涵着不符合人们的价值观念，对人的需要造成损害的性质和含义。道德词在道德判断中通过自身的意义表明道德主体对道德客体的肯定或否定的性质断定，这种性质的断定也蕴涵着道德主体的道德态度和道德情感。道德词不仅表明了道德价值的性质，而且也表明了其蕴涵的价值量。

道德词的量的特性不是通过数量关系表现出来的，而是通过道德词的

---

① 黑尔．道德语言．北京：商务印书馆，1999：130.

② 同①132.

涉及范围、道德词在价值体系中的位置以及道德词之间的相互关系表现出来的。如，“某人很勤劳”，这里的道德词“勤劳”适用于描述个人的某一方面的品质，是指个人在自己的工作生活中勤奋、不辞劳苦。而“某人很正直”，这里的“正直”则是描述一个人在处理具体事务、处理个人与他人之间的关系方面的品质，正直所涉及的范围要比勤劳更广，因此，正直比勤劳具有更大的价值量。人们还根据道德词在道德价值体系中的位置来判断道德价值的大小。比如，在古希腊时期，人们将至善作为最高的道德价值，将城邦的善作为次之的道德价值，将个人的善作为再次的道德价值。边沁则依据幸福的量来划分道德价值。最后，道德价值是在价值的比较中体现出来的。如拉蒙特所说：

> 我们能问：“它是好（善）吗?”我们也能问：“相对于别的好（善）的事物它好（善）的程度如何?”第一个问题是一个事物是否属于一定的种或类〔好（善）的事物的种或类〕的问题，第二个问题是一个事物相对于其他事物在好（善）的类中居于什么位置〔它好（善）的程度〕的问题。很显然，好（善）可以是也可以不是相对的，而好（善）的程度在某些重要的意义上则是相对的。①

道德词的量的特性的表现具有模糊性的特点。道德词本身并不是数量词，它对量的表示离不开特定的文化背景、价值体系以及与其他道德词的比较关系，因而，它对量的表示并不是精确的，而只是具有一定的模糊性。首先，道德词的量的含义是在比较中获得的，但有时这种比较并不是明确做出的，而是在一种文化背景中约定俗成的。其次，有时同一系列的道德词并不具有可比性，比如勤奋与节俭都是对人的品质的价值判断，但很难判断其在价值量上的差别。最后，道德词在量上的明晰性是随具体条件、环境的变化而变动的。

（2）道德词的规范性功能

道德词的规范性功能是指道德词所具有的引导人们进行行为选择的功能。

道德词的规范性功能与评价性功能是密切相关的。它的褒扬性含义，

---

① W. D. 拉蒙特. 价值判断. 北京：中国人民大学出版社，1992：12.

不仅肯定一个行为，而且由于人们的社会心理因素，鼓励人们去重复同类性质的行为；它的贬抑性含义，不仅否定一个行为，而且由于人们的社会心理因素，制止人们去重复同类性质的行为，从而使它在某种程度上具有了规范的含义，即它的规定性功能。黑尔对于道德词的引导人们的行为选择的规定性功能有一个经典的阐述：赞许即各种选择[1]。当我们赞许或谴责任何事物时，总是为了引导（至少是为了间接地引导）我们自己的或他人的现在的或将来的各种选择。

反过来，道德词的评价性功能也与规范性功能紧密相连。在一般的意义上，肯定一个行为，鼓励、允许去做某一行为，意味着做这一行为是好的，是应当给予褒扬性评价的；而否定一个行为，禁止、不许做某一行为，就意味着做这一行为是不好的，是应当给予否定性评价的。

虽然同一个道德词中既包含了评价性的意义，也包含了规范性的意义，比如，“说真话是善的”，既包含了对说真话的肯定性评价，又包含了应该说真话的含义。但不同的道德词其评价性与规范性有着不同的侧重。比如：“应该说真话”的规范性就要重于“说真话是善的”。虽然“应该说真话”也包含了评价性的含义，包含了对说真话这一行为的肯定，但其评价性内涵则弱于其规范性内涵。“应该”“义务”“禁止”一系的道德词规范性较强，在道德生活中，含有这类道德词的判断常常被视为规范性判断。而“善”“好”以及日常语言中的很多形容词其评价性含义较强，在道德生活中含有这类道德词的判断被视为评价性判断。

道德词的规范性功能使道德词总是表现出某种抽象而又十分鲜明的道德力量，即使尚未构成具体的道德判断，这些道德词有时也能给人以巨大的感召力和约束力。道德词是从道德经验和道德认识中历史地提炼出来的，所以尽管它们以抽象的形式再现于道德认识和道德评价过程之中，但当它们在具体的道德主体心中映现的时候，却会立即与其具体生活经验和独特理解贯穿起来，从而产生出震荡心灵的神奇作用。比如当一个人想到“善”“正义”这些范畴时，就会在内心产生某种共鸣、敬畏、抑制、尊严等心理的、情感的或理性的震荡，形成自己的内心信

---

① 黑尔. 道德语言. 北京：商务印书馆，1999：123.

念，并使这种信念融合到道德行为的选择和评价过程中去。当然，道德词最终还是在一定的道德判断中，在具体的道德评价过程中，才得以具体化、确定化和现实化。

总之，“善的”都是蕴涵在善的事物当中的，我们可以通过思维抽象出“善的”，但在现实中，我们无法找到孤立的“善的”。事实与价值是紧密结合在一起的，人们对事实的认知总是包含着价值目的，即使有“价值中立”之称的科学也不是与人类的生存发展毫不相关的活动，而是根植于人类的根本利益和社会的需要的活动，具有价值性，也正是由于这个原因，热爱真理、献身科学才可能成为人类的价值追求。对事实的认知过程离不开价值评价，对事实的观察与把握、对事实材料的加工与整理都离不开价值评价，没有对事实的价值评价，人们就无法进一步认知事实，而且积极的价值评价会对事实的认知过程产生积极的作用。反过来，价值判断是以事实为基础的，没有事实根据，也无法进行价值评价。事实认知与价值评价互为前提。

二、道德判断

“道德判断”有两重含义。一是动词性的含义，是道德主体根据自己的道德价值观念或社会道德原则及规范对自身或他人的思想观念和实践活动所进行的善恶价值的断定①。在具体的道德实践中，主体的道德选择、道德评价、道德行为等都离不开道德判断，道德判断也是进行道德推理的基础，可以说道德判断能力直接制约着主体的道德水平。二是名词性的含义，即动词性的“道德判断”的结果，它以道德语句的形式呈现出来，其形式标识是含有道德词。本节所要探讨的是名词性的道德判断，即道德语句，它是道德推理的前提和结论。由于在具体语境中道德判断所表达的含义是动词性的还是名词性的是很容易判断出来的，因此下文在使用中不再一一做出区分。

---

① 黄富峰. 道德思维论. 北京：中国社会科学出版社，2003：141.

1. 道德判断的性质与功能

道德判断随着现代元伦理学的发展而在语言哲学的层面上得到了前所未有的关注，元伦理学家对道德判断进行了独到的研究，提出了一些值得关注的问题，这些问题是我们研究道德判断无法回避的。

(1) 情感主义理论——以艾耶尔为例

艾耶尔对于道德判断提出了一个令人震惊的观点，他认为道德判断没有事实意义，既不表达心理学事实，也不表达经验事实，它表达的仅仅是情感，和“啊”等同义。艾耶尔的论点是：“按照我们的语言，包括规范的伦理符号的句子并不是等值于表达心理学命题的句子，或实际上是表达任何种类的经验命题的句子。”这里所说的包含规范的伦理符号的句子就是指包含“应当”“善”等道德词的道德判断。艾耶尔将道德判断排除在描述性语言之外，它既不陈述心理学命题，也不表达经验事实。

艾耶尔所说的道德判断没有事实意义，是指道德判断所陈述的内容不涉及真假。比如，“偷钱是错误的”这一道德判断，在艾耶尔看来，只是一个没有事实意义的句子——这个句子既不表达真的命题，也不表达假的命题。这个句子正如“偷钱!!”——惊叹号表明，这个句子表达出来的情感是在道德上对这个行为特别不赞成，其中未涉及真或假。伦理判断是不能证实的，没有客观的真假之说，没有客观的标准来判断道德判断的效准。

> 不可能发现一个标准去决定伦理判断的效准。这不是由于伦理判断具有一种神秘地不依赖于通常感觉经验的“绝对的”效准，而是由于它们不具有任何客观的效准。如果一个句子完全不作出任何陈述，要去问这个句子所说的是真还是假，显然是没有意义的。我们已经见到，只表达道德判断的句子是没有说出任何东西的。它们纯粹是情感的表达，并且因此就不归入真与假的范畴之下。表达道德判断的句子是不可证实的，其理由与一声痛苦的叫喊或一个命令之不可证实相同——因为这些句子不表达真正的命题。①

---

① 艾耶尔. 语言、真理与逻辑. 上海：上海译文出版社，1981：123-124.

艾耶尔认为，道德判断和与其相应的事实判断相比，虽然增加了道德词，但并没有增加任何事实内容。比如，说“你偷钱是做错了”，比起只说“你偷钱”来，并没有多陈述任何东西。附加的“……是做错了”，并没有对“你偷钱”做出任何进一步的陈述，只是表明在道德上不赞成这种行为。这正如用一种特别的憎恶声调说“你偷钱”，或者加上一些特别的惊叹号写出这个句子。那个声调或惊叹号，对那个句子的实际意义没有增加任何东西。它只是表明了说话者在说这句话时伴随的一定情感。

道德判断不仅可以用来表达情感，也可以用来唤起情感，并由于唤起情感而刺激行动。这样，这些道德词就使道德判断具有祈使或者命令的效果。但是，不同的道德词的命令效果是不同的。艾耶尔认为，“责任”重于“应该”，“应该”又重于“善”。“说真话是你的责任”这个句子就既可以被看作某种关于真实性的伦理情感的表达，也可以被看作表达一个命令，即“说真话”。“你应该说真话”这个句子也包含命令“说真话”，但在这里命令的语气就相对地弱了。在“说真话是善的”这个句子中，命令已经变得与建议差不多了。因此，“善”这个词的意义在它的伦理学用法方面与“责任”一词或“应该”一词的意义是不同的。事实上，我们给各种道德词下定义，既可以依据这些词通常被用来表达的不同情感，也可以依据这些词所预计引起的不同反应。

值得注意的是，艾耶尔强调道德判断仅仅是表达说话者的情感，而不是对情感有所断定，道德判断根本不是命题，也不是表达情感的命题。如果道德判断是表达有关说话者的情感的命题，那么，伦理判断就有真假。如果说话者具有与伦理判断相合的情感，这些判断就是真的，如果没有与之相合的情感，那就是假的。艾耶尔认为并不是这样的。他区分了情感的表达与对情感做出断定。但有的时候情况是很复杂的，很难截然将二者区分开来。断定某人具有某种情感，往往伴随着那种情感的表达，因此，我可以同时表现出无聊并且说我无聊，在这种情况下，我说的这些词“我无聊”是一种情况，这种情况证明我正表现着或表示着无聊是真实的。对此，艾耶尔做了如下解释：我可以在实际上不说我无聊，但却表现出无聊。我能够用我的声调及姿态表现无聊，却做出一个与无聊完全没有联系的关于某件事情的陈述，或者用一种叫喊，或者完全没有说出任何话语。

所以即使对某种情感的断定总是涉及对那种情感的表达，但对情感的表达并不总是牵涉到对这种情感的断定。所以，艾耶尔仍然主张伦理陈述是感情的表达和刺激，这种表达和刺激并不必然涉及任何断定。

如果事情真的像艾耶尔所说的那样，道德判断仅仅表达情感，既没有对主观的情感有所断定，也没有对事实做任何陈述，那么，人们就不会在道德问题上有任何争论，有谁见到过一个“啊!”了一声的人和另一个“啊!”了一声的人为了他们的“啊”而争论呢？但是，人们在道德问题上是有争论的，这是不容置疑的。艾耶尔也不否认人们在道德问题上有争论，但他认为，这种争论实际上是事实的争论。这种争论是在一个预定的价值系统内部进行的，当人们共享一个预定的价值系统时，人们之间所谓的价值争论实际上是关于事实的争论。也就是说，人们认同同样的价值观，但对同一个事物有不同的道德判断，唯一的可能性就是对事物的事实不清楚。或者对行为者的动机有错误的认识，或者错误地断定了行为的结果，或者仅从行为者的知识的角度看行为可能产生的结果，或者未能考虑到行为者所处的特殊环境，等等，否则，人们必然有同样的看法。而当人们处于不同的价值系统时，人们仍然不会有关于道德的争论。在这种情况下，甚至当一个人承认全部事实的时候，他仍然会不同意我们关于所讨论的行为的道德价值的观点。这时，人们通常就会放弃用论证说服他的企图。我们不可能去同他讨论，因为他具有一种歪曲的或不发达的道德感，他运用的是一套与我们不同的价值系统。我们认为我们自己的价值系统是优越的，因而去贬抑他的价值系统，但我们却不可能提出任何论证去证明我们的价值系统更优越。因为如果我们说“我们的价值系统更为优越”，这一判断本身就是一个价值判断，因此就在论证范围之外。因为当我们处理有别于事实问题的纯粹价值问题时，我们就会理屈词穷，论证无法进行，最后只得乞助于谩骂①。

事实上，艾耶尔不仅彻头彻尾地将道德判断归结为情感的表达，而不含有任何事实的意义，而且，他也完全地否定了伦理学的科学性，将伦理学完全归结为语言的分析。艾耶尔将伦理学体系的主要内容分为四类：一

① 艾耶尔．语言、真理与逻辑．上海：上海译文出版社，1981：125-126.

是表达道德词的定义的命题，或者关于某些定义的正当性或可能性的判断；二是描写道德经验现象和这些现象的原因的命题；三是要求人们在道德上行善的劝告；四是一些实际的伦理判断。他认为这四类内容的区别是很大的。只有第一类，表达伦理学的词的定义的命题，才能被认为构成伦理哲学。描述道德经验的现象及其原因的命题，必须被归于心理学或社会学。道德上行善的劝告不是命题，而是故意激起读者去做出某种行动的叫喊或命令。因此，这种劝告不属于任何哲学或科学的分支。至于伦理判断的表达，他认为虽然他并不知道如何给它们分类，但确信它们既不是定义，也不是定义的评论，所以，它们不属于道德哲学。在艾耶尔看来，论述伦理学的严格哲学著作不应当进行伦理判断，而应当对道德词做出分析。

当把伦理判断归结为情感的表达，也就不可能有任何方法去决定任何伦理系统的效准，而且去问任何这样的系统是否真实，也确实是没有意义的。这样，艾耶尔就取消了伦理学理论的科学性，将伦理学归结为探究人们的道德习惯和道德情感何以产生的问题，而这更是一个心理学的问题，这样，伦理学就没有任何存在的必要了。而艾耶尔的确也是这样表述的："作为知识的一个分支的伦理学只是心理学和社会学的一部分。"① 黑尔对艾耶尔的理论进行了驳斥。他认为艾耶尔的错误在于，"他把道德判断与其他那些（完全不同的）按照证实标准不属于陈述句类型的语句等同起来，从而引起了一场至今尚未平息下来的混乱"②，应当说黑尔的批判是有道理的。

（2）规定主义理论——以黑尔为例

黑尔认为，道德语言是一种规定语言。在他的《道德语言》一书的开篇，他便指出："如果我们问某人的道德原则是什么，我们最有把握作出正确回答的方式，是研究他的所作所为……行为之所以能以独特的方式展示道德原则，其原因正在于，道德原则的作用就是指导行为。道德语言是一种规定语言。"也就是说，道德原则具有规定性，人们所奉行的道德原

① 艾耶尔．语言、真理与逻辑．上海：上海译文出版社，1981：128.

② 黑尔．道德语言．北京：商务印书馆，1999：12.

则规定着人们的行为，人们的行为体现着他们的道德原则，因此，如果我们要了解一个人所信奉的道德原则，我们可以听他自己的阐述，但更为有效的是，研究他的所作所为。

黑尔认为，规定语言包含两类，一是祈使句，二是价值判断。道德判断是价值判断的一种。道德判断与祈使句同为规定语言，二者具有相似性，即带有命令或要求的语气。它们直接为人们提供行为的指导，规定和引导人们的行为选择。道德判断的主要功能就在于调节行为，而只有把它们解释为具有祈使力量或规定力量，它们才能调节行为。黑尔认为，道德判断中蕴涵着对“我应该做什么”这一问题的回答。对事实陈述的真诚认同，意味着我们相信这一事实，而对道德判断的真诚认同，则必然包含我们对于应当做此事的确信。他指出：

> 通常说来，我们所作出的和所主张的道德判断都深刻地影响到我们邻人的生活，这一点本身就足以说明我们赋予道德判断的特殊地位了。倘若我们再加上已经提及过的那种逻辑要点，即：道德判断总是会影响我们自己的行为，因为我们无法在最充分的意义上接受道德判断而又不与其保持一致。这样一来，我们就无需对道德的特殊地位作进一步的解释了。道德的这种特殊地位并不需要一种特殊的逻辑来支撑，这是因为：为了赞许或谴责我们自己的和与我们的行为相同的那些最基本的行为，我们所使用的乃是价值语言的日常构架。①

为确立道德语言的规定性，黑尔反驳了道德判断只表达愿望或赞同的观点，也反驳了道德判断在语言中的功能是影响听者行为或情绪的观点。他指出“许多道德说法都具有一种‘情绪性’（emotivity），有些人认为，情绪性是评价性语言的本质，但它仅仅是一种词之评价性用法的症候而已，而且是一种最不可靠的症候”②。艾耶尔、斯蒂文森等人的观点在口语的层次上无可厚非，但却会导致哲学上的误解。

黑尔并不否认道德判断中包含着描述性内容，但把它视为弱于评价性

---

① 黑尔．道德语言．北京：商务印书馆，1999：137.

② 同①.

内容。他指出："如果我们坚持认为，道德判断无外乎是不严格的事实陈述，就将使道德判断无法履行其主要功能。"① 事实陈述无法回答"我应该做什么"这种形式的问题。因此，道德判断要改造其功能，就必须包含除描述性内容以外的评价性内容。

虽然黑尔认为道德判断的描述性内容弱于评价性内容，但是，黑尔对描述性内容仍旧是肯定的，而且正是由于肯定道德判断的描述性意义，黑尔才进一步提出道德判断的"可普遍化性"。所谓"可普遍化性"是指在理性（逻辑规则）的基础上，可以使道德判断达到普遍化的实现："从可普遍化可以推出，如果我现在说对某人行某事，我就受这一观点的约束：如果我恰好与他处境相同，包括相同的特性，更具体地说，有相同的动机状态，那么也应对我行同等的事。"②

在道德判断的描述性与其可普遍化性的关系上，黑尔指出："描述性判断是可普遍化的，在与此恰好相同的方式上，道德判断也是可普遍化的，即这是一种由下述事实所推出的方式，该事实是，道德表达和描述性表达都有描述意义；但在道德判断方面，决定这种描述意义的普遍规则不仅仅是意义规则，而且是关于实体的道德原则。"③ 黑尔认为自然主义伦理学陷入了描述主义的极端，混淆了描述与评价、事实与价值的关系，道德语词的描述意义并未穷尽它们的意义，在其意义中还有其他因素，这就是我们关于是否可以从"是"中推出"应当"的争论焦点所在。事实上，在事实与价值的关系上，黑尔承认事实是价值的依据，没有事实的描述就难以进行价值评价，但事实并不蕴涵价值，不能从事实陈述中推导出价值评价来，同时也无法在二者完全割裂的情况下进行描述或评价。

黑尔在《自由与理性》中很好地概述了他关于道德判断的观点：

首先，我们要清楚，一项道德原则未必要是高度一般或简单的，

---

① 黑尔．道德语言．北京：商务印书馆，1999：47.

② 黑尔．道德思维——及其层次、方法和出发点//万俊人．20世纪西方伦理学经典·伦理学基础：原理与论理．北京：中国人民大学出版社，2004：304.

③ 同②289.

> 甚或是可用语词公式化的，但它必须是普遍的（在我们已经解释过的意义上）。其次，我们坚持认为，除非一个人努力试着用道德原则指导他的道德判断及行为，我们不能说他接受了道德原则。正如我们将认识到的那样，这两个要求是本书的两个核心命题——道德原则必须是普遍的，而且它必须是规范的。后者促使我们寻求我们可以真诚信守的原则；前者坚持要求这些原则是真正的道德原则而不是机会主义者的特别决定。①

（3）道德判断既包含事实性内容也包含功能性内容

道德判断在语言形式上包含善、恶、应当等道德词，或者可以转换为用好与坏、善与恶等道德词来阐释对象的性质（价值）的判断形式。因此，道德词也就将自身的性质与功能赋予了道德判断，将其所蕴涵的事实性内容，所具有的价值性功能赋予了道德判断。也就是说，道德判断在事实性内容方面，一是体现了社会生活的道德要求，二是每一个具体的道德判断都具有一定的描述性内容。

在功能性内容方面，道德判断具有评价性功能和规范性功能，并因道德词的评价性功能和规范性功能的不同侧重而使不同的道德判断有不同的功能侧重。但在不同的道德场合，道德判断的意义蕴涵的侧重点是不同的：如在道德行为或道德事件发生之前所进行的道德判断多有断定自我或他人的道德责任的意味，因此它侧重于规范性的功能；在道德行为或道德事件之后所进行的道德判断多有道德评价的意味，因此就侧重于评价功能。由于前文中已经对道德词的性质与功能进行了详尽的论述，在此不再赘述道德判断的性质与功能。

需要强调的是价值判断是道德主体对道德现象的反映，这种反映有可能是正确的，也有可能是错误的，是有真假的，而不是像情感主义所说的道德判断仅仅是主体的心理情感、情绪的表达与宣泄，它表达了人们对道德现象的认识、思想与观念。当然，它具有主观性，与道德主体的价值观、道德观紧密相关，但是，它也具有客观性，是对道德关系的反映，也

---

① 黑尔. 自由与理性//万俊人. 20世纪西方伦理学经典·伦理学基础：原理与论理. 北京：中国人民大学出版社，2004：299.

有检验的标准，即现实的、具体的道德关系。在这方面，黑尔的观点更具有真理性，如万俊人在《现代西方伦理学史》中所评述的：

> 黑尔在这一时刻显示出他卓越的天才：他不仅意识到元伦理学所濒临的艰难处境，而且以自觉的行动开始了挽救元伦理学所濒临的艰难处境，而且以自觉的行动开始了挽救元伦理学沉沦于梦幻之中的努力……对于自然主义者认为道德判断具有描述性意义的“真理”，他坦荡地予以接纳；又向传统规范伦理学关于道德判断和原则的普遍性与规范性“真理”表示了一种无言的默许和首肯。这种以逻辑方式所进行的理论综合和调解，获得了远远超出于理论逻辑本身的意义。①

2. 道德判断的分类与形式

依据不同的标准，可将道德判断做不同的分类，如孙如枫、曾钊新将道德判断视为“层级整合体”，根据在道德感性上升为道德理性的过程中，主体道德价值观的分化和整合的层次将道德判断依次分为感性道德判断、前理性道德判断和理性道德判断②。所谓感性道德判断，是指道德主体凭借他律的社会道德规范或自我感知的个性化利益需求，对感觉器官所直接感受到的道德现象及其关系，在思维中做出的利益取舍和善恶评判。所谓前理性道德判断，是指道德主体凭借内化的已具自律性质的社会道德规范，对道德现象及其相互关系做出的善恶判定和利益取舍。所谓理性道德判断，是指道德主体依据抽象的、超越法律的普遍公正原则，对社会道德现象及其相互关系做出的善恶判定和利益取舍。

也有学者根据道德判断所使用的概念的不同，把道德判断分为三类：一是用具体的道德概念去断定对象，如“你这样做是抢劫”。二是用规范性道德概念去断定对象，如“他很勇敢”。三是用判定性道德概念去断定对象，如“助人为乐是一种善”③。

---

① 万俊人．现代西方伦理学史：上卷．北京：北京大学出版社，1990：505.

② 孙如枫，曾钊新．论道德判断．江西社会科学，1995（4）.

③ 周农建．价值逻辑．长沙：湖南人民出版社，1999：54-56.

本书从道德推理所具有的内涵出发，将道德判断分为道德评价性判断和道德规范性判断，再在这两类判断的基础上进行进一步细分。

（1）道德评价性判断

道德评价性判断是根据道德原则对道德现象表达出肯定、否定或赞成、反对的态度，是对行为或事实进行善恶定性的判断。从评价主体看，道德评价性判断可分为自我评价性判断与社会评价性判断；从评价客体看，道德评价性判断可分为对人的评价性判断和对行为的评价性判断；从形式上看，道德评价性判断可分为单纯评价判断与择优评价判断。

1）自我道德评价性判断和社会道德评价性判断。

自我道德评价性判断，是个人或群体对自己的行为或品质所做的一种有关善恶的自我认识，行为当事人是道德评价性判断的主体，其个人或其行为又是评价判断的客体。自我道德判断往往具有道德主体自我反省的性质，能够深入道德主体的内心深处，对动机、欲望、需求进行道德评价，从而提升自己的道德境界。

社会道德评价性判断，是对他人或社会的道德行为或道德事实进行的善恶判断，行为当事人是道德评价的客体。社会道德评价性判断基本上代表了一个社会的主导力量所倡导的道德原则和规范的要求，体现着时代的、社会的利益。对个人来说，它则是一种客观存在的、具有约束性的力量。

需要说明的是，在有些时候，道德判断的主体是隐而不显的，尤其是在道德判断的客体（在道德判断中表现为主词）是道德行为或道德事件时，仅仅从道德判断的形式上我们通常看不出道德判断的主体，而对道德判断主体的断定需要涉及具体的道德情境。如“我买菜排队的习惯是一个很好的行为习惯”或“他买菜排队的习惯是一个很好的行为习惯”，在这两个道德评价性判断中我们能够看出道德评价的主体分别是自我与他人，但“买菜排队是一个很好的行为习惯”这个道德判断仅仅表明“买菜排队”这种行为习惯是一种好的行为习惯，至于做出道德判断的主体是否就是行为主体，仅仅从这个道德判断上是无法断定的。这种道德评价性判断具有较强的普遍性，规范性与导向性也更明显。虽然在有些道德评价性判断中道德判断的主体隐而不显，但是，从道德主体的角度对道德评价性判断进行分类是很有意义的：一方面，道德判断的主体性使道德判断深深地打上了主体的印迹；另一方面，道德判断对于道德评价主体的影响也是不同的，自我评价的道德判断对道德评价主体具有较强的自律性，社会评价的道德判断则是道德评价主体对他人及其行为、事件的道德评价，它对道德评价主体具有借鉴作用，对道德评价客体则是他律性的。道德评价的主体不同，对于道德评价的过程也有不同的影响，对于这一问题的探讨将在下文中述及。

2）对人的道德评价性判断与对行为的道德评价性判断。

对人的道德评价性判断与对行为的道德评价性判断在形式上的区别在于两种判断的主词不同。对人的道德评价性判断的主词是人，或者是人的群体、集体，而对行为的道德评价性判断的主词是行为。在评价过程、标准等方面二者也存在较大差异。对行为的道德评价性判断既可以是对某个具体的人的具体行为的道德评价，也可以是对一类行为的道德评价。前者是对人的道德评价性判断的基础，后者则对人的行为具有较强的导向性。对人的道德评价性判断是在对他的一系列行为进行道德判断的基础上形成的。一个人的道德品质如何，总是通过他的行为表现出来的。说张三很节俭，只有对他的一系列行为做出了节俭的评价性判断之后，才能得到他这个人很节俭的道德判断来。

3）单纯评价判断与择优评价判断。

单纯评价判断表示道德评价主体对于单一的道德评价客体的道德评价的判断，如“他是一个好人”或“他们都是好人”。择优评价判断则表示道德评价主体对于不同的道德评价客体的评价或选择的评价判断，如“阿明比阿强更善良”或“这个方案比那个方案更好”。择优评价判断对于道德选择、道德决定具有重要的参考价值。

（2）道德规范性判断

道德规范性判断是依据道德原则对人的行为给以规定、约束的判断。道德规范性判断将社会道德规范以判断的形式明确下来，以此实现道德理性对个人意向和欲望的引导与把握。它既是一种约束力，也是一种导向。就其约束力而言，道德规范性判断是一定社会关系和道德关系在人们意识中的反映和概括，是客观的道德关系和道德要求对进行道德实践活动的人们的规范。它的导向性是指道德规范性判断不仅告诉人们能做什么、不能做什么，而且告诉人们应当做什么，告诉人们努力的方向。道德规范性判断直接反映了道德推理的结论，体现了理性的要求，因而比评价判断具有更大的约束性和权威性，它以规范、准则的面目出现。

道德规范性判断一般至少包含两部分：一是对要求做出或不做出的行为的描述，也称为行为规定，这部分内容在不同的道德规范性判断中是不同的，故而称为逻辑变项；二是行为规定的执行方式，用“应当”“允许”“禁止”等来表示，称为逻辑常项。依据道德规范性判断的规范性强度或者说依据逻辑常项可以将道德判断分为应该型（必为型）道德规范性判断、允许型道德规范性判断和禁止型道德规范性判断。

应该型（必为型）道德规范性判断一般包含“必须”“应当”等规范词，也称为义务性规范判断，其约束性、强制性较强，有时也以“……是道德义务”、“有义务做……”或“……是道德责任”、“有责任做……”等形式表现出来。这种类型的道德判断对行为者具有较强的约束性和导向性，明确告诉行为者道德上所倡导的行为，什么是行为的应当，向行为者揭示出道德努力的方向。这时需要指出的是，我们强调应该型道德规范性判断在规范性判断中具有最大的约束力，并不涉及人们把“应当”作为“可以”理解，也就是，人们也常常把“应当”理解为“可不为”。而如果将“应当”作为“可不为”理解时，它实际上是允许型道德规范性判断。

允许型道德规范性判断表示规范的执行者有权或可以做或不做某事，一般含有“可以”等规范词，它包含两种具体形态，即可为型道德规范性判断和可不为型道德规范性判断。其约束力较弱，并且通常是有条件限制的，如“如果下雨，就可以不上学”。允许型道德规范性判断向行为者揭示的是道德上允许的行为，它表明的是在既有的条件下可以做什么，但是，正是因为其条件性，它也意味着，条件的变化将是决定它是否有效的重要因素。

禁止型道德规范性判断是应该型道德规范性判断的否定判断，一般包含“禁止”“严禁”“不得”“不准”“不能”等规范词，其约束性、强制性较强。判断中所提到的行为是道德上禁止的行为，实施这种行为意味着不道德，意味着将受到强烈的道德谴责。

道德规范性判断还有一种特殊形式，也被称为道德指令性判断，它是依据道德规范性判断而对具体的对象在具体的情境下提出的具体行为规范，也即明确的道德指令。在内容上，道德指令性判断是道德规范性判断的具体应用；在形式上，道德指令性判断由道德规范性判断加上行为主体构成，即由道德规范性判断加上主词构成。如："应该努力学习"是道德规范性判断，"你应该努力学习"或"我应该努力学习"即道德指令性判断。

上述对道德判断的分类是从伦理学的角度或者说是从道德规范判断约束性的角度进行的，如果从逻辑学的角度来分类，上述各类道德判断都可以分为相应的简单道德判断与复合道德判断，复合道德判断可分为联言道德判断、假言道德判断、选言道德判断等。

三、道德推理

道德推理也是推理，推理的一般形式如演绎推理、归纳推理等等都会在道德推理中得到运用，推理的一般逻辑规律也会在道德推理中有所体现。但是，道德推理毕竟是一个特殊种类的推理，因此它有一些自己独特的常用推理形式和逻辑规律，特别是其中含有道义模态词的规范语句有着与一般的事实语句不同的逻辑特性，对它的研究还形成了专门的道义逻辑。

这里需要特别指出的是，道德推理与道义逻辑所研究的规范推理并不是同一的概念。道德推理是指以道德活动为目的的理性推理，其中包含了规范推理，但它又不仅仅是规范推理。

1. 道德推理的种类与模式

在某一具体情境下得出一个道德结论往往要经过极为复杂的道德推理，在这个过程中，各个种类的推理都可能会用到，但其中也会有一些为道德推理所常用的独特的推理形式，如优先推理、规范推理、溯因推理、类比推理等。

（1）优先推理

在道德选择中，优先推理是一种极为常见的道德推理。在现代逻辑学中，有优先逻辑或偏好逻辑这一分支，专门来研究优先推理。“优先逻辑以存在于价值判断之间的优先关系为研究对象，是一种关于优先关系的形式理论，由于价值判断不仅存在于伦理学中，而且存在于经济学、美学等学科之中，因此优先逻辑就与一般价值理论及其三大主要分支——美学、经济学、伦理学都有着十分密切的关系。”① 优先推理的目的并不是判断善恶，也不是判断某个具体对象是否有价值，而是主要用于在几个对象中进行选择的情况，尤其是在两善相权或两恶相权的情况中，它的任务是决定哪一个对象或选择更好、更为有利、更有价值，从而决定优先选择哪一个对象、哪一种选择。

优先推理早在亚里士多德那里就已经被探讨过，亚里士多德曾经具体地考察了“两个或更多个东西中哪一个更值得选择或更好”② 的问题，提出了一些基本的形式原则，如：

> 更持久或更稳定的东西比那些更不持久或更不稳定的东西更值得选择。
>
> 由于本性是善的原因的东西比由于偶性是善的原因的东西更值得选择。
>
> 总体的善比特殊的善更值得选择，例如健康比切割手术更值得选择。
>
> 由于自身而更高尚、更珍贵以及更值得做的东西就更值得选择。
>
> 数目上更多的善比更少的善更值得选择。
>
> 离善更近的东西就更好，更值得选择。
>
> 如果和某一相同东西相比，甲有更大的善，乙具有较小的善，那么，甲就更值得选择。
>
> 如果甲绝对地比乙更好，甲中最好的东西也就会比乙中最好的东

① 王雨田．现代逻辑科学导引：下卷．北京：中国人民大学出版社，1987：403.

② 亚里士多德全集：第1卷．北京：中国人民大学出版社，1990：399-413.

西更好。

…………

亚里士多德对优先逻辑的公理阐述得非常详细，不仅覆盖多种具体的情况，而且附有例释。这些公理是人们道德选择或价值选择经验的总结，也为人们在进行优先推理时所遵循，成为优先推理的规则。

逻辑学上对优先推理的构造模式有两种不同的方法：一是公理的方法，二是语义的方法。

公理的方法就是首先借助于直观的思考，规定一些基本的形式原则作为优先逻辑进一步展开的基础，然后从这些基本原则出发，通过逻辑推论构造出优先逻辑。

冯·赖特的《优先逻辑》一书是采用公理的方法构造优先逻辑的名著之一，他将各种形式的优先分为两类：一是外在的优先，二是内在的优先。外在的优先是指某一事物优于另一事物，只是因为前者被理解或被认为（在某一方面）比后者好；而内在的优先是指某人选择某一事物，只是因为他喜欢它胜过喜欢另一物，这样的优先与"喜欢一物胜于另一物"具有同等意义，优先成为"更好"的一个构成要素。冯·赖特认为优先逻辑与内在优先并且仅仅与内在优先有关，并在此基础上构建了逻辑推理的原则以及命题演算的方法。将优先定位于内在优先意味着，优先是相对于道德主体的优先，优先取决于道德主体的"喜欢"。但是，道德主体的喜欢与否，其主观性、随意性很强，所谓"萝卜青菜各有所爱"，每个主体都有不同的喜欢，而且此人的喜欢未必能够得到彼人的认同，甚至同一个人也此时一喜欢，彼时一喜欢。优先的可接受性原则在研究者那里就难以达成一致，以此为基础构造的优先逻辑显然并不令人满意，因此，有学者提出了语义的方法。

语义的方法是为优先逻辑确定一个可接受的标准，并且把所有根据这个标准可接受的原则都包括在系统之内。美国哲学家雷舍尔（Nicholas Rescher）是用语义方法构造优先逻辑的代表人物。

雷舍尔是从对好与坏的分析开始的：

如果出现事态 P，那么某人将得到 1 元。

如果出现事态－P，情况不明。

在这种情况下，如果人们比较以下两种情况，即事态P出现之前某人的境况和事态P出现之后某人的境况，人们会说事态P的出现是一件好事。

如果出现事态P，那么某人将失去1元。

如果出现事态－P，情况不明。

此时，如果人们比较以下两种情况，即事态P出现之前某人的境况和事态P出现之后某人的境况，人们会说事态P是坏的。根据某个事态出现前后的情况相比较而得出的好与坏，被雷舍尔称为一阶的好和一阶的坏。

现在考虑另一种情形：

如果出现事态P，那么某人将得到1元。

如果出现事态－P，那么某人将得到10元。

与事态发生之前的情况相比，二者都是好的，它们都导致积极的结果。但是，如果人们比较在P实现之后某人的境况和在－P实现之后某人的境况，人们就会认为P的发生是一件“坏事情”，因为它排除了－P的发生，而－P将带来更大的积极成果。

如果出现事态P，那么某人将得到－1元。

如果出现事态－P，那么某人将得到－10元。

如果与事态发生之前的情况相比，P与－P都不是好事情，但人们不得不把P的发生当作“好事情”，因为它阻止了更坏的事情的发生。这种类型的坏或好称为差等的坏或差等的好。

在一阶的好与坏，以及差等的好与坏确立之后，雷舍尔讨论了一阶的优先与差等的优先。

如果出现事态P，那么某人将得到10元。

如果出现事态－P，情况不明。

如果出现事态Q，那么某人将得到1元。

如果出现事态一Q，情况不明。

二者相较，人们喜欢P胜过喜欢Q，因为P带来更多的福利。这种比较是建立在两个事态的一阶的好的相互比较的基础上的，这种优先被称为一阶的优先。而差等的优先则是建立在被比较的两个事态的相对状况的基础上的，如：

如果出现事态P，那么某人将得到2元。
如果出现事态一P，那么某人将得到2元。
如果出现事态Q，那么某人将得到1元。
如果出现事态一Q，那么某人将得到一100元。

从一阶优先来看，P优于Q，但是，P发生与否是无关紧要的，因为无论怎样结果都一样，但人们喜欢Q却远胜于一Q。

公理的优先推理与语义的优先推理的主要区别在于公理的优先推理以公理本身为标准，事件与公理相较，而语义的优先推理以事件本身的状态为标准，并由此决定了其规则系统与演算方式的差别。在逻辑学界，人们认为语义的优先逻辑要优于公理的优先逻辑，语义的优先逻辑把优先关系定义为数值关系，再转化为数学计算，使优先关系进一步精确化、量化，而且从系统的推演能力来看，雷舍尔的系统也更为丰富。但是，对于具体事件的道德推理而言，二者各有优势。这是因为在道德生活中，有些事件是难以量化的，而且道德准则是人们行为选择的标准。但语义的优先推理也有其特有的优势，尤其是在两难推理中，道德义务之间发生冲突，人们面临难以抉择的情况，此时语义的推理就更显其优势。

（2）规范推理

所谓规范推理就是以规范判断为前提，并根据规范模态判断的逻辑特征进行的推理。规范推理可以通过规范判断间的对当关系直接得出结论，也称为规范推理的直接推理。规范判断间的对当关系分为四种，即矛盾关系、反对关系、下反对关系、从属关系，这里只简单例举各种判断之间的推理关系。

1）矛盾关系，即应该型规范判断与可不为型规范判断之间、禁止型规范判断与可为型规范判断之间的关系。其特点是其中一个为妥时另一个则为不妥，一个不妥时另一个则为妥。如“人必须真诚”与“人可以不真诚”之间、“人不能说谎”与“人可以说谎”之间就是矛盾关系，其中一个不妥，另一个必妥。

2）反对关系，即应该型规范判断与禁止型规范判断之间的关系。其特点是其中一个妥当时另一个必不妥当，一个不妥时另一个却未必妥当。如：“人人应当尊重生命”与“人人不能尊重生命”为反对关系，二者不能同时妥当；“人人都应当喝牛奶”与“人人都不能喝牛奶”为反对关系，其中一个不妥，另一个也未必妥，其中，“人人都应当喝牛奶”不妥，对牛奶过敏的人就不应当喝牛奶，但是“人人都不应当喝牛奶”也未必妥当。

3）下反对关系，即可为型规范判断与可不为型规范判断之间的关系。其特点是其中一个妥当时，另一个未必妥当；但一个不妥时，另一个必妥。即二者可以同时都妥当，但不能同时都不妥当。例如：“在公共场所可以喝水”与“在公共场所可以不喝水”是下反对关系，其中“在公共场所可以喝水”不妥时，“在公共场所可以不喝水”就一定是妥当的。但是，从“在公共场所可以喝水”是对的，却不一定能推出“在公共场所可以不喝水”是错的。

4）从属关系，即应该型规范判断与可为型规范判断之间、禁止型规范判断与可不为型规范判断之间的关系。其特点是当应该型规范判断为妥时，可为型规范判断必妥；禁止型规范判断为妥时，可不为型规范判断也必妥。反之亦然，应该型规范判断和禁止型规范判断不妥时，相应的可为可为型规范判断和可不为型规范判断也不妥。

规范推理的另一种形式为规范三段论，即以两个规范判断为前提，或以一个规范判断和一个事实判断为前提而进行的推理，如：

学生应该遵守学校纪律，
我是学生，
所以我应该遵守学校纪律。

也就是在三段论中引入规范判断的推理。最早关注到规范三段论并对其做出研究的是亚里士多德。创立现代第一个道义逻辑系统的芬兰逻辑学家冯·赖特这样评价亚里士多德：

> 亚里士多德在理论三段论和实践三段论之间作了区分。他对实践三段论的处理是非常不充足的并且也是不系统的……然而，他对实践三段论所作的某些一般性评述则显示他对这类推理的浓厚兴趣。这些评述证实了亚里士多德知道这一类推理的特性，亚里士多德以后的逻辑学家或者倾向于忽略这类推理特性，或者对于这类特性予以了误解。①

亚里士多德对实践三段式的论述主要集中在《尼各马科伦理学》中。他指出："意见是普遍的，而另一方面又是就个别而言的，它们属于感觉范围。从两者随之而来的必然是一个结论，在这里从灵魂上、思想上是一种肯定，而在实践上直接就是行为。"② 实践推理与理论推理的主要差别，不在于前者的（他所认识到的）规定性，而在于它以一种行动作为结论，而且必须诉诸特称命题。

行动是与偶性的特称判断结合在一起的，虽然亚里士多德对理论推理和实践推理做出了区分，但是，他对行动推理的特性即与偶性的特称判断的结合是贬抑的，他将是否具有普遍判断作为人与动物的区别之一，不自制的行为是与偶性相关的。他指出："在某种意义上说，不自制的行为，似乎是来自理论和意见，不是就自身而言的，而是就偶性而言的与正确的原则相反。由于这个缘故，所以野兽没有自制，因为它没有普遍判断，而只有个别的表象和记忆。"③ 这种观点导致了他给实践推理设置了一种逻辑上的从属地位，使他关于实践推理的论述在很长的时间里也一直为人们所忽略。

但是，现代以来的逻辑学家和伦理学家对他的实践推理给予了高度评价，甚至认为实践推理是他的整个伦理学理论中最基本的组成部分，同时也对其进行了深入的研究。如麦金太尔就对亚里士多德的实践三段论做出了精辟的解释："按照亚里士多德的解释，实践合理性在特殊情形下的运用包括两个阶段。在行动之前并产生行动的是演绎推理方式，评论家称之为'实践三段论'，尽管亚里士多德本人从来没有这样用过。这种三段论包括

---

① G. H. von Wright. Practical Reason, Philosophical Papers. Vol I. Oxford: Basil Blackwell, 1983: 1.

② 亚里士多德. 尼各马科伦理学. 北京：中国社会科学出版社，1990：140.

③ 同②.

两个前提，第一个前提是原发前提（不知为什么常常被人误认是大前提），原发前提先断定，什么是行为主体声明的他的行动中最重要的善或他不该做的事；第二个前提（相应地被认为是小前提）断定主体声明的他的特殊处境是什么，假定前述善仍然是重要的，那么，这处境就要求人们做出某种行动。而从这些前提中得出的结论，就是被要求的行动。（《论灵魂》436A16-21，《动物志》701A7-25，《尼各马科伦理学》1146B35-1147A25-31）”①

如果说实践三段论是亚里士多德给出的演绎推理方式，美国学者罗斯则从亚里士多德对于选择的阐述中归纳了规范道德推理的方式。他认为，“伦理学不是从最初的原则进行推理，而是推理到最初原则，它不是从本身可理解的东西出发，而是从我们熟悉的东西出发，即从事实出发，由此推回到基本理由”②。罗斯对亚里士多德的选择过程做了如下归纳：要思考就要从目的退到手段，再退到手段的手段，最终达到此时此地可以采用的手段，这个思考过程与数学家的思考过程相似，他从欲解决的问题回溯到一个更简单的问题，这个更简单的问题的解决将使他能够解决更前面的一个问题。就是说，这个思考过程很像与演绎解释过程相反的数学发现过程。由于它一开始被不同于自身的某种东西（即对确切目标的欲望）所限制，它在另一端也被不同于自身的某种东西（即对现实情况的感知）所限制。整个过程可做如下表述：

欲望	我渴望得到A。
思考	B是达到A的手段。 C是达到B的手段。 ⋮ N是达到M的手段。
感知	N是我此时此地可做之事。
选择	我选择N。

① 阿拉斯戴尔·麦金太尔．谁之正义？何种合理性?．北京：当代中国出版社，1996：182.

② W. D. 罗斯．亚里士多德．北京：商务印书馆，1997：208.

行为　　　　　　我做 N。[①]

这是多个实践三段论的变形和省略形式，它在道德推理中也有着广泛的应用，尤其是在道德目的确定以后进行道德手段选择的思维过程中。

（3）溯因推理

溯因推理也称回溯推理，是指人在已知某一结果的情况下，根据有关规律性的知识，推测这一结果产生的原因。溯因推理经常用于根据道德行为的结果来判断其理由、原因、动机，从而为人们进行道德评价提供事实根据。溯因推理的逻辑结构为：

q

$p \to q$

————————

所以，p。

其中 q 表示已经出现的结果或当前的事实，p 表示结果产生的原因，$p \to q$ 表示有关的规律性知识。如某人一向上班准时，偶尔有一天迟到了，人们会推测大概路上塞车了。这个推理过程就是：

某人迟到，

塞车会导致迟到，

————————————————

所以，塞车。

但是，仅仅依据规律性的知识有时还难以探求到事物的真正原因，密尔曾经对这一问题进行了探讨，提出了密尔五法，即契合法、差异法、共变法、并用法及剩余法。契合法也叫求同法，如果某一现象出现于若干不同的场合中，这些场合中有一个相同的先行因素，那么，这个因素与现象之间存在因果关系。差异法也叫求异法，如果一个现象出现在一个场合而不出现在另一个场合中，这两个场合中有一个因素不相同，而其他因素皆相同，那么，这一不同的因素与现象之间存在因果关系。共变法是指一个

① W. D. 罗斯. 亚里士多德. 北京：商务印书馆，1997：220.

现象出现于若干场合中，如果其中一个因素发生变化，而其余相关因素不变，这一现象也发生相应程度的变化，那么，这一因素与现象之间存在因果关系。并用法也叫契合差异并用法，或求同求异并用法。如果在某一现象出现的一组场合中都有一个相同的相关因素，而在某一现象不出现的另一组场合中都没有这个相关因素，那么，这一因素与现象之间存在因果关系。剩余法是指如果已知某复合因素与某复合现象有因果关系，而且已知复合因素中的一些因素与复合现象中的一些现象有因果关系，那么，余下的因素与余下的现象之间存在因果关系。

事物之间的因果关系是极为复杂的，有一因多果的现象，也有一果多因的现象，因此，对因果关系的探求应当十分严谨。在运用上述方法时，应当尽量周密、严格，如求同法与求异法的运用，应当尽量增加所考察的场合的数量，确定相同或相异的因素是否只有一个，以保证不遗漏真正的原因。而剩余法也要保证除复合因素的剩余部分外，被研究现象的剩余部分与其他任何因素没有因果关系。

对待溯因推理的结论也应当十分慎重。针对一个既定事实，运用溯因推理得出的结论可能不止一个，究竟哪一个为真，需要进一步调查核实，不能贸然做出结论。溯因推理对事物原因的探讨对于道德评价具有重要的参考意义，它有助于在一个具体事件中分清参与者及其行为的道德责任，揭示参与者的道德动机，从而分清是非善恶，会直接影响对人对事的道德评价的准确性。

（4）类比推理

类比推理是根据两个或两类事物的某些属性、特征相似或相同，进而推出它们的另一属性、特征也相似或相同的推理。康德曾说："每当理智缺乏可靠的论证的思路时，类比这个方法往往能指引我们前进。"① 类比推理的结论或然性很大，其结论不是完全可靠的，但它是一种重要的认识方法，在道德实践中有着广泛的应用。

道德推理中的类比推理将过去的伦理经验和当前处境作为类比的对象，它基于对过去伦理经验的深刻洞察，了解其道德意义，并由过去的伦

---

① 康德．宇宙发展史概论．上海：上海人民出版社，1972：147.

理经验的意义来推衍当前情况的意义，从而做出正确的判断与抉择。类比推理在道德生活中的作用包含两个层面。一是在具体行为和具体的道德事件的层面上，它能够提供道德选择和道德判断的参考，成为道德原则的具体运用。当人们在具体的道德情境中不知所措时，就可以通过类比，从以前发生过的道德事件中吸取营养，从而有助于做出正确的抉择。二是通过类比推理将过去伦理经验的普遍性推而广之，将道德原则与道德规范的意义推广拓展到其他更大范围。

道德榜样在道德生活和道德实践中能够发挥作用，类比推理也发生了积极作用。人们在学习道德榜样时所进行的道德理性活动，有很大的成分是类比推理，而且这种类比不是一时一事的类比，还包括道德主体与道德榜样在所处的环境、教育、能力、品质等多方面的类比，从而推出在类似的道德情境中，道德主体应当选择与道德榜样相同的行为方式，培养自己高尚的道德品质。

将心比心、设身处地、推己及人等道德修养和道德决定的方法也都是类比推理或类比思维的应用。古人云："圣人何以不可欺？曰：圣人者，以己度者也。故以人度人，以情度情，以类度类，以说度功，以道观尽，古今一也。类不悖，虽久同理，故乡乎邪曲而不迷，观乎杂物而不惑，以此度之。"（《荀子·非相》）将心比心、设身处地是将自己设想为处于对方的情态中，体会出人与己在同样的情态中相同的感受，体会出为人处事的道理，从而自觉地要求自己服从道德的要求。

类比推理的应用以过去的道德经验为前提，因此需要增加生活阅历，即所谓事上磨炼，通过自己的道德经验增加自己的积累，也通过学习等各种方式了解他人的道德经验，学习道德榜样。

2. 道义逻辑①

在道德推理中，最具特色的是规范推理。在逻辑学界形成了专门研究

① 本节内容参考了中国人民大学逻辑学教研室编《逻辑学》、陈波《逻辑学导论》、王雨田《现代逻辑科学导引》、余俊伟《道义逻辑研究》、周祯祥《标准道义逻辑和反义务悖论》等多种逻辑学著作，在此一并致谢。

这类推理的特性和规律的逻辑分支，即道义逻辑，也称义务逻辑、规范逻辑。

（1）道义命题及其符号化

道德判断往往包含着“必须”“允许”“禁止”等道义词。这些语词在逻辑学上也被称作“道义模态词”，包含着道义模态词的命题被称作“道义命题”。道义词有着自身的适用范围，即它们用于表达约束人们的行为的命题，用它们来描述客观事实则是没有意义的。比如，“茉莉花必须是黑色的”，“允许玫瑰花是红色的”，这些花客观上是什么颜色就是什么颜色的，“必须”、“允许”或“禁止”对它们没有任何意义。道义命题形式很多，根据道义模态词的性质，可以将道义命题分为三种，而每一种道义命题又具有肯定和否定两种形式。

1）必须命题。这是陈述必须履行的行动或必须实现的事件状态的命题。必须命题的典型标志是含有模态词“必须”一词，如“学生必须尊敬老师”。在日常语言中，“应该”“一定”“有……义务”等语词与“必须”意义相似，含有这些词的命题都可以被视为必须命题，例如，“每个人都应该信守诺言”，“学生一定要认真学习”，“公民有遵守法律的义务”，等等。当然，这些词的强制程度是有差别的。必须命题又分为必须肯定命题和必须否定命题。

2）允许命题。这是陈述允许履行或允许实现的行动或事件状态的命题。允许命题的典型标志是含有模态词“允许”一词，如“允许开办私人律师事务所”。在日常语言中，“可以”“准予”“有权”等语词与“允许”意义相似，含有这些词的命题都可以被视为允许命题，例如，“老年人丧偶可以再婚”，“被告有权上诉”，“准许当事人为自己辩护”，等等。允许命题又分为允许肯定命题和允许否定命题。

3）禁止命题。这是陈述从规范的角度看禁止履行或禁止实现的行动或事件状态的命题。禁止命题的典型标志是含有模态词“禁止”一词，如“禁止吸烟”。在日常语言中，“不得”“不准”“不许”等语词与“禁止”意义相似，含有这些词的命题都可以被视为禁止命题，例如，“不得以任何方式剥夺著作权人的署名权”，“不准吸毒”，“不准在公共场所吸烟”，等等。禁止命题又分为禁止肯定命题和禁止否定命题。

在基本道义命题的基础上，我们可以通过引入复合道义命题联结词，从而构造出更加复杂的道义命题。例如：

（1）允许人犯错误，也允许人改正错误。

（2）如果随地吐痰，则应处以罚款。

我们还可以通过把道义命题与模态命题结合起来，从而构造出既含道义词又含模态词的复杂命题。例如：

（3）如果客人必然要来，那么我们必须做好准备。

（4）如果我们该孝敬父母，那么我们能对他们和颜悦色。

上述所有命题都可以用符号表示。

首先可以把道义语句形式化为：

p 是必须的。

p 是非必须的。

p 是允许的。

p 是非允许的。

p 是禁止的。

p 是非禁止的。

“必须”可以用大写字母“O”（obligation）表示，“允许”可以用大写字母“P”（permission）表示，“禁止”可以用大写字母“F”（forbiddance）表示，再加上否定符号，上述六种道义命题的形式，就依次可以符号化为：Op，O¬p，Pp，P¬p，Fp，F¬p。

禁止做某事的意思，就是必须不做某事；禁止不做某种事的意思，就是必须做某种事。也就是说：

Fp↔O¬p，即“禁止 p”等价于“必须非 p”。

F¬p↔Op，即“禁止非 p”等价于“必须 p”。

因此，六种基本道义命题可以归结为四种基本道义命题，即 Op、O¬p、Pp、P¬p。

基本道义命题符号化以后，复合道义命题也可能像其他复合命题一样加以符号化，以∧表示合取，∨表示析取，→表示蕴涵，←表示逆蕴涵，如上文中的例句（1）、（2）可以分别符号化为：

（1）$Pp \wedge Pq$

（2）$p \rightarrow Oq$

模态词必然用□表示，可能用◇表示，这样例句（3）、（4）就可以符号化为：

（3）$\Box p \rightarrow Oq$

（4）$Op \rightarrow \Diamond q$

（2）基本道义命题推理

具有相同素材的四种基本道义命题 Op、O¬p、Pp、P¬p 之间在真假方面存在着必然的制约关系，即真假对当关系。下面的方阵反映出这四种基本道义命题之间存在着如下几种关系：矛盾关系、反对关系、下反对关系、从属关系，下面分别分析这四种关系中的道义命题之间的推理关系。

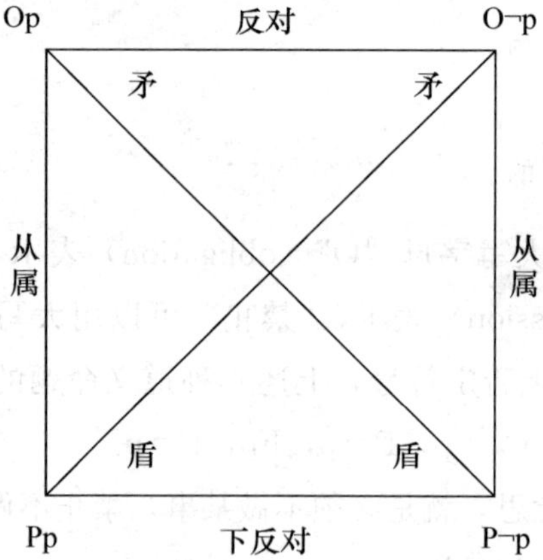

图 3-1　道义方阵

根据上述道义方阵中的矛盾关系，可以得到下列直观上成立的基本道义命题推理。

（1）$Op \leftrightarrow \neg P \neg p$

必须 p 等值于不允许非 p，即“p 是必须的”与“非 p 是不允许的”可以互推，亦即“p 是必须的”当且仅当“非 p 是不允许”。也就是说，必须做的事情，不做是不允许的。不允许不做的事情，都是必须做的。

（2）$O\neg p\leftrightarrow\neg Pp$

即“非 p 是必须的”与“p 是不允许的”可以互推，“非 p 是必须的”当且仅当“p 是不允许的”。凡是必须不做的事情都不允许做，凡是不允许做的事情都必须不做。

（3）$Pp\leftrightarrow\neg O\neg p$

即“p 是允许的”与“非 p 是不必须的”可以互推，“p 是允许的”当且仅当“非 p 是不必须的”。凡是允许做的事情都不必须不做，凡是不必须不做的事情都允许做。如，“允许吸烟”与“并非必须不吸烟”可以互推，“并非必须不吸烟”即允许吸烟。

（4）$P\neg p\leftrightarrow\neg Op$

即“非 p 是允许的”与“p 是不必须的”可以互推，“非 p 是允许的”当且仅当“p 是不必须的”。例如，“允许学生生病不来上课”与“学生生病不必来上课”是可以互推的。即凡是允许不做的事情都不必须做，凡是不必须做的事情都允许不做。

根据道义方阵中的反对关系，可以进行下列推理：

（5）$Op\rightarrow\neg O\neg p$

必须 p 蕴涵不必须非 p。从“p 是必须的”可以推出“非 p 不是必须的”。例如，从“学生应该认真听讲”可以推出“学生不应该不认真听讲”。也就是说，凡是应该做的事情都不应该不做。

（6）$O\neg p\rightarrow\neg Op$

必须非 p 蕴涵不必须 p。从“非 p 是必须的”可以推出“p 不是必须的”。例如，从“不吸烟是必须的”可以推出“吸烟是不必须的”。即凡是必须不做的事情都不必须做。

根据道义方阵中的下反对关系，可以进行下列推理：

（7）$\neg Pp\rightarrow P\neg p$

不允许 p 蕴涵允许非 p。从“p 是不允许的”可以推出“非 p 是允许的”，或者说，如果 p 是不允许的，那么非 p 就是允许的。例如，从“不允许吸烟”可以推出“允许不吸烟”。即凡是不允许做的事情都允许不做。

(8) $\neg P \neg p \rightarrow Pp$

不允许非 p 蕴涵允许 p。从“非 p 是不允许的”可以推出“p 就是允许的”，或者说，如果非 p 是不允许的，则 p 就是允许的。例如，从“不认真听课是不允许的”可以推出“认真听课就是允许的”。即凡是不允许不做的事情都允许做。

根据上述方阵，属于从属关系的有：Op 与 Pp，$O\neg p$ 与 $P\neg p$，它们之间可以做如下推理：

(9) $Op \rightarrow Pp$

必须 p 蕴涵允许 p。即由“p 是必须的”可以推出“p 是允许的”。必须做的事情，当然也允许做。

(10) $O\neg p \rightarrow P\neg p$

必须非 p 蕴涵允许非 p。即由“非 p 是必须的”可以推出“非 p 是允许的”。必须不做的事情，当然也允许不做。

(11) $\neg Pp \rightarrow \neg Op$

不允许 p 蕴涵不必须 p。即由“p 是不允许的”可以推出“p 是不必须的”。如果 p 不允许做，p 就是不必须做的。

(12) $\neg P \neg p \rightarrow \neg O \neg p$

不允许非 p 蕴涵不必须非 p。即由“非 p 是不允许的”可以推出“非 p 是不必须的”。如果非 p 不允许做，非 p 就是不必须做的。

(3) 道义逻辑的标准系统

虽然道义命题可以通过彼此之间的关系得出某些结论，但仅仅运用这些关系进行推理远远不能应付复杂的道德生活。逻辑学家发现，道义逻辑跟狭义模态逻辑一样，可以运用不同的公理和推理规则构成不同的公理系统。1951 年，芬兰逻辑学家冯·赖特在《心灵》杂志 1951 年第 60 期上发表了经典性论文《道义逻辑》，创建了第一个道义逻辑系统。他把道义逻辑看作模态逻辑的一个分支，他称模态逻辑中的必然和可能为真理论模态，而称道义逻辑中的义务和允许为道义论模态。第一个道义论模态系统在此基础上构建起来。后来，冯·赖特在此系统上增加了一条公理，从而得到了道义逻辑的经典系统。

道义逻辑的经典系统构筑于命题逻辑之上，用真值联结词联结行为变元，行动名称变元在系统中的位置相当于经典命题逻辑中的命题变元，道义算子就成了加在类行为上的谓词，但是，这却造成了语义方面的困难。正如希尔皮南《道义逻辑：入门和系统读物》一书中所说："严格地说，并不是命题的逻辑，而是行动名称的逻辑。在这种逻辑中，真值的概念换成了实施值的概念：一个命题可以是真的或假的，与此相似，一个行动可以是已实施的和未实施的。对命题逻辑的形式体系作这种解释包含着某些困难。"①

于是，道义逻辑出现了两个方向：一个是以道义逻辑创始人冯·赖特为代表的研究道义表达式"应该做"（ought to be done）的逻辑；另一个是以道义逻辑研究的先驱安德森和普赖尔为代表的研究道义表达式"应该是"（ought to be）的逻辑。为了规避技术处理上的困难，大多数道义逻辑学家放弃了冯·赖特的解释，而把 p、q 解释为描述事态的一般命题，道义算子的语法功能发生了改变，不再是关于行为的，而是关于事态的。

经典系统是应当做的逻辑。在经典系统中，冯·赖特采纳了他的所谓道义偶然性原则，$O(p \vee \neg p)$ 不是有效的，或者 $\neg P(p \wedge \neg p)$ 不是有效的。后来许多学者放弃了这条原则，将 $O(p \vee \neg p)$ 或 $\neg P(p \wedge \neg p)$ 作为道义逻辑的定理加到了经典系统之上，形成了道义逻辑的标准系统。标准系统是应当是的逻辑。后者的好处是使道义逻辑与命题逻辑结合起来。曾经被排除掉的"混合"的表达式成了合式公式，含叠置模态词的表达式也成了合式公式。除了逻辑算子的直观背景不同，从系统本身来看，道义逻辑与真势模态逻辑并没有本质的区别。道义逻辑的标准系统影响如

① Risto Hilpinen. Deontic Logic: Introductory and Systematic Readings. London: D. Reidel Publishing Company, 1971: 13.

此之大，以致如果没有特别的声明，一般情况下人们所说的道义逻辑指的就是标准系统。这里只介绍道义逻辑的标准系统。

道义逻辑系统 DT 的初始基础包括：

Ⅰ创始符号：

（ⅰ）命题逻辑系统的初始符号。

（ⅱ）道义算子：O。

（ⅲ）括号：(,)。

Ⅱ定义：

（ⅰ）DefP：$PA=df\neg O\neg A$

（ⅱ）DefF：$FA=dfO\neg A$

Ⅲ形成规则：

（ⅰ）命题逻辑中的形成规则。

（ⅱ）如果 A 是合式公式，那么 OA、PA、FA 也是合式公式。

Ⅳ推理规则：

（ⅰ）命题逻辑中的推理规则。

（ⅱ）RO 规则：如果 $\vdash A$，那么 $\vdash OA$

Ⅴ公理：

DTA1：命题逻辑中的所有重言式。

DTA2：$Pp\rightarrow\neg O\neg p$

DTA3：$O(p\rightarrow q)\rightarrow(Op\rightarrow Oq)$

以上就是道义逻辑系统的出发点。道义逻辑系统 DT 相当于模态逻辑系统 T，被称为标准道义逻辑系统。前面根据逻辑方阵产生出来的所有蕴涵式和等值式都是 DT 的定理，此外还有一些重要的定理。下面对一些重要的公理、定理略做解释：

$$(1)\ O(p\rightarrow q)\rightarrow(Op\rightarrow Oq)$$

这是道义逻辑的一条公理，意思是，如果 p 蕴涵 q 是必须的，那么若 p 是必须的，则 q 就是必须的。例如，从“如果你要考上大学那么你好好学习，这是必须的”可以推出“如果你要考上大学是必须的，那么你好好学习就是必须的”。

(2) $O(p \wedge q) \leftrightarrow (Op \wedge Oq)$

这是O对于∧的分配律。它的意思是：p并且q是必须的，当且仅当p是必须的并且q也是必须的。例如，“企业员工必须身体好并且工作好”与“企业员工必须身体好并且企业员工必须工作好”之间可以互推。

(3) $P(p \vee q) \leftrightarrow (Pp \vee Pq)$

这是P对于∨的分配律。它的意思是：p或者q是允许的，当且仅当p是允许的或者q是允许的。例如，“允许大学生谈恋爱或者做家教”与“允许大学生谈恋爱或者允许大学生做家教”之间可以互推。

(4) $F(p \vee q) \leftrightarrow (Fp \wedge Fq)$

这是F对于∨的合取分配律。它的意思是：p或者q是禁止的，当且仅当p是禁止的并且q也是禁止的。例如，“禁止撒谎或者杀人”与“禁止撒谎并且禁止杀人”之间可以互推。

(5) $(Fp \wedge Fq) \rightarrow F(p \wedge q)$

如果p是禁止的并且q是禁止的，那么p并且q是禁止的。例如，从“禁止撒谎并且禁止杀人”可推出“禁止撒谎并且杀人”。(5) 的逆推是不成立的。例如，从“禁止偷盗财物来赡养父母”不能推出“禁止偷盗财物并且禁止赡养父母”。

(6) $(Fp \wedge Oq) \rightarrow F(p \wedge q)$

如果p是禁止的并且q是必须的，那么p并且q是禁止的。例如，从“禁止偷盗财物并且必须赡养父母”可推出“禁止偷盗财物来赡养父母”。(6) 的逆推是不成立的。从“禁止撒谎并且杀人”不能推出“禁止撒谎并且必须杀人”。

(7) $(Op \vee Oq) \rightarrow O(p \vee q)$

(8) $O(p \vee q) \rightarrow (Pp \vee Pq)$

(9) $P(p \wedge q) \rightarrow (Pp \wedge Pq)$

上述推理式的 (7) 是说，如果p是必须的或者q是必须的，那么p或者q是必须的。(8) 的意思是说，如果p或者q是必须的，那么p是允许的或者q是允许的。(9) 的意思是说，如果p并且q是允许的，那么p是允许的并且q是允许的。需要注意的是，(7) ～ (9) 的逆推都是不成立的。例如，从“允许张三结婚，也允许张三独身”不能推出“允许张三结婚并且独身”，这说明了 (9) 的逆推是不能成立的。

(10) $Op \rightarrow O(p \vee q)$

这一推理式被称为罗斯悖论。该悖论由罗斯在1941年提出。它是说，如果p是必须的，那么p或者q是必须的。例如，从“你必须邮寄这封信”可以推出“你必须邮寄这封信或者将它烧掉”。这似乎违反人们的直觉，因为如果一个人要另一个人邮寄一封信时，又对那个人说：你必须邮寄这封信或者烧掉它，这是十分令人吃惊的。但是，如果仔细考虑一下，现实生活中又存在这样的情况，即如果一个人强调另一个人必须邮寄这封信，则他可以对那个人说：如果你不邮寄这封信，那么你就将它烧掉好了。这就是说，罗斯悖论之所以产生是因为在自然语言的表述中，存在着将“或者”这个联结词的效力在有些情况下与“并且”做了相同理解的情况。

(11) $Op \wedge \Box(p \rightarrow q) \rightarrow Oq$

(12) $Fp \wedge \Box(q \rightarrow p) \rightarrow Fq$

上述推理称为善良的撒玛利亚人悖论。(11) 是说，如果p是必须的，并且从p必然可以推出q，那么q也是必须的。即如果p这个行为是必须做的，那么凡是p这个行为必然导致的行为q也都是必须做的。例如，一个病人在路边倒下了，别人看到都不管，可是善良的撒玛利亚人不但将路边病倒的人治好了，还请病人在餐馆吃饭。按说，将病人治好就不错了，还请他吃饭就有些悖理，但从根本上来说也并不矛盾，因为若不请病人吃饭，也就没有从根本上救他。这就是我们常说的救人就要救到底。(12) 是说，如果p是禁止的，并且从q必然可以推出p，那么q也是禁止的。即如果p这个行为是禁止的，那么凡是必然导致p的行为q也都是禁止的。例如，由于盗窃是禁止的，而如果太穷就必然去盗窃，所以太穷也是禁止的。

(4) 道义逻辑面临的问题

在道义逻辑的标准系统的建构和完善过程中，也有一些逻辑学家对此提出了疑问，认为这种从真值模态逻辑系统到规范模态逻辑系统的过渡过程会产生一些悖论，比如罗斯悖论、承诺悖论等等。

Ⅰ罗斯悖论

定理 $Op \rightarrow O(p \vee q)$ 的含义是：如果 p 是必须的，那么 p 或者 q 也是必须的。罗斯于 1941 年提出了这样一个例子来反驳这一定理的有效性：如果我必须寄走一封信，我也就必须寄走它或者烧掉它。这显然不符合人们在现实生活中的直觉感受。罗斯因此指出，这个推理并不被直接看作是逻辑有效的。这个定理中所包含的悖论也因此被称为“罗斯悖论”。在标准系统中还有一条表达类似此悖论的定理：$Pp \rightarrow P(p \vee q)$。其直观涵义是，如果允许 p，那么也要允许 p 或者 q。据此可说，如果允许一个人抽烟，那么也就允许他抽烟或者杀人。这听起来也似乎不太合乎人们的直觉。

冯·赖特认为最好对罗斯悖论采取“放宽”态度：“命令某人去邮信，如果他没邮信，而是做别的事代替它，他就没有履行这个命令。如果命令意义重大，他可能因玩忽职守而遭受灾难。他就不能因为履行了另一个他自称是产生自寄信的命令的命令而原谅自己。命令的发出者可以同意那个命令是由他的寄信的命令产生的，问题是它是否与他发出的命令执行有关。也许被命令寄信的人所做的另一件事是某种禁止的事情，那么他就会因为做了邮信以外的事情而受到指责或处罚。他再也不能以他在做禁止的事情时履行了根据蕴涵给予他的命令而为自己辩护。他应当实际上也履行了另一个命令邮信，而不是做其他的事情。我们允许 Op 推出 $O(p \vee q)$，对于命令的职能方式或对由于它们造成的结果是不重要的。”①

Ⅱ道德承诺悖论

在伦理学领域，存在着道德承诺或导出义务，即做一件事 A 使我们承诺去做另一件事 B，通常用“如果 A 则应该 B”这种方式表达。冯·赖特把道德承诺定义为 D1 做一件事使我们承诺去做另一件事＝dfO（p→q）。按此定义，系统中的定理：

① Evandro Agazzi. Modern Logic: A Survey Historical, Philosophical, and Mathematical Aspects of Modern Logic and Its Applications. Dordrecht: D. Reidel Publishing Company, 1981: 416.

(1) $Fp \to O(p \to q)$

(2) $Op \to O(p \to q)$

就成为悖论性的了。因为（1）是说，如果p是被禁止的，那么做p使我们承诺做任何一件事，也就是说做一件禁止的事情使我们承诺去做任何事情。例如，假如杀那个人是禁止的，那么，杀那个人就使我们承诺去抢劫他。(2) 是说，如果p是必须的，那么做任何一件事都使我们承诺做p，也就是说，做任何一件事情都使我们承诺去做那件必须做的事情。例如，假定敬爱父母是必须的，则杀掉父母也使我们承诺去敬爱父母。这两个定理当然是违背人们的直觉和常识的，因此被称为“导出义务悖论”或“承诺悖论”。

当然，有学者认为承诺悖论中所包含的蕴涵是实质蕴涵，它与自然语言中的“如果则”是不同的，因此承诺悖论并不悖。陈波在《逻辑哲学引论》一书及《道义逻辑与伦理学研究》一文中都对此做了辩护。而余俊伟由于道义逻辑的实践性而不能容忍承诺悖论。他认为应当“努力寻求导致承诺悖论的根源，给承诺悖论以合理的解释，以寻求解决它们的方法，促进道义逻辑的进一步向前发展。而且，道义逻辑旨在能运用于实践指导，所以就完全有必要尽可能符合人们日常的直觉与常识，尤其要符合对于像道德承诺这样重要的概念的理解”①。

Ⅲ齐硕姆二难——反义务命令悖论②

齐硕姆于1963年指出，在OS5（当然也在OT，OS4）以及其他类似的系统中，我们不可能充分地塑述他所谓的反义务命令（Contrary-to-duty imperative），否则将导致逻辑矛盾。

齐硕姆举了这样一个例子。1）某人应该给邻居帮忙（Op）；2）如果他去给邻居帮忙，就要告诉邻居他要去［$O(p \to q)$］；3）如果不去帮邻居的忙，那就应该不告诉邻居他要去（$\neg p \to O\neg q$）；4）最后，他不去帮邻居的忙（$\neg p$）。

① 余俊伟. 道义逻辑研究. 北京：中国社会科学出版社，2005：81-82.

② 周祯祥. 标准道义逻辑和反义务悖论. 学术研究，2005（12）；余俊伟. 道义逻辑研究. 北京：中国社会科学出版社，2005：84-87.

这类事情在现实生活中是经常出现的。我们应该做某件事，但也有可能做不到，为了让对方有两手准备，我们一般在能做的时候会提前告诉对方，不能做我们就不提这件事了，最后很有可能我们确实无法履行我们的应当。齐硕姆的例子就是这样一个典型。把它用逻辑的语言来表达就是：

（1）Op

（2）$O(p \rightarrow q)$

（3）$\neg p \rightarrow O\neg q$

（4）$\neg p$

到此为止，一切都是合理的。但是依据上述条件和逻辑公理继续进行推理，却可以推出相互矛盾的结论。

（1）、（2）应用 OK 公理 $O(p \rightarrow q) \rightarrow (Op \rightarrow Oq)$，可以得到：

（5）Oq

而上述命题（3）、（4）应用肯定前件式可以得到结论：

（6）$O\neg q$

由此即有（7）$Oq \wedge O\neg q$，而 OS5 已有定理 T1 $\neg(Op \wedge O\neg p)$，二者显然是矛盾的。这表明这类系统无法塑述反义务命令，否则会产生逻辑矛盾。它表明了 OS5 之类的系统的局限性。

对 OK 公理的运用代入，可以得到其变形后的另一个定理：$Oq \rightarrow \neg O\neg q$，依此定理以及结论（5），同样通过肯定前件式可以得到 $\neg O\neg q$，它与结论（6）$O\neg q$ 是矛盾的。这表明这类系统无法塑述反义务命令，否则会产生逻辑矛盾。

余俊伟对“齐硕姆二难”进行了如下分析：“根据道义命题逻辑的形式语义学，Op 意味着在一个道德、法律完善的理想世界中人们都履行了 p，即做到了帮助他们的邻居。$O\neg q$ 是说在这样一个理想世界中人们也都履行了 $\neg q$，即做到了不告诉他邻居他来帮忙，而这是依据 $\neg p$ 得到的，即在这个世界中的人们没有做到去帮助他们的邻居。但是刚才说，在这个理想世界中人们都是做到了去帮助他们的邻居的。这样就产生了矛盾，即齐硕姆的这个例子本身在标准系统中不能成立。所以只能说 OS5 之类的系统不能塑述反义务命令，而这些系统本身并没有包含逻辑矛盾。”①

因为我们生活的这个现实世界并不是一个道德、法律完善的理想世界，对法律、道德准则规定的义务人们不是全都做到了，而很多为法律、道德准则所禁止的事也不是确实就没人去做。现实世界中时时都会有反义务的情境出现。一个不能塑述在现实世界中经常发生的反义务事件的道义命题逻辑系统其价值也就很有限了。

为了解决这些逻辑悖论，逻辑学者进行了更深入的研究，提出了不同的解决方案，道义逻辑的发展呈现出从语形研究到语义研究，从一元道义逻辑向二元道义逻辑发展的趋势②。

首先，道义逻辑是一种内涵逻辑。一阶逻辑的等量代换规则的使用要求外延等值代换，如果没有合适的语义学理论，道义逻辑的系统就无法建构下去。只有在创立道义逻辑的语义学之后，道义逻辑才成为一种真正有用的逻辑。否则，道义逻辑只不过是一种形式游戏。SDL 的语义学是可能世界语义学，不能表达义务和事实本身的关系，要建立一种恰当而有效的道义逻辑语义理论，从根本上消除道义逻辑的形式与直观之间的冲突，还有许多工作要做。

其次，从一元道义系统发展到二元道义系统。道义逻辑从创立之初即遇到了悖论的挑战，其中最重要的是不能解决“齐硕姆二难”，这暴露了标准系统的缺陷：不能可靠地表达条件义务。为了解决这一问题，许多逻辑学家提出了二元道义系统。二元道义系统也更符合我们的道义习惯，并且在一定程度上试图解决“齐硕姆二难”。

即便如此，正如逻辑学家陈波所说，“在这个领域的一些基本问题上还存在大量的争论和不一致，因而其未解决的问题的数目是非常大的”③，而且，“道义逻辑对于各种现实的或可能的规范体系，特别是伦理学和法

① 余俊伟. 道义逻辑中的“悖论”及道义系统的归约问题. 自然辩证法研究，1997 (13).

② 陈锐. 20 世纪国外道义逻辑研究进展. 哲学动态，2001 (2).

③ 陈波. 道义逻辑与伦理学研究. 中国人民大学学报，1989 (3)：66.

学的应用价值还很小，甚至还几乎谈不上应用问题”①。但是，道义逻辑的发展仍旧能够起到与伦理学的发展相互促进的作用。

一方面，伦理学直觉为判断道义逻辑的公理、规则与定理的合理性提供了依据。另一方面，道义逻辑又为整理、阐明伦理直觉提供了工具。伦理直觉常常是模糊的、不精确的，并且，常常相互抵触、冲突与矛盾。道义逻辑有助于把模糊的伦理学概念精确地加以规定，并且把它们的潜在含义和关系阐发清楚，以构成一个前后融贯的理论体系。虽然道义逻辑还有种种不完善之处，但它仍旧为理解道德行为提供了有力的全新的方法，它的发展和完善必定对伦理学的发展起到重要的促进作用，特别是对道德推理的理论研究会有极大的推动作用。

---

① 陈波．道义逻辑与伦理学研究．中国人民大学学报，1989（3）：66．

第四章　道德推理的过程

道德推理在道德主体的道德生活中是一个持续不断的过程，每一个具体推理成果都成为道德理性的积淀，并在下一个推理过程中或隐或显地体现出来。如果说我们在思维中还能够将道德推理分解为一个个具体的过程的话，那么在同一个过程中，再将其分解为一个个独立的环节就勉为其难了。但是，为了展示其过程，也为了叙述的方便，我们还是将道德推理过程分解为：道德推理的准备——道德认知、道德推理的进行——道德决定和道德推理的反思——道德评价三个环节。

这三个环节是相互交融、难以分割的。在每一个环节中又都包含着其他环节，只是在不同的阶段、不同的环节居于主导地位而已。如在道德认知这一环节中，道德认知是主体，但其中既包含着对道德价值的评价，也包含着做出道德决定，以至最终认同道德价值；而在道德决定、道德评价的过程中同样也包含了道德认知的过程。在不同的道德活动中，道德推理过程的不同阶段居于主导地位，如在道德学习过程中，道德认知是主体，但其中也包含着道德推理的进行和道德推理的反思过程；在具体的行为选择的道德活动中，道德认知和道德决定是主体，但其中也包含着对预期的行为结果的道德评价。

一、道德推理的准备——道德认知

道德认知是道德推理过程的一个重要阶段，甚至可以说是起始阶段，没有道德认知，真正理性的道德推理过程就无从谈起。道德认知是一种观念性的活动，它是对道德关系、道德情境、道德问题的察觉与感知，并在此基础上形成对道德知识、道德观念与道德规范的理解与认同。

1. 道德认知的含义与两个层面

西方学者用实验的方法对道德认知进行了深入的研究，其内容与成果非常丰富。一些力主品格教育的美国学者，概括了道德认知所包含的具体内容，认为它至少应当由以下六个方面组成，即道德觉识（moral awareness）——对道德问题、道德情境的敏锐觉察和感知；道德价值的认知（knowing moral values）——对公认的道德价值、道德观念的识记、理解与认同，以及对这些价值、观念在具体情境之中的意义的把握；道德观点的认取（moral perspective-talking）——认取和把握别人的道德观点，并设身处地地从别人的观点的角度看问题；道德推理（moral reasoning）——对道德意义和人们的言行是否符合道德意义的明确认识；道德决定（moral decision-making）——面临道德情境时所做出的选择；道德自知（moral self-knowledge）——通过反省和批判，对自己的言行进行的道德觉识，以及对自己品格状况的认识①。

显然，西方学者所概括的道德认知的概念是非常宽泛的，其内容包含了道德理性的全部运行过程，他们将道德理性的功能性活动都视为道德认知活动，并将道德认知与道德情感和道德意志等的活动过程相并列。而本书所讨论的道德认知是道德推理活动中的一个环节，是与道德决定、道德判断和道德评价相并列的概念，它在内容上主要包括西方学者所讨论的道德认知的前两个方面，即道德觉识与道德价值的认知。

道德觉识是对道德关系、道德情境、道德问题的察觉与感知，是对道德事实的认识与感知。它遵循着理性对一般事实进行把握的过程与规律，通过感知觉了解道德事实的情态，对所了解到的道德信息进行加工整理，

---

① 郑航. 当代西方德育视野中的道德认知观及其启示. 比较教育研究，2002（12）：7-11；Lickona T. What is Good Character? Reclaiming Children and Youth，2001，9（4）：239-251；单文经. 兼论道德气质的成分与道德教育的策略. 台湾教育，2000（5）：95.

通过分析、综合、比较、抽象、概括、系统化、具体化等一系列思维活动把握自己所处的道德关系、所处的道德情境和所面临的道德问题。

道德觉识与对一般事实的认识和感知的不同之处在于，它是道德理性对道德事实的把握。道德理性与一般理性相比具有其独特性。道德理性的规范性内涵对其功能性内涵作用的发挥起着重要的规定和导向作用，因此，道德理性对于道德事实的把握并不是纯粹地通过感觉接收信息，进而进行信息的接受、整理、分析的认识过程，而是在进行道德信息的接受、整理、分析的过程中，道德理性的规范性积极介入，给这一过程深深地打上了道德主体的烙印。它不是一种静态的把握，而是建立在道德主体内在的道德建构的基础上的以道德理想为价值取向的对客观事实的能动把握，它指向道德实践。它是主体道德实践的结晶，其最终目的也在于道德实践。

道德价值的认知是对公认的道德价值、道德观念的识记、理解与认同，是对这些价值、观念在具体情境之中的意义的把握。首先，它是道德价值的学习过程。这种学习既是指社会对道德个体所进行的系统的道德教化、道德训练的过程，也是指道德主体在具体的道德实践过程中对道德价值的学习和领悟的过程。其次，它是道德价值的内化过程。这种内化是指道德主体对道德价值深入理解，内化为自己的道德信念，并在具体的道德情境中对道德信念矢志不渝。

道德价值的认知与一般的认知有着明显的区别，它不能仅仅停留于认知本身，而是必须转化为道德主体的道德信念，使道德主体对道德价值具有深刻的确信与认同，并将其置入自己的道德价值体系中，能够以此为根据指导自己的行为选择。道德认知要求道德主体既要知道道德价值、了解道德价值，更要认同道德价值、确信道德价值，将知与行结合起来，以知指导行，否则就不能称为真知。也就是说，道德认知的成果不仅表现为对道德价值的认识，更重要的，也是其特征所在，是对道德价值的内化和道德价值体系的最终建构。

道德觉识的特点在于，在这一过程中，道德主体内在的道德价值建构参与其中；而道德价值的认知的特点则在于，它不仅仅是认识道德价值，而且要内化、认同道德价值，建构道德价值体系。道德价值的内化与道德价值体系的建构正是道德认知的特色所在。

2. 道德内化

道德内化是指个体对一定的社会思想、社会道德的认同、筛选和接纳，并将其纳入自己的道德价值体系之中，变为自己的观点和信念，成为支配、控制自己思想、情感和行为的内在力量。

道德内化一般要经历从观念感受、价值分析、道德认同到道德内化的过程。在道德内化的过程中，道德图式起着关键性的作用。所谓道德图式，是指道德主体意识中具有的稳定性的道德观念结构和道德信念系统，它往往作为一种主观的内在尺度，引导道德主体对周围的道德现象进行感知、评价和选择。道德主体总是以自己已经形成的道德图式为参照，对进入主体道德领域的道德规范进行解释和理解，然后选择相应的道德规范和准则。

第一，观念感受阶段。有关道德价值的信息引起感官反应，形成相应的表象。人们对道德观念的感受是有选择性的，往往是在自己已有的道德图式的基础上，选择与自己的道德图式具有契合性的道德观念，排斥与之相矛盾、相冲突的道德观念。与自己的道德图式具有契合性的道德观念更易于引起道德主体的关注，而与自己的道德图式不相契合的道德观念则往往被道德主体所排斥，但在有些情况下，也会引起道德主体内心的巨大震动。

第二，价值分析阶段。在已形成的道德观念的基础上分析、理解道德价值。在这一阶段，道德主体对进入视野的各种道德价值信息进行分析，探寻其真理性，权衡其利弊，为道德认同打下基础。

第三，道德认同阶段。在比较、分析和价值判断的基础上，个体对某一种道德价值观念产生了偏爱，并开始尝试用这种道德观去认识道德现象，努力寻找这种道德观念的意义，全面理解它的价值，进一步确认自己在价值分析阶段所得出的结论，从而产生对这一道德价值观的认同。

第四，道德内化阶段。在获得新的认同的基础上，将得到认同的道德价值观念与自己原有的道德图式加以对照，进行判断和选择，将其吸收进自己的道德图式之中，使原有的道德图式得到更新。得到内化的道德价值观念具有高度的确定性和稳定性，并形成了确信。这种信念接近于信仰，具有浓厚的情感色彩，并表现出很强的忠诚感。道德主体不仅自己会积极努力地为其道德信仰奋斗，而且还会去动员、组织他人成为与自己一起共同奋斗的伙伴，以达到实现道德理想的目的。

但是，这并不是说道德价值观念一经内化就无可改变。事实上，在道德内化的过程中，如果道德主体将新认同的道德价值观与自己原有的道德图式进行比较时发现它不符合自己的道德价值体系，就会产生矛盾和斗争，斗争的结果有三种可能：一是新认同的道德价值观被内化，二是新认同的道德价值观被拒斥，三是对新认同的道德价值观存疑。如果新认同的道德价值观在与原来的道德价值体系相矛盾的情况下仍然得到了接受和内化，这就意味着原有的道德价值体系的结构发生了较大的变化，即其内容中与新认同的道德价值观相矛盾的成分被抛弃或存疑。如果新认同的道德价值观被拒斥则意味着原有的道德图式保持了稳定，道德内化失败。如果对新认同的道德价值观存疑则仍然会在适宜的时机再进行内化过程，直至得出或内化或拒斥的结论。

在道德内化中，道德图式作为道德主体内在的一种先在结构，统摄着道德主体对道德价值观念的接受反应，它选择和控制外界道德信息的流入，是一种特殊的过滤器。在道德内化过程中，道德接受主体运用一定的思维方式和方法，依据客观事实和主观的道德图式，对进入认识领域的道德信息有所取舍。当外来信息与原有道德图式相容时，二者发生契合，主体便吸纳信息客体引起原有道德图式的扩容；当外来信息与原有道德图式不相容时，便可能改变甚至重组原有的道德图式。

道德内化的全过程实际上也是道德图式的建构过程。道德图式并不是先验的、神秘的，它是道德主体道德经验的积累，是不断的道德内化的结果。如果从道德图式的角度来看道德内化，道德内化的过程会发生两种转化形式。

第一，同化。同化是指人们把觉识到的道德价值观念融于原有的道德图式中的心理过程。当外来信息与接受主体原有的道德图式相一致时，新的思想信息就会被建构到原有的图式结构中。同化使道德主体更加确信自己原有的道德图式，使自己的道德图式更加丰富、稳定。

第二，调节和重构。调节是道德主体在内化新道德价值观时对原有的道德图式的改造和调整，是改变原有的道德图式或建立一个新的道德图式以容纳一个新的道德观念的过程。当新的思想道德信息与原有的道德观念不一致时，对道德图式进行整合的力量便会打破原有的道德图式的边界，重构原有的道德图式。这一整合包括两个方面：一是把原有的道德图式加以改造，使其可以接纳新的事物；二是创造一个新的道德图式，或者说，增加一个新的道德图式类别，以接纳新事物。调节为道德主体带来了新的道德观念乃至新的道德图式，它是道德观念更新的手段或方式。

道德图式的建构是道德推理最终成果的凝结。道德推理所积累的成果便是个体道德图式的建构，同时个体道德图式又在道德推理的发展过程中起着重要作用。道德主体在感知、理解、反思、评价的过程中，不断地运用道德图式，以道德图式为标准和参照进行道德认知活动，同时也在头脑中不断形成和加工道德图式。

总之，道德内化的完成标志着个体的道德图式经历了一次同化或调整的过程。这两种过程都是人类道德成长所必需的，任何一方的过度发展都会造成道德认识的失衡，导致道德认知能力的畸形发展。经过道德内化，道德主体的一些道德观念、信念和态度，已经整合成了一个完整的思想体系或道德观体系，形成了一个相对稳定的道德图式，长期引导着个体的行为选择，以至在具体的行为中，会形成一种与自己的道德图式相一致的习惯性的直觉反应。

3. 道德认知发展的阶段与模式

西方学者对道德认知有着深入的研究，形成了一系列有价值的研究成果。他们采用实验的方法对道德认知的发展阶段和发展模式进行探索。

瑞士著名儿童心理学家让·皮亚杰将儿童道德认知的发展分为四个阶段。一是自我中心阶段（2—5岁），儿童能够接受外界的规则，但以自我为中心，是在无意间接受这些规则的，或者是觉得这些规则有趣而接受它们的，规则的约束力不强。二是权威阶段（6—8岁），儿童把外在的规则看作固定的、不可变的。在此阶段，儿童绝对地尊重和顺从外在权威，道德思维处于他律阶段。三是可逆性阶段（8—10岁），儿童把规则看成是同伴共同的约定，如果大家同意，规则是可以变更的。彼此相互尊重，由他律走向自律。四是公正阶段（11—12 岁），儿童开始倾向于主持公正、平等，认识到社会整体的力量、整体的发展。

科尔伯格关于道德认知及其发展的理解，依然基于心理学上早期的建构主义思想，强调认知作为一种心理形式的重要意义和道德发展的阶段性。他将道德认知的发展分为三个水平、六个阶段。三个水平是前习俗水平、习俗水平和后习俗水平或原则水平。每个水平包含两个阶段。

前习俗水平包含阶段一和阶段二。阶段一是“他律阶段”。在这一阶段人们认为避免破坏规则而被惩罚是对的，而人们能够“做得对”的理由是避免惩罚和权威的强制，在社会观点方面持自我中心的观点。

阶段二是“个人主义、工具性的目的和交易”。在这一阶段人们认为遵守给人即时利益的规则是对的，行动是为满足自己的利益和需要（他人也是如此），人们能够“做得对”的理由是在满足自己的需要或利益的情况下，也要承认别人的利益，在社会观点方面持具体的个人主义观点。

习俗水平包含阶段三和阶段四。阶段三是“相互性的人际期望、人际关系与人际协调”。在这一阶段，人们认为遵从亲人的期望或一般人对某一角色的期望是对的，而人们能够“做得对”的理由是需要按自己和别人的标准为善，关心别人，相信“金科玉律”，愿意维持保持善行的规则和权威。在社会观点方面持与他人相联系的个人观点，能设身处地地考虑问题，但仍不能考虑普遍化的制度观点。

阶段四是“社会制度和良心”。在这一阶段，人们认为履行个人所承诺的义务，严格守法是对的。人们能够“做得对”的理由是致力于使机构作为一个整体，避免破坏制度，或者迫使良心符合规定的责任。在社会观点方面能够把社会观点和人与人之间的协议、动机区分开来。采纳制度观点，并据以指定角色和规则，依据制度来考量个人之间的关系。

后习俗水平包含阶段五和阶段六。阶段五是“社会契约或功利和个人权利”。在这一阶段，人们能够意识到不同的人可能持有不同的价值和观点，大多数价值和规则都相对于所属的团体而存在。但这些相对的规则通常只有是公平的才应该被遵守，因为它们是社会的契约。有些非相对的价值和权利如生命和财产等应该在任何社会中得到遵守。人们能够“做得对”的理由是有义务遵守法律，因为个人缔结这种社会契约的目的在于用法律来发展所有人的权利。关心法律和义务是基于整体的功利，即“为了最大多数人的最大利益”。在社会观点方面持真正的社会观点。这是一种理性的个体意识价值和权利超过社会依附和契约的观点。通过正规的协商、契约、客观的公平的机制和正当的过程来整合各种观点。

阶段六是“普遍的伦理原则”。在这一阶段人们遵守自己选择的伦理法则。当法律违背原则时，人们按照原则行事，因为这些原则是普遍的公正原则。在这一阶段人们能够“做得对”的理由是作为一个理性的个体相信普遍的道德原则的有效性，并且立志为之献身。在社会观点方面持基于治理社会的道德依据的观点，这种观点使任何理性的个体都懂得道德的本质和人作为目的的这个事实①。

雷斯特等人沿着认知—发展的方法论路向，通过运用确定问题测试量表（DIT）进行持续研究，对科尔伯格的道德认知发展理论进行了修正，提出道德认知发展的“新科尔伯格模式”。新科尔伯格模式依然以“认知”心理形式为研究基点，高度重视个体道德的发展和个人对道德价值体系的自主建构，并且根据道德思维的发展来描述青少年和成人道德发展的特征。所不同的是，新科尔伯格模式站在信息加工论的角度，把“发展”理解为由简单到复杂的动态过程，注重道德判断和推理的内容对认知结构形成的影响，并用道德“图式”（雷斯特这里所说的“图式”是指根植于长时记忆中的一般知识结构）来描述道德发展的“阶段”。雷斯特等人把道德认知发展概括为三种基本图式②：

个人利益图式（Personal Interests Chema）——源于科氏的第二、三阶段。其基本特点是以个人的利益得失为准绳对事物或现象进行道德判断，对他人的关注与关心主要局限在个体的微观道德关系（如亲人、朋友、熟人等）层面，极少考虑到基础更为广泛的社会交往与合作。

遵从规范图式（Maintaining Norms Chema）——源于科氏的第四阶段。其基本特点是道德个体能够认识到既存的社会规范，知道谁是约定俗

---

① 科尔伯格. 道德发展心理学——道德阶段的本质与确证. 上海：华东师范大学出版社，2004：165-167.

② Rest J R，Thoma S J，Bebeau M J. A Neo-Kohlberg Approach to Morality Research. Journal of Education，2000（29）：386-389.

成的权威；对道德原则、规范的认识和把握能够扩展到更为广泛的社会关系领域。

后习俗图式（Post Conventionals Chema）——源于科氏的第五、六阶段。其基本特点是道德义务基于共同的理念和充分的互惠，并且可以从多个角度对之加以审视。

三种图式的基本差别在于“社会发现”（Discovery of Society）的范围和程度，即在道德认知过程中，社会个体理解和把握社会关系的范围与程度差异。

但是，西方学者在这些具体的道德阶段的划分上也未曾达成一致，如彼得斯就这样评论科尔伯格的阶段论：

> 我认为，那种主张同龄群体的“好孩子”道德必定先于如阶段 3 和阶段 4 的更依赖于权威赞同的道德的观点是没有任何逻辑必然性的。对此，可能有某种与有关概念的逻辑顺序相关的必然性；但就像科尔伯格在阶段 1 和阶段 2 中没有弄清楚为什么在儿童把规则看作是与奖励相联系之前，儿童必定把规则设想成惩罚相联系一样，他也没有弄清楚这种必然性是什么。①

实际上，西方学者在道德认知研究方面普遍的特点是将道德认知作为心理形式来研究，关注道德个体的道德认知水平与道德行为能力的关系，却忽视了个体道德形成和发展的社会、文化因素，忽视了道德内容和各年龄阶段的品德发展水平。但是，西方学者对道德认知发展阶段的研究在道德教育学上是有重要意义的，它蕴涵着道德教育应当遵循认知发展的阶段性规律，对儿童和青少年给予适合他们年龄特点与道德认知特点的教育，以取得更好的教育效果。

道德认知具有阶段性。道德认知并不是单纯地对道德价值的直接感受和认识，而是对道德认知结构中的矛盾冲突不断加以同化吸收和调节平衡的过程，不断地将道德规范、道德价值转化为道德主体的道德信念。每完成一次道德认知的内化过程，每进行一次道德体系的建构，个体的道德水

① 彼得斯．道德发展与道德教育．杭州：浙江教育出版社，2000：187.

平就实现一次飞跃。个体的道德认知水平在一次又一次的飞跃中得到发展，并表现出阶段性的特点。

道德认知的阶段性还体现为道德理性发展的阶段性。个体的道德认知发展水平与其思维发展水平直接相联系，二者有一种平行关系，思维的发展是道德认知发展的必要条件。本书认为，道德认知的发展可以分为四个阶段。当然这种划分并非建立在本书所做的实验研究的基础上，更多的是以道德主体对道德规范的认知为依据参考前人所做实验研究而做出的道德认知阶段的划分。

第一，自我中心阶段。在这一阶段，儿童已经不再是为各种非理性的欲望所左右的婴儿，而是能够认识到目的与手段之间的联系。他做规定做的事，但以自我为中心，目的是使自己免受惩罚或者得到奖励。

第二，他律阶段。在这一阶段，儿童能够认识到什么是规则，能够把规则作为约束人们行为的准则来认识。这是道德认知的重要阶段。在这一阶段，儿童明确了规则意识，开始服从规则。正如彼得斯所说："这种对规则的持久态度可能不仅仅是笼统的社会压力和期望的产物；它还可能是由我们现在称作'灌输'的有意手段所导致和保持的。因为'灌输'包含着以不许怀疑既定信仰的正确性的方式传递既定的信仰。"①

第三，自律阶段。对道德规则能够充分认同，内化为自己的道德信念，使自己自觉地服从道德规范，进行自我约束。

第四，自由阶段。对道德规则不仅充分认同，而且服从道德规则成为习惯，规则不再是约束力量，而是道德主体的道德需要，达到从心所欲不逾矩的境界。

上述对阶段性的描述只是一个大致的划分，这种阶段性既体现在道德个体道德认知整体发展的过程中，也体现在对某一个具体的道德价值的认知过程中。同时，由于道德认知的复杂性，又使道德认知不时地呈现出其反复性的特征。

道德认同本身就是从两个方向来进行的，一是同化，二是调整，而调整就已经形成的道德观念来说则表现为一种反复性。这种反复性的起因主

---

① 彼得斯. 道德发展与道德教育. 杭州：浙江教育出版社，2000：166.

要有三个方面。其一，当道德主体对道德观念的理解发生了变化时，道德主体先前接受的道德观念就很可能成为他所排斥的对象，他会认同新的与原有道德观念相反的道德观念。其二，当大众的观念发生了变化时，这种变化会对道德主体产生很大的影响，促使他去重新检视自己的道德价值体系，有时便会推翻以前的判断。其三，具体的社会生活的变化，或者道德主体个体的偶然经历、遭遇等等都有可能使道德主体的某些道德观发生变化或者不稳定，从而影响其道德认知的稳定性。

总之，道德认知的最终成果是能够将道德规范与道德价值内化为自己的道德信念，在具体的道德情境中以规范判断的形式表达自己的道德价值观念，以此来指导自己的行为选择，并以此为依据进行道德评价。

二、道德推理的进行——道德决定

道德推理的结论是做出道德决定的根据，但道德决定并不是由道德理性独立地做出的，它需要道德需要、道德动机的激发，需要道德情感、道德意志的参与。本节所探讨的主题仅仅限于道德理性运用道德推理进行道德决定的复杂过程及其特征，即道德决定过程中道德推理的复杂性。

1. 道德推理的复杂取向

在道德决定中，只有在极其简单的道德情境中，道德推理是单一的，但是在这种情况下，道德推理通常并不是在做出道德决定之前进行的，而是在道德直觉、道德意志等因素的作用下做出道德决定之后，以道德推理来验证道德决定。在这种情况下，道德推理过程也就是按思维规律具体地运用前文中分析过的各种推理形式的过程。

在通常情况下，做出道德决定所要进行的道德推理并不是单一的，而是一个道德推理的系列，包含着不同角度、不同层面、环环相扣的推理系。

周农建在分析美国蒂洛教授的一个案例时提出了二阶推理模式①，即

---

① 周农建．价值逻辑．长沙：湖南人民出版社，1999：143-145.

通过两级推理来得出推理结论，其中第二级推理以第一级推理的结论为前提。这个案例是这样的：有一位暴虐而极具侵略性的营长，他手下的士兵伤亡率极高。他到军医那里看病，这时军医可以利用其专业知识告诉这位营长说他需要做手术并对其实施手术，而实际上这个手术是不必要的，如果军医给这个营长做手术，这个营长的士兵就会因为没有这个营长的指挥而在一段时间内脱离战斗，从而挽救这些士兵的生命。这位军医在这个道德决定中所做的道德推理就是一个二阶推理。

一阶推理包含了两个推理：

推理A：

> 挽救上百个人的生命是善的，
> 给营长做手术可以挽救上百个人的生命，
> 给营长做手术是善的。

推理B：

> 给健康人实施不必要的手术是恶的，
> 给营长做手术是给健康人实施不必要的手术，
> 给营长做手术是恶的。

一阶推理的两个结论是相互矛盾的，推理A的结论是给营长做手术是善的，推理B的结论是给营长做手术是恶的。对同一个行为有了两个截然相反的结论，因此，难以做出最终的决定。这时就需要进行二阶推理，以做出最后的裁定。这个二阶推理是一个优先推理，可以设定给营长做手术即挽救上百个人的生命的善价值是＋10，而给营长做手术即给健康人实施不必要的手术的恶价值是－2，那么给营长做手术最终是具有正价值的。

这个案例是假定的，条件是给定的，所以做出的道德决定也是在是与否之间进行道德选择。但在现实生活中，对同一个事件的道德决定的条件常常有很多不确定性，选择也有很多不确定性，道德推理也就常常不止二阶，甚至有三阶、四阶，同一阶的推理可能也不止两个。仅以是否给营长做手术这一案例为例，军医要达到的目的是挽救士兵的生命，他可能选择的方案就不只有给营长做手术这一个。他还可以选择让营长长期服用某种精神性药物，以改变他的性情；或者用某种医学方法，使营长身体衰弱，不再适合于指挥作战；还有更多的不依赖于医学的手段。即使在众多的手段中，只有做手术是可行的，那么，是否给营长做手术也不是仅仅进行这一行为的善恶判断就能够得出最终结论的，军医还要对这一行为的道德后果进行预期：手术能否成功？手术过程中是否会出现意外情况？营长是否会在痊愈之后发现事实真相？等等。只有对上述种种问题都做出准确的推理之后，才能得出道德推理的最终结论。

因此，在某一道德情境下做出最终结论的道德推理是一个多阶推理，其阶次依道德事件的复杂程度而有所不同。但完整的推理模式应当包含以下推理系：

（1）确立道德目的的推理系

想要得到什么？追求的目标是什么？哪一个目标是更值得追求的？回答这些问题是确立道德目的的推理系所要完成的任务，即通过道德推理确定道德目标。

在进行道德决定所要考虑的因素中，一些学者把道德动机也作为一个重要因素来考虑，如弗莱彻在《境遇伦理学》中指出：

> 当我们分析、权衡的判断道德境遇时，我们应当考虑什么？……第一个也是最重要的因素是目的。想要得到什么？所追求的目标、所瞄准的结果是什么？例如，学生可能想要一部十分有用的百科全书。但另一方面，作为第二个因素，他通过什么手段能得到百科全书呢？他应采取什么方法达到追求的目的呢？方法是偷、借或买；为了搞到钱买，他可能偷钱、存钱、讨钱、借钱或赌钱。然后，我们还要考虑至关重要的第三个因素——动机。行为背后的动力或“需要”的动因是什么？是贪婪之心、上帝之爱、奖学金、风头主义，还是藏书癖激励着这位学生？最后，每一个严肃的决断者都要问第四个问题：可预见的结果是什么？①

虽然道德动机是道德决定中的一个重要因素，但这个因素并不是通过

① 约瑟夫·弗莱彻．境遇伦理学．北京：中国社会科学出版社，1989：106.

道德主体的道德推理认定的，因此在道德决定的推理系中，不包含道德动机的推理这一环节。

道德目的是由道德动机引发的，但是，道德动机并不总是能够成为直接的道德目的。动机是激起人们去行动的愿望和意图，它由需要引起，当这种愿望有了适宜的客观条件，就会变成一种心理驱策力，成为行为的动机。动机是出发点，而道德目的则是目标，二者是紧密联系的，存在一致性，也就是说，道德主体所确立的道德目的总是体现着道德主体的动机，有时道德动机会直接转化为道德目的。但二者也存在一定的差异。

首先，二者的显现程度不同。动机具有一定的内隐性，表现为道德主体的心理活动，这种心理活动是通过人们的道德目的和道德行为体现出来的，而不是直接地外显的，有时道德主体甚至会主动地隐藏自己的道德动机；而道德目的则可以是直接地外显的，尤其是在道德行为达到预想目的之后，道德目的自然直接地显现出来，在实施道德行为之前，有时道德主体会主动地宣示自己的道德目的，以求他人的支持或监督等。

其次，同一动机可以导向不同的道德目的，或者同一动机的激励导向若干具体的道德目的。心理学研究表明，在个体身上会有许许多多的动机，它们构成复杂的动机体系，动机体系包含需要、定势、兴趣、愿望、理想、信念、世界观等。在动机体系中，最强烈、最稳定、最核心的成分是该个体的主导动机。人在不同的年龄阶段有不同的主导动机，成人的动机体系虽然也会随社会生活与社会实践的变化而有所改变，但相对说来是比较稳定的。因此，道德主体的道德动机是其道德决定的深层次原因，但并不是某个具体的道德决定的直接原因，而且也不是道德理性的功能，无法通过道德推理推导出来。

道德目的的确立是由动机引发的，而在同一道德情境中会有不同的道德目的，这些道德目的之间可能会存在冲突。如在上述案例中，军医既有挽救士兵生命的道德目的，也有恪守自己的职业道德的道德目的，当二者发生冲突时就需要通过道德推理来做出判断，确立道德主体最重要的道德目的。道德目的的冲突有这样几种情况：一是双趋式冲突，即鱼与熊掌皆我所欲，二者不可得兼；二是趋避式冲突，即想吃鱼，又不想杀鱼；三是双避式冲突，既不想杀鱼，也不想杀熊，但二者必居其一；四是多重趋避式冲突，既可以吃熊掌也可以吃鱼，鱼价格便宜但刺多，熊掌没刺但价格贵，二者都既有自己想要的又有自己不想要的，反复权衡也很难抉择。

道德目的的确立受道德事实的约束。道德目的由道德动机引发，但道德目的并不能任意地满足道德动机，而只能根据实际情况来确立与之相适应的道德目的。应当说道德目的都是具体的，是依据具体的道德事实，在具体的道德情境下的道德目的。

（2）确立道德手段的推理系

确立道德手段的推理系对于道德决定具有十分重要的作用。确立了道德目的，但没有确立道德手段，这一道德决定就是不完整的，也无法最终付诸实施。而手段的选择对于能否实现道德目的也是决定性的，虽然有良善而适宜的道德目的，但却没有选择同样良善而适宜的道德手段，甚至选择了恶的手段，往往难以达到本来的道德目的，即使最终达到了目的，也不能说道德主体做出了良善的选择，而且恶的手段即使成就了善的结果，手段本身仍然是恶的。

确立道德手段的道德推理是在各种手段的现实可能性的基础上，通过道德推理来评判各种手段的价值，以确立最佳的手段。确立道德手段的道德推理往往是择优的推理，能够达到道德目的的手段可能有很多，但在实施道德决定时，道德手段是具有唯一性的，即只能选择一个手段，而不可能同时选择多种手段。在现实生活中，人们常常会为了达到一个目的而采取多种手段，比如，为了传递一个书稿的电子文本我们可能会发一份邮件，同时又通过速递公司送一份光盘，两种方式都使对方收到了书稿的电子文本。当对方收到第一份书稿的电子文本时，我们的目的就已经达到了，而第二种方式只是起到了保证一定会达到预期目的的作用。也就是说，虽然两种方式都能够达到目的，但是最终实现目的的手段只是一个。道德手段的唯一性也就决定了确立道德手段的道德推理的重要性。

道德动机对道德手段具有重要的影响，如弗莱彻所举的学生想要一部十分有用的百科全书的事例，这一目的可以采用很多手段来达到，如偷、借或买。为了搞到钱买，他可能偷钱、存钱、讨钱、借钱或赌钱等等。但是如果想要百科全书这一事件的背后的动机是良善的，如为了个人的成长或发展而努力学习，那么，这位学生多半不会决定去偷书或偷钱；如果是为了贪欲，而且这种贪欲不受道德理性引导或限制，这位学生就很可能不择手段。

（3）预期道德后果的推理系

预期道德后果的推理系是根据道德目的、道德手段以及现实的道德境遇对可能出现的结果进行预期或判断，从而为最终得出道德结论提供依据。预期道德后果的推理系包含对以下两方面后果进行预期的道德推理：

第一，考虑物质利益后果。物质利益后果包含对自己和对他人或社会的后果。物质利益在人们进行道德决定时是一个重要的参考因素。道德目的和道德手段的匹配在物质利益方面所产生的后果主要有以下六种情况：既有利于社会和他人也有利于自己，有利于社会和他人无害于自己，有利于社会和他人不利于自己，不利于社会和他人有利于自己，无害于社会和他人无害于自己（既徒劳无功，也没有造成损害），不利于社会和他人不利于自己。这里所说的“无害”是指既不有利也不有害，不产生正价值也不产生负价值。这里所说的“有利”或“不利”均是在社会利益与个人利益的正当性范围内，并非指任意的利益。不同的道德主体在不同的具体情况下对上述六种情况的排序是不同的，而道德主体在利益方面的取舍与排序主要由其道德观所决定，或者说由道德主体的道德观所决定的利益排序是道德主体进行道德选择时的主导倾向。

通常情况下，在利益的考量与选择方面，认为有利于社会和他人也有利于自己，无害于社会和他人而有利于自己，无害于自己而有利于社会和他人都是人们所赞同的正价值，其中，有利于社会和他人也有利于自己具有绝对的优先性。在一些特殊情况下，不惜牺牲个人利益而保全社会和他人利益是应该给予崇高道德评价的行为选择。

第二，考虑对自我的道德后果。这种道德后果包含两个方面。一是他人的道德评价，他人对自己行为的看法和反应是影响道德决定的主要因素。人们常常会根据他人可能赞成或支持的观点、主张等来调整和实施他们的道德决定，以维护自己的道德形象。这正是道德的约束作用。二是自己的心理感受或自我评价，当人们的行为方式与他们的道德观念、社会角色不相符时，人们就会给自己负面的道德评价，产生心理的不悦，对自己进行良心的谴责，这时，道德主体考虑调整自己的道德决定，或者降低对自己的道德要求。反之，当人们的行为与他们的道德自我或名誉相一致时，会产生良好的自我感觉，并进一步肯定或巩固自己的道德决定。

（4）最终结论的推理系

最终得出道德推理的结论的推理，通常是综合目的与手段的推理结论，并且是参考预期道德后果的推理而得出的。在这一环节的道德推理是对上述各环节道德推理的综合与分析，同时也是对整个推理过程的把握与反思，从而检视道德推理的最终结论。

2. 两难推理

两难推理是指在进行道德决定的过程中，在确立道德目的、确立道德手段乃至预期道德结果时可能出现的一种特殊的道德推理，这种推理是按照同一体系的某一价值原则去进行道德推理以实现一定的道德价值时，其推论的结果意味着道德主体不得不放弃或者损害另一道德价值原则，使道德主体陷入一种两难的境地。两难推理并不是推理过程的两难，道德主体的推理过程本身是遵循逻辑规则、符合道德思维规律的，但是其推理的结论则蕴涵着与其他道德价值的矛盾与冲突，使道德主体陷入在结论认同和行为选择上的两难。两难推理也被称为道德冲突或道德困境。

伦理学史上有一些经典的两难推理突出地反映了其基本特点。如经常为人们所引用的萨特在《存在主义是一种人道主义》中所提出的案例，这个案例与我国古人所谓的忠孝不能两全如出一辙，因而也更具代表性：在二战期间，有一个年轻人，他的父亲和兄弟都在战争中死去，他的母亲已经失去了丈夫和其他的儿子，他是母亲唯一的亲人，这个年轻人的道德困惑是，他应该去参加战争，为法国而战，尽爱国的义务，还是应该留下来，尽作为儿子的义务？

从道德推理上看：

推理 A：

公民有爱国的义务，

这个年轻人是一个公民，

他应该尽爱国的义务。

推理 B：

儿子有尽孝的义务，

这个年轻人是一个儿子，

他有对母亲尽孝的义务。

显然，推理 A 和推理 B 都是成立的，二者的结论从逻辑上看也并不矛盾，但是，如果加入时间范畴，即道德主体必须同时履行结论中的两项义务，二者就会发生冲突，而这种冲突又由于另一个条件的存在而显得尤其尖锐：这个年轻人是这位母亲在失去其他亲人后唯一的儿子，也就是说，如果这个年轻人不留下来对母亲尽孝，对这位母亲而言可能是一个巨大的伤害。

从上述案例中可以看出，即使推理本身是正确的，但两难推理仍然会因为具体的道德情境而使两个推理的结论发生冲突。也就是说，发生冲突的并不是推理本身，而是由推理的结论所产生的道德义务。

道德两难推理主要有两种情况。一是两项义务可能对同一个人具有同等的道德约束力，而这两项义务对这个人来说又无法两全，即如上例。二是可能出现的两个行为过程在道德上都为恶，但却必须选择其中之一。这类问题经常被描述为“脏手”的问题，即无论做出怎样的选择，都会留下罪恶和遗憾。科尔伯格的海因兹偷药的案例就是这种情况。

海因兹的妻子患了一种罕见的癌症，生命垂危。医生认为只有一种药能救她，是一个药剂师发明的。这个药剂师索价 4 000 美元，是成本的 10 倍。海因兹到处借钱，试过各种合法手段，还是只凑够了一半的药钱。海因兹不得已，只好求药剂师，说他的妻子快要死了，请求药剂师便宜一点卖给他，或者允许他赊欠。但药剂师说：“不行！我发明这种药就是为了赚钱。”[①]

显然，在这种情况下，海因兹要么砸开药店为他的妻子偷药，要么看着妻子病重而死，而这两种情况都是他不愿意选择的，但却二者必选其一。需要说明的是，道德两难推理指的是两种道德义务之间的冲突，而不是理性与情感、理性与欲望之间的冲突。如既想选择某物，又怕受到惩

① 科尔伯格．道德发展心理学——道德阶段的本质与确证．上海：华东师范大学出版社，2004：617．

罚，并因此而陷入矛盾之中，这种矛盾冲突并不是道德两难，而是理性与欲望或善与恶之间的冲突。

道德冲突产生的原因是同一体系的道德价值的丰富性在特殊的道德情境中产生了冲突。人们的道德需要是丰富的，与之相关的道德价值也是丰富的，具有众多的可选择性，鱼与熊掌俱佳，二者可以得兼。但在特殊的道德情境下，鱼与熊掌难以兼得。弗莱彻曾举过一个这样的例子：一群人为了躲避一群恶人的抢劫，一起躲起来，但一位妇女带着婴儿，婴儿的哭声会暴露他们的位置，以致所有人惨遭危害。当时摆在妇女面前的两难选择是：是勒死婴儿保全大家还是让婴儿继续啼哭而导致众人丧生呢？这位妇女的两难就是由特定的情境所造成的，离开了这种情境，也就没有这种冲突。

道德价值既是丰富的，同时又是有层次的，在鱼与熊掌的比较中，熊掌处于更高的等级。因此，解决道德两难的关键在于对道德价值的层级性的良好把握。在这个意义上，道德两难，仅仅是“难”而已，但不是困境。它是比较之难、权衡之难。

权衡的基本原则是，优先满足高一级的道德价值需要，在同一级次的善上选择量大的善，如孟子所说“舍鱼而取熊掌者也”（《孟子·告子上》）。这一原则古今中外莫不如是。斯宾诺莎指出：“依照理性的指导，我们于两善之中，将择其大者，于两恶中，将择其小者。”① 斯宾诺莎的思想我们在亚里士多德那里也能见到：“当两个东西彼此非常相似，而我们看不出其中的一个比另一个有任何更好之处时，就应从它们的结果出发来考察它们。因为带来更善的东西，更值得选择；或者，如果结果是恶，带来更少恶的东西就更值得选择。”②

中国古代伦理思想中也有与上述思想相似的思想内容，这就是经权范畴。《公羊传·桓公十一年》有云：“权者何？权者反于经，然后有善者也。”“经”作为伦理范畴出现于《尚书·大禹谟》：“与其杀不辜，宁失不经。”经原指纺织物的纵线，引申为常道，即至当不变的义理、原则。权

---

① 斯宾诺莎. 伦理学. 北京：商务印书馆，1991：220-221.

② 亚里士多德全集：第1卷. 北京：中国人民大学出版社，1990：402.

本指秤锤，由秤锤在称量物体时来回移动而引申为变通，用来指反于经而合于道的策略。先秦儒家极为重视经权相济，在面临道德选择时，既不离经叛道，又不凝固僵化，“男女授受不亲，礼也，嫂溺援之以手者，权也”（《孟子·离娄上》）。孔子强调：“可与共学，未可与适道；可与适道，未可与立；可与立，未可与权。”（《论语·子罕》）孟子也认为：“执中无权，犹执一也。”（《孟子·尽心上》）可见儒家对于通权达变的重视。事实上，在任何一个具体的行为中，道德都不是千篇一律的，都需要具体地“权”，在权的过程中“视其所以，观其所由，察其所安”（《论语·为政》），而后根据具体情况行此时此地之道德。

所谓“权”就是要考虑到具体的情况，根据具体情境做出选择。人生极其复杂，道德价值也多姿多彩，在不同的领域，各有精彩独特的道德价值，优先次序各有不同，不能一概而论。而且道德价值在不同的情况下，由于紧迫的程度不同，其价值的等级也会发生变化。

在这方面，斯宾诺莎还提出：

> 依照理性的指导，为了一个较大的善起见，我们宁愿择取较小的恶，如果一个较小之善可以成为较大之恶的原因，则我们亦宁愿放弃比较小之善。因为此处所谓较小之恶，实际上是善，反之此处所谓较小之善，实际上是恶。
>
> 依照理性的指导，我们宁愿追求将来的较大之善而不择取现在的较小之善；宁择取现在的较小之恶，而不追求将来的较大之恶。
>
> 依照理性的指导，我们将追求足以成为将来的较大之善的原因的现在的较小之恶，我们将放弃足以成为将来的较大之恶的现在的较小之善。①

也就是说，对于善恶的判断不应当是静止的，而是要看到它所带来的影响和后果。对于个人的一时一处的小利，虽然于个人是善，而且其于此时此地于全局亦不为恶，但随之而来的后果如果是大恶仍是难以选择的。在斯宾诺莎看来，如果一个善的东西可能阻止我们得到更大的善，那么它

① 斯宾诺莎. 伦理学. 北京：商务印书馆，1991：221.

实际上是恶。因为事物的善、恶是比较而言的。

总之，在面临道德两难时，要认清自己的行为目的，按照道德价值的等级序列确定行为方向。面临道德冲突时，对适合特定情境的各种可能性进行比较，择善去恶，对同属善的可能性按其价值高低排好等级序列，选取具有最高道德价值的方案。同时也要考虑到道德两难的情境性，因时因地因事而权衡利弊，做出明智的选择。

3. 一个经典的案例

当类似的故事在不同的文化体系中不谋而合地出现时，只能说明这个故事中有着人类生活经验的共通性，在这种共通性中蕴涵着丰富的哲理和人类对生活的共同的思考。元杂剧《灰阑记》就是这样一个故事。对这样一个经典的故事所涉及的道德推理进行分析，能够更好地呈现道德推理的展开过程。

(1)《灰阑记》与所罗门断案

《灰阑记》(即《包待制智勘灰阑记》，也作《灰栏记》)是元代剧作家李潜夫所创作的名剧。这部剧作取材于后汉应劭的《风俗通》中太守黄霸智断“贪财夺子案”。

故事是这样的：在前汉时期，颍川一户富裕人家有两个兄弟，两个兄弟的妻子同时怀孕了。生产时，哥哥的妻子产下的是一个死婴，弟弟的妻子则顺利地生下一个男孩。长兄夫妇为继承财产欲将弟之子夺为己有。事情发生后兄弟俩争执不休，打起了官司，三年都没有结案。后来黄霸调任此地为郡守，设计智断此案。他让人把小孩抱到公堂上来，让妯娌俩各拉着小孩的一只手像拔河一样地拉这个孩子，谁拔赢了就把孩子断给谁。因为嫂子的目的是继承财产，并不是小孩的亲生母亲，所以没有母爱和顾忌，抓住孩子的手用力拉扯；而弟媳因为是小孩的生母，既唯恐伤害了小孩，又担心因为没有用力而失去孩子，神情非常痛苦纠结。黄霸一看，就断定嫂子不是孩子的生母，而将孩子判给了弟媳。

后来李潜夫将这个故事改编为名剧《包待制智勘灰阑记》，将故事划入了包拯名下，在丰富剧情的同时引入了“灰栏”这个经典的比喻，使故事具有了更深的寓意。

类似的公堂断子故事，还见于佛教《贤愚经》卷十一《檀腻羁品》第四十六中以“挽手”断案的故事，在《圣经·列王纪上》中也有“所罗门的智慧审断”的故事。

所罗门智慧断案的故事与《灰阑记》的故事一样，同样是审断孩子的归属。有两位妇人请所罗门为她们断案，所罗门所用的方法更为极端，他说：“将活孩子劈成两半，一半给那妇人，一半给这妇人。”孩子的母亲自然舍不得，就说：“求我主将活孩子给那妇人吧，万不可杀他！”而另一位妇人却满不在乎。所罗门王便依此将孩子判给了孩子真正的母亲。虽都是以断案者之智与母亲之爱为断案依据，但所罗门王在断案时的处理更为刚猛，断案的公正被归因于所罗门对神智的分有，最终落实于以色列人的敬畏心；而东方的相关故事则更多地归之于断案者本人的巧智，采用的方法也更能展现母爱的复杂心理，落实的则是自我的内省、选择和承担。

东西方对同一故事的关注早在19世纪就已引起了西方学者的注意。1832年，伦敦东方翻译基金会即出版了旅居中国的朱利安（汉名儒莲）的《灰阑记》英文译本。后又有几人转译成德文出版，在舞台上演出，被公认为是“智慧和爱情战胜邪恶”的佳作。20世纪世界剧坛大师布莱希特在晚年推出《高加索灰阑记》，便是受李潜夫《灰阑记》的启发并以其为蓝本创作的，1948年《高加索灰阑记》在美国首演，成为世界名剧。而在我国，直到现在，一些地方戏中的《包公断子》实际上仍是《灰阑记》，或是对《灰阑记》稍做改动后的版本。

下面我们以元杂剧《灰阑记》中的设计为底本，分析探讨主人公海棠在道德选择过程中的道德推理。

李潜夫《灰阑记》的情节与《风俗通》中黄霸智断“贪财夺子案”相似，只是设计了不同的人物。贫家女海棠被富人马员外纳为妾，生一子已五岁。马妻生性风流，与人私通，设计将马员外毒死，然后诬告海棠谋害其夫，强占其子，侵占其财产。昏庸太守以严刑拷打迫使海棠招供，押送开封府定罪。开封府包待制清廉公正，他发现海棠杀夫夺子案可疑，巧施灰栏计，最终公理得明，正义得伸。

在《灰阑记》的第四折，我们看到故事是这样延展的：

为了断出真相，包待制让人取石灰来，在阶下画个栏儿。让孩子站在栏内，让海棠和马妻同时从两个方面拽孩子，看谁能把孩儿拽出灰栏外来。包拯说："若是他亲养的孩儿，便拽得出来；不是他亲养的孩儿，便拽不出来。"

结果是马妻把孩子拽了出来。此时，海棠说："望爷爷息雷霆之怒，罢虎狼之威。妾身自嫁马员外，生下这孩儿，十月怀胎，三年乳哺，咽苦吐甜，煨干避湿，不知受了多少辛苦，方才抬举的他五岁。不争为这孩儿，两家硬夺，中间必有损伤。孩儿幼小，倘或扭折他胳膊。爷爷就打死妇人，也不敢用力拽他出这灰栏外来，只望爷爷可怜见咱。"这番话正说出了包拯想知道的一切，包拯说："律意虽远，人情可推。古人有言：视其所以，观其所由，察其所安，人焉廋哉！人焉廋哉！你看这一个灰栏，倒也包藏着十分利害。"

（2）推理的前提——对灰栏规则的认知

这个事件的核心是，包拯设计了一个"灰栏"，然后制订了这样一个规则：让孩子站在灰栏内，能把孩子拽出灰栏的即为孩子的母亲。这个灰栏尽管只是在阶下画的一个栏，但被包公赋予了特殊的意味，成为一个神秘的意象，仿佛具有特殊的能够识别真假母亲的"超能力"。在这个意象下，能否拽出孩子不仅仅是个力气的问题，更多的是背后蕴涵着的神秘的昭示。"灰栏"在这里具有灵性，是公正、明理的象征，也成为母亲能够取得亲子的希望所在。

单就这个规则（那个能把孩子拽出灰栏的人就是孩子的亲生母亲，就是孩子的所有者）看，这显然是一个缺乏充足理由的规则，在能否把孩子拽出灰栏和是否是孩子的母亲之间并没有必然的联系，因此可以说它是一个"恶法"。因为撕去附加于灰栏之上的神秘性，能否把孩子拽出灰栏在实质上是以力气是否足够大和不计任何伤害孩子的后果为代价的。如果不考虑是否会对孩子造成伤害，甚至可以说能否把孩子拽出灰栏和一场拔河比赛是一样的，谁的力气大，谁就能取得比赛的胜利，也就能把孩子拽出灰栏；相反，谁的力气小，谁就会输掉这场比赛，也就无法把孩子拽出灰栏。

但是，对一个母亲而言，对孩子的伤害是无法忽略的。这一点海棠有着更为清晰的认识和更为痛切的感受："两家硬夺，中间必有损伤。"

在母爱的浸润下，神秘的灰栏还原成了普通的画出来的“栏儿”，也因此，断案中的所谓巧和智，实际上就是人的巧和智。此次断案过程在本质上是人性的较量，是人智的较量，是在智慧的注视下人性之间的博弈。

随着剧情的发展，我们发现，这个规则并不是一个绝对的规则，包拯最后并没有按这个规则来断案，而是将这个规则当作一个手段，让海棠和马妻依此行事，从而判断究竟谁是孩子的母亲。在这个峰回路转中，巧和智凸显出来。即，在整个案件中，包拯所依从的规则其实是一个公正的规则：谁是孩子真正的母亲，孩子就属于谁。对于包拯而言，关涉灰栏的规则其实只是一个低层次的规则，它服务于公正的规则。但是，只有关涉灰栏的规则得到合理灵巧的运用，公正才得以维护。

但是这样一个规则的层次划分，是掌握在断案者的巧、智中的，并不是一个为大家所熟知的状况。包拯所奉行的公正原则之所以能够得到实现，在于关涉灰栏的规则被海棠和马妻视为最高层次的规则，并被认同和遵守。也就是说，只有海棠和马妻真正依照这个规则而不加任何矫饰地去拽孩子时，包拯才能依此判断出谁是真正的母亲。为了使得海棠和马妻对灰栏规则的神圣性确认不疑，海棠还遭遇多次棒打。这样的境遇，使得海棠和马妻都不可能把灰栏仅仅视作包公维护公平规则的一个手段，否则，她们便也会把它当作一个手段，利用它来让包拯得出自己是孩子真正的母亲的判断。

在这里，海棠和马妻的行为选择都是以对灰栏规则的认识为前提的，但二者又有所不同。

（3）得失的权衡与艰难的抉择

剧中的海棠是没有能力进行选择的，她只能被动地接受包拯所公示的原则。在认同、接受、遵守这个原则的前提之下，作为孩子生母的海棠，如何选择？我们分析一下海棠所有可能选择的利弊得失。

第一种选择：用力拉孩子。从当时的情境看，海棠要取得此案的胜利，最有利的选择是把孩子拽出灰栏。因为按照包拯的规则：

> 把孩子拉出灰栏才是真的母亲，

海棠是真的母亲，

所以，海棠能够而且必须把孩子拉出灰栏。

拽出孩子，证明自己是孩子的母亲，不仅意味着自己会得到孩子，和孩子在一起生活，而且自己沉冤得雪。否则，海棠会继续蒙冤，孩子会判给马妻，恶人会得势。所以，海棠理性推理的结果就是：要不惜一切代价把孩子拽出灰栏。

但是，这种理性推理的选择结果却内含着一种前提，即以超过马妻的力量去拽孩子，于是就内含着一种极大的可能性：对孩子造成伤害。比如孩子会留下残疾，至少当时会感受痛苦，甚至，孩子会因此把她当作一个狠心的妈妈，心里烙下不可磨灭的伤痕。理性推理的选择，本是为了爱孩子，得到孩子，得到母子一起生活的机会，从而使孩子获得幸福。但幸福是通过感受者的主观感受来评价的，而海棠拽出孩子的结果，却使那种理性推理的结果走到了自己的反面。

她为了证明自己是孩子的母亲，就必须用力去拉这个孩子。只有把孩子拽出灰栏，海棠才能证明自己是孩子的母亲，才能免除牢狱之苦。但是，这毕竟不是一场拔河比赛，她们要拽的不是一条绳子，而是一个孩子。正因为要拽的是一个孩子，对于母亲而言，包拯的设计就由一场力量的较量转变为一场爱心的折磨：因为爱，就不忍心伤害孩子，反倒会失去孩子；因为不爱，就会无所顾忌，反倒能够得到孩子。

第二种选择：不用力拉孩子。依据包拯的规则，这种选择的结果是，海棠无法证明自己是孩子的母亲，将继续承受天大的冤屈，但她的孩子不会在当时就受到来自母亲的伤害。这里的推理是这样的：

把孩子拉出灰栏才是真的母亲，

海棠拉不出孩子，

所以，海棠不是真的母亲。

如果海棠不肯用力把孩子拽出灰栏，那么，按照规则，这个孩子就会被判给马妻，海棠为此身陷囹圄。可是，这样做就真的不是对孩子的伤害吗？孩子被判给了马妻，那个并不在意孩子是否会受伤的马妻怎么可能真正对孩子好呢？如果马妻虐待他，伤害他，甚至比海棠用力拉他所造成的伤害大几倍，如果孩子期望的只是和自己真正的母亲在一起，无论受怎样的伤害都在所不惜，而母亲却因为爱将他推了出去，这不恰恰是对他最大的伤害？那么海棠会不会后悔自己的选择不理智呢？

也许海棠奋力拉孩子，把孩子拉出灰栏，孩子受到的仅仅是一时的皮肉之伤，但母子二人却不会受到如此大的折磨和苦痛，二者相较，让孩子受一时之苦或许是对孩子更明智的爱。但这只是也许，其实海棠知道，马妻是不会介意孩子是否受伤的，无论如何马妻是不肯放手的，如果海棠也不放手的话，孩子必定受伤。

而海棠却“不用一些气力拽那孩儿”，甚至在包拯依据他所制定的规则，得出结论说“可知道不是他所生的孩儿”并令人打了她之后，她还是几次三番拽不出她的孩子。海棠采取这种方式，并不是她考虑了种种利害，而是母性使她不假思索地只能做这种明知道会更加痛苦和牵肠挂肚的选择。在这场博弈中，如果不是包拯把事先制定的“恶法”规则只当作一个工具，并没有贯彻到底，如果包拯不是一个清明公正又有智慧的断案者，无论海棠做什么样的选择，她注定是个输家。

因为，海棠所面临的是一个两难的选择，其推理过程是这样的：

> 如果用力拉孩子，则孩子受伤，
> 不能让孩子受伤，
> 所以，不能用力拉孩子。
>
> 不用力拉孩子，母亲获罪，
> 不能让母亲获罪，
> 所以，用力拉孩子。

显然，这两个推理都是成立的，但其结论却是相互矛盾的。而且这个两难选择也是一个所谓“脏手”的选择，无论做出哪一种选择，都会出现不利的结果。用力拉孩子则孩子受伤，不用力拉孩子则母亲获罪，而这两种结果都是海棠所不想要的。一般说来，人们会顾及自己的利益，做出对自己最有利的选择，这也是人们通常所说的理性的选择。所谓两害相权取其轻，这两种不利的结果，对于选择主体的意义是不同的。第一种选择，受益的是有选择主动权的选择主体，而受到伤害的是被动的一方，是利害相关者；第二种选择，受益的是被动的利害相关者，而受到伤害的则是选择主体。

在现实生活中，这种情境是悲剧性的，尤其是这种两难是发生在伤害母亲还是伤害孩子之间时，这种就情境就更令人难以抉择。但鱼与熊掌不可兼得却是一种现实，而解决这一矛盾的唯一方案就是舍鱼而取熊掌，选择对自己而言具有更高道德价值的选项。但是，什么才对自己具有更高的道德价值?

包拯设计灰栏的目的正是要通过道德两难情境，即在伤害自己和伤害孩子之间做出选择，从而看出道德主体的道德价值的优先次序，以断定究竟谁是孩子的母亲。对于一个真正的母亲而言，最有道德价值的不是自己，而是孩子，所以真正的母亲往往宁可伤害自己也不会去做伤害孩子的事情。

在《灰阑记》中，海棠正是按照包拯的预想做出自己的选择的。她宁可伤害自己，甚至冒着被处以极刑的风险，也不肯去做对自己的孩子有一点点伤害的事情。她知道这样做对自己意味着什么，知道这样做的后果，但在她做出选择的那个刹那，她所考虑的并不是这种选择会给自己带来怎样的利害，而是这样一个平凡而坚定的信念：无论自己承受怎样的苦难，都不能让孩子受到一点伤害。所以，当她意识到“两家硬夺，中间必有损伤”时，她说：“就打死妇人，也不敢用力拽他出这灰栏外来。”

显然，利害的权衡、理性的选择在这种信念与情感面前变得软弱无力了，她完全依据自己的直觉和情感做出了坚定而正确的选择。这里说它正确，是指它既符合海棠所认同的道德理想和信念，同时也为海棠带来了最有利于她的结果。包拯所设定的规则又戏剧性地成为一个手段性的规则，通过这个规则，包拯判断出海棠恰恰是真正的母亲，最终海棠的冤屈得到昭雪，她也赢得了自己的孩子。

从上述分析中我们可以看出，决定海棠的选择的并不是所谓的理性，不是纯粹地出于对她个人利益考虑的经济理性，而更多的是情感，是母亲对孩子无私奉献的情感，这种情感使海棠勇于选择、承担苦难。她遵从自己内心的信念和出于道德情感的理性决定，功利的算计往往退居其后，在情感与信念面前则处于失语状态。这种状态也如看不见的手一样，将海棠引向了对自己最为有利的结果。

海棠没有去用力拽孩子，但是她的这种选择并不是基于对选择结果的考虑做出的，而是出于在“应该”的基础上的道德情感和信念。在她的心目中，有一个作为母亲应当怎样对待自己的孩子的“应该”，并依此“应该”形成了强烈的道德情感与道德信念。为了坚持这种信念，她不计后果，所以“就打死妇人，也不敢用力拽他出这灰栏外来”。如果她有这些利益的权衡，她必定陷于不知所措。在她的观念中，孩子优先于自己，这是一个最高的原则。至于依据这样的观念所进行的选择有怎样的利弊得失是不在她的考虑之列的。

（4）人生的灰栏——对《灰阑记》中道德推理的反思

《灰阑记》在一波三折中有了一个完美的结局。但是，“灰栏”的比喻仍然给人无限的思考，它喻示着人生的矛盾与冲突、选择与考验。在现实生活中，人们也总是会面对着“灰栏”，面对着各种各样的困境和两难，面对鱼与熊掌之间的选择，实际上也是面对着人生的考验。正如《灰阑记》剧中所云：“你看这一个灰栏，倒也包藏着十分利害。”

戏剧和传说常常寄寓了人们无限的期盼与希冀，总是能够让人们的美好愿望变成现实，自古皆然，古今中外如是。以《灰阑记》为蓝本的故事在古今中外广为流传正说明了这种矛盾冲突的普遍性和艰难的人生选择的普遍性，同时也说明了人们的美好期盼。当然，我们这里所做的反思并不是作为道德推理的主体海棠对自己的道德推理的反思，而是作为旁观者，对整个道德推理的一些关节点的反思。

首先，“灰栏”给人们提出的问题是一个道德原则和规范的认可问题，当然，这个问题在《灰阑记》中是不存在的，因为在这个问题上海棠没有选择权，虽然包拯提出了一个“恶法”，但是，海棠没有能力拒绝它。在现实生活中，作为道德主体，人们在一定的范围内有自决权，在一定的意义上可以做自己的包拯，至少也有表达自己的意愿的权利。那么如何选择自己所信守的道德价值就是一个极为重要的问题。

其次，在接受一个既定的规则的前提下，还有一个多种价值选择的排序问题。两难是人们在生活中常见的一种情境，两难之难就在于两个选择都是自己想要的，是不愿意舍弃的，但却只能有所舍弃，选择其中之一；

或者都是自己不想要的，是想极力避免的，但却二者必择其一。解决这类问题的关键就是二者的排序，而在排序的背后便是价值的排序。在自己的生命之中，何者是第一位的，什么是最想要的，这是人生面临的重要课题。

其实，在《灰阑记》一类的故事中，因为包拯的出现，因为所罗门的智慧，最终使矛盾冲突得到了化解，使爱得其所爱，使人生有了完满的结局。但是，在现实生活中，可能没有“包拯”，“海棠”所知道的也只是“应该”和难以理清头绪的复杂情境。这种矛盾冲突就更为尖锐。

在现实生活中，很多因素无法假设，难以比较，如果在选择中只是通过得失的算计寻求某种预期的结果，常常会因为世事的变化，因为偶然的难以预料而落空，出现事与愿违的结果，令人悔恨不已。因此选择只能出自久已形成的内在的道德要求，出自已经内化为自己的道德情感、道德信仰的道德规范的要求，只有这样的选择才能做到无怨无悔，才能不计得失，才有勇气去承受自己选择的结果。事实上，《灰阑记》一类的故事所倡导的正是这样的选择。海棠的选择没有算计，只是出自母爱，出自她为了自己的孩子在所不惜的道德情感，而她的选择正符合了包拯的安排，从而为她自己赢得了一切。

三、道德推理的反思——道德评价

在获得了基本的道德认识，对道德推理进行了充分的准备之后，就进入了道德推理的实质过程，通过道德推理做出了道德决定。在做出道德决定乃至将道德决定付诸道德实践之后，道德推理就会进入反思的环节。

人们在反思环节通常会采用两种方式。一是复核，即在思维中对已有的道德认识，对所做出的道德决定进行再思考，以便检查自己曾经的思维过程是否有误。虽然是复核，但并不是原来思维过程的重复。在复核阶段，原来的道德推理过程的结论已经得出，道德主体所获得的道德认识更加全面，而且随着事件的进展和时间的推移，一些事实性的结论已经开始呈现，因此，复核阶段所进行的道德推理的反思已经是在新的综合的基础上所进行的反思，原来道德推理中不甚清晰的内容更加清晰明了，思维过程中存在的失误开始显现，道德推理的正确结论则通过反思而得到确证。在这个过程中，道德推理能力得到新的提高。但是道德推理的复核过程在思维过程和思维形式上与原来的道德推理是大体一致的，因此在这里重点探讨道德推理的反思的另一种方式，即道德评价。

道德评价是根据道德规范准则体系，对事物、事件和行为在道德意义上进行估量和预测，并在此基础上做出善或恶、正或邪、道德或不道德的价值判断，用以影响主体当下的或今后的价值定向、行为决断和道德追求的观念活动。简言之，就是依据一定的道德标准对道德行为或道德主体所进行的善恶判断。虽然我们把它放在道德推理的反思环节来探讨，但它既可能发生在道德决定之后，也可能发生在道德决定之前。发生在道德决定之前的道德评价是在思维中对从道德动机或目的到预期的道德后果所进行的评价，从而为道德决定提供参考。发生在道德决定之后的道德评价则是对道德决定的反思。无论是发生在道德决定之前的道德评价还是发生在道德决定之后的道德评价，其道德推理的机制是一致的，因此，为了叙述方便，本书将道德评价置于道德推理的反思阶段来加以研究。从道德评价的客体来看，道德评价可分为对人的评价和对行为及某个道德决定的评价；从道德评价客体与道德评价主体的关系来看，道德评价可分为对道德主体的自我评价和对他人的道德评价。在分别对具体的道德评价过程进行研究之前，有必要对道德评价中共性的东西进行探讨，这就是道德评价的标准以及动机与效果的关系问题。

1. 道德评价的标准与根据

道德是调节人与人之间的关系的规范体系，它的价值就在于按照一定的道德标准，对事物、事件和人的行为进行审度、评价，并通过抑制、调整、定向等形式，使人们的需要和追求符合人类本质的历史规定。道德评价就是根据一定的道德规范准则体系，对事物、事件和人的行为在道德意义上进行估量，并在此基础上做出善或恶、正或邪、道德或不道德的价值判断，用以影响主体当下的或今后的价值定向、行为决断和道德追求。

道德评价是一种主体性的活动，道德评价主体根据所参照的价值体系标准，衡量评价客体的意义。对于同一事件，依据不同的道德标准，则会得出不同的道德价值判断。因此，道德评价的标准在道德评价中具有重要的意义。

评判道德活动的直接尺度是现实的道德规范系统，社会道德规范系统是一个相互关照、彼此联结的系统，涵盖了社会生活的各个方面，立足于一定的社会发展水平，为一定的社会发展阶段中的政治、经济及其他一切社会秩序提供行为规范和准则。它限定人们的活动范围、行为模式，从而保证社会的政治经济生活的正常化、有序化，也为个体的发展提供了一个合适的生存环境。社会道德规范之所以能够成为社会道德规范，其中包含了内在的客观性和合理性。人的一生在不断地习得社会道德规范，这些道德规范就是他判断行为的最直接的尺度，失去这一尺度，他不可能自由快乐地生存，从某种程度上说一定的道德规范为道德主体提供了精神依托，是道德主体生成和完善的精神动力。虽然一定社会的道德规范系统具有历史性、阶段性，但它仍不失为道德判断的最直接、最现实的评判标准。

道德活动的评价尺度的重要特征就是超越性，即超越道德评价主体的个人欲望和需要。任何社会、任何时代的道德价值规范都是历史地形成的，其中蕴涵了道德主体的欲望、需要等主体性内涵，但是道德价值规范体系一经确立，这种主体性内涵就不再是任性的，而是带有一定的客观性、普遍性，同时也具有了约束性，成为人们在道德活动和道德评价中的准则。这就决定了道德评价准则不以评价者个人的需要、好恶、兴趣为转移，而只能依据道德准则做出善恶评价。从评价者个人的欲望、需要、兴趣出发，可以做出对评价者有利的或好的判断，但并不能因此而做出善的、道德的判断。

需要指出的是，不同的时代，不同的社会利益需要，道德评价的尺度是不同的。正如恩格斯所说的："善恶观念从一个民族到另一个民族、从一个时代到另一个时代变更得这样厉害，以致它们常常是互相直接矛盾的。"① "仅仅在欧洲最先进国家中，过去、现在和将来就提供了三大类同

① 马克思恩格斯全集：第20卷. 北京：人民出版社，1971：101.

时并存的各自起着作用的道德论。哪一种是有真理性的呢？如果就绝对的终极性来说，哪一种也不是”①。马克思这样揭示道德尺度的历史性和相对性的根源：“人们按照自己的物质生产率建立相应的社会关系，正是这些人又按照自己的社会关系创造了相应的原理、观念和范畴。所以，这些观念、范畴也同它们所表现的关系一样，不是永恒的。它们是**历史的、暂时的产物**。”②

即使在同一个社会、同一个历史阶段中，不同的道德主体所认同的道德规范体系也有一定的差异，在道德境界上也有层次的不同，因此，不同的社会存在，不同的道德主体，其善恶尺度是不同的，善恶标准的历史性、相对性决定了道德评价的合理性也是历史的、相对的。

在道德评价的根据方面，本书认为应当把动机与效果结合起来。

首先，无论是对人还是对事，如果做出善的评价，那么，动机善是必要条件。其原因有三。一是道德上的善恶是着眼于动机的，它是一个纯粹的道德评价，对于结果的评价往往用好坏来表示，是一个价值评价。英国哲学家拉蒙特就区分了是否道德（也就是我们所说的动机的善恶）和结果的好坏，他指出：

> 一个行为是否道德和是否好是完全不同的两码事……在这点上，“道德上的好（善）”这个术语就是引起混乱的主要根源。当道德哲学家谈论“道德上的好（善）”时，他们是在使用属于道德判断的概念来说话，但他们却企图把它表述得似乎它是属于价值判断的概念。③

在这里，拉蒙特批评了道德评价的“善”与效果评价的“好”的混用，认为这是带来理论上的混乱的根源，他强调要区分动机和效果。

二是动机制约着结果。一般说来，好的动机会有好的结果，坏的动机会有坏的结果。当然，也会出现偶然情况，即好的动机产生了坏的结果，而坏的动机产生了好的结果。如果好的动机产生了坏的结

---

① 马克思恩格斯全集：第20卷．北京：人民出版社，1971：102.

② 马克思恩格斯选集：第1卷．北京：人民出版社，2012：222.

③ W.D. 拉蒙特．价值判断．北京：中国人民大学出版社，1992：344.

果，从道德主体主观上讲，他是不愿意这种坏的结果出现的，因而会尽力避免，而且在坏的结果出现端倪时，出于好的动机的道德主体一般说来会主动采取措施，将坏的结果控制在尽量小的范围内。同样，坏的动机产生好的结果时，其结果也同样不是道德主体的期望，行为主体如果坚持将其坏的动机贯彻到底，那么他也会采取措施干预好的结果的出现。

三是对于动机善的强调，有助于道德主体做出善的行为选择。动机是行为的出发点，道德行为主体在道德行为之前就能够确定自己的动机，而对其道德行为的后果则是通过经验和理性判断进行预期的，与动机相比，它具有不确定性。在道德主体进行自我评价时，尤其是在道德行为之前进行自我评价时，他就能够确定地把握自己的道德动机，因此，对于动机善的强调，有助于道德主体做出善的选择。当然，动机是内隐的，结果是外显的，在对他人进行道德评价时，对于动机也只能是推定的，在动机与结果不一致时，对动机的推定也同样具有不确定性。因此，我们在道德评价的根据中并没有排除道德结果的因素，而是强调动机善是必要条件，但这绝不是说仅仅有动机就可以做出道德评价，绝不能把动机看作孤立的、单独的价值依据，而要将其与效果联系起来。

其次，效果在动机确定的情况下具有比较的价值。效果是道德主体的动机付诸行动而产生的，效果使动机得以显现。正如黑格尔所说：后果“是行为特有的内在形态，是行为本性的再现，而且就是行为本身，所以行为既不能否认也不能轻视后果”①。

上述两条根据在动机为恶的情况下也是适用的。首先，如果把动机放在第一位，那么出于恶的动机的行为不具有道德价值。其次，结果在道德评价中具有比较的价值。那么，如果出于恶的动机而产生了好的结果当然比产生了恶的结果更好，但这并不能否定其恶的性质，好的结果只是误打误撞，由于偶然因素产生的，它并不是道德主体的期望，因此，恶的动机产生好的结果并不能使道德行为的性质发生改变，而只是相对于恶的动机

① 黑格尔．法哲学原理．北京：商务印书馆，1961：120.

产生恶的结果而言，其恶的程度不及后者。

当然，在具体的行为中，动机与效果会出现非常复杂的情况，如：好的动机、好的效果，坏的动机、坏的效果，坏的动机、好的效果，好的动机、坏的效果。而且动机与效果的好坏存在程度的差异，动机在行为的过程中还可能会发生变化，比如一个人看到一位老大娘拿了很多东西就主动去帮她，但在帮她的过程中发现她带的钱掉在了地上，他就偷偷地把钱捡起来装到自己的口袋里。在这个例子中，帮助老大娘的行为无疑是善的，而把钱偷偷地装到自己的口袋的行为则不是善的，将这一行为过程与只把老大娘的钱捡起来而不肯相助的行为相比，其善的成分自然要多一些。在这里，无法一一列举动机与效果关系的所有具体情况，但其基本原则是不变的，只是在不同的道德评价中动机与效果的侧重点不同，对其进行考察的要求不同而已。

2. 行为的道德评价与品质的道德评价

从道德评价的对象看，既有对行为的道德评价，也有对人的道德评价；既有对人的个体的道德评价，也有对人的群体的道德评价。群体是由个人组成的，群体中的个人的道德品质往往会体现到群体的行为中，而个人在群体中其思想和行为也会受到群体的极大影响，但个体与群体的互动关系不是本书的研究内容，我们在道德评价中是将群体作为一个整体来评价的。行为总是人的行为，它体现着人的道德品质，但人的道德品质往往并不是由一次道德行为就能够充分体现的，而是要通过行为的反复验证才能得以体现。因此，虽然二者有所差异，但也有着密切的联系。本书着重探讨行为的道德评价的特质。

道德行为的价值来自道德行为主体，表征着道德主体的道德人格。“人不外是他的一系列行为所构成的。”① “主体就等于他的一连串行为，如果这些行为是一连串无价值的作品，那么他的意志的主观性也同样是无

① 黑格尔．小逻辑．北京：商务印书馆，1980：292-293.

价值的。”① 道德品质是道德行为的凝结，是行为由习惯而成的品格，而道德行为则是道德品质的体现，是道德品质的外化。

道德行为是一个过程，它是由动机与效果、目的与手段所组成的活动体系，在这个活动体系中，每一个环节都体现了道德主体的道德认知水平、道德理性能力和道德意志能力。因此，对一个具体的行为过程，需要视其所以，观其所由，察其所安，要考察其行为的全过程。而且对行为效果的考察，不仅要注意它在当下的、物质的道德效果，还要把握其长远的、精神的道德效果。

道德行为的评价过程，大体可分为如下三个步骤。

首先，判断行为是否是道德行为。行为有道德行为和非道德行为之分，道德行为具有两个显著的特征，一是自愿自主，二是涉及他人和社会利害。人的行为只有在自愿自主的情况下才体现了道德主体的理性抉择和意志能力，才表明道德行为是道德主体的自由选择，才使道德主体成为能够而且应该对自己行为负责的行为主体。没有这种自愿自主性，行为就不构成道德行为，也就无从对其进行道德评价。在道德评价中，经常会遇到在一个具体的行为中，有些成分具有道德主体的自愿自主性，而有些成分不具有自愿自主性的情况，这时进行道德评价就需要对这两种不同的成分进行区分，以做出正确的、恰如其分的评价。比如，甲与乙相约在某个商店门口相见，甲迟到了半小时，恰在此时，忽然刮起了大风，悬挂在商店大门上方的广告牌落下，砸伤了乙。甲迟到的行为导致了非常恶劣的道德后果，迟到而令对方等待是甲自愿自主的，但迟到而令对方受伤则不完全是甲自愿自主的。因此，对甲迟到这一行为的道德评价应当充分考虑这些因素。涉及他人和社会利害是道德行为的另一个显著特征，对于没有这种特征的行为，就没有必要进行道德评价。如一个人在独自一人时喜欢跷二郎腿，这种行为不涉及他人和社会利害，无须对其进行道德评价。但人总是生活在社会中的，与社会发生着广泛的联系，一个行为是否涉及他人和社会利益并不具有绝对的意义，有时在特定的条件下，甚

---

① 黑格尔. 法哲学原理. 北京：商务印书馆，1961：126.

至个人的自然生理行为，如饮食、起居也具有道德意义。

其次，对行为善恶价值做出判断。对行为的善恶价值做出判断，就是指对行为的性质做出或善或恶的评价。出自善良动机，有利于他人或社会的行为就是善的行为；出自非善或邪恶的动机，不利于他人或社会的行为就是恶的行为。行为的善恶首先是由动机的善恶决定的，动机善方可将一个行为判断为善，动机恶即使取得了良好的效果也不能将其判断为善。由于动机是内隐的，对他人行为动机的把握既要听其言又要观其行，不能只凭借行为者本人的宣言和表白来判断，否则会把善于说大话、假话和空话的品质恶劣者说成是最有道德的人。

但并不是所有动机善的行为都是善的行为，还需要对行为过程及其效果进行考察。动机善，目的亦善，且采取了善的手段，取得了善的效果，也就是有利于他人和社会的行为方为善。在对行为的善恶性质做出判断时有种种复杂的情况，应当首先考察动机，依动机善恶做出大致的分类，然后再继续考察行为的手段、效果，从而对行为的善恶做出判断。

最后，对其价值量做出分析。所谓道德行为的价值量就是指道德行为所具有的善恶大小、高低、程度等方面的规定性。对于行为的善恶和价值很难以明确的数值来标示，但行为的价值量是明确存在的。同样是善的行为，帮助儿童将掉在人工湖里的皮球捡起来，与救助失足落水的儿童其道德价值显然是不同的。人们一般用高尚、善良、正当、不当、较恶、极恶来表示价值量程度上的差异。高尚、善良、正当都是善，只是程度有不同；不当、较恶、极恶都是恶，也是程度有差异。道德行为的价值量产生于道德行为的各个方面、各个环节。当然，它在效果上的表现最为明显。但在目的和动机的善恶上，在手段是否便捷等等方面也都存在量的差别。量的表现形式也有不同，比如：数量的大小、影响的广狭、持续时间的长短等。对行为的价值量的分析是极为困难的，因为单独的一个行为并没有明确的数量特征，它只有在行为的比较中才得以体现，因此，对行为价值量的分析需要以一定的道德经验为基础。但是，对于行为的价值量的判断却是极为重要的，它对于正确评价行为的道德价值有重要意义，是做出恰当的道德判断的重要方面①。

虽然对人的道德评价是在对行为评价的基础上进行的，但对人的道德评价毕竟不是对行为的道德评价，二者存在着差异。因此，在对人的品质进行评价时需要注意以下两点：

第一，对于人的道德品质的评价，不能仅仅依据一次道德行为的道德价值而得出结论，而是要看道德主体的一贯的行为表现，着眼于“大节”。一次具体的道德行为在其过程中常常会受到各种偶然因素的影响，从而出现效果没能体现动机，或者效果不理想的情况，而且动机的出现也会有偶然的因素，如道德主体特殊的心理状态、生理状态等都会对道德主体的动机产生影响。甚至有时道德主体为掩饰自己的品德状况会在某一具体的道德行为中恶意伪装。因此，依据一次具体的道德行为不足以对一个人的道德品质做出评价。

第二，我们这里所说的对人的评价仅仅涉及与人的道德行为有关的对道德品质的评价，而不是对一个人全面的价值评价，而且也绝不能以道德评价取代、冲淡对一个人的成就、价值的评价。“人的价值是表明人与世界的一种关系，表明了人对世界的意义和世界对于人的意义。”② 对人的全面评价是一个非常复杂的、内涵也极为丰富的问题，但并不在本书的论域之内。

---

① 曹剑波在《论道德判断的质和量的标准及其真理性》（载《许昌师专学报》2001 年第 1 期）中提出了计算道德境界的公式，他指出：“在现实生活中，因为各人能力不同，思想好坏有程度的差别。比如亿万富人拔一根毛，比穷人的腰还粗。同是捐 1 000 元钱给社会福利事业，其行为好坏程度一样，然而思想境界则不一样，能力越小者思想境界越高。衡量一个人的思想境界即德性的程度的高低要看个体的付出与其能力比例的大小。用公式表示：$T=P/c$。其中 T 表示思想境界（有好有坏），P 表示所做贡献（有正有负），c 表示现有能力。T 的值取 $[-1, 1]$，$|P|<c$。比值越大，道德境界越高；反之，越低。比如丙口渴了，向甲、乙二人讨水喝，甲只有一杯水，乙有一桶水，甲给丙半杯水喝，乙也给丙半杯水喝。这二种行为好坏一样，然而甲的道德境界却高于乙。恶的程度的大小也受行为主体的特征的影响。同样是偷一只羊，富人偷比贫人偷道德品质更恶劣。同是贪官，贪污相同数目的钱财，家庭条件好的贪官比家庭条件差的贪官的道德品质更恶劣。道德品质的恶劣程度与行为受体所能承受损害能力的大小有关。小偷偷富人和穷人的羊各一只，因为富人能支持的能力大于穷人，若小偷知道谁富谁穷，则偷穷人道德更恶劣。”这种分析是有一定道理的。

② 夏伟东. 道德的历史与现实. 北京：教育科学出版社，2000：193.

3. 自我评价与社会评价

道德的自我评价是行为当事者对自己的行为和自己的品质进行的评价，行为当事人既是评价的客体，又是评价的主体。在道德决定、道德行为发生之前进行自我评价的目的是为自己的行为提供指导，选择自我评价为善的道德行为；在道德决定、道德行为发生之后进行自我评价的目的是认识、反省自己的道德行为，评价自己的道德品质，从而总结、分析自己的道德行为中的过失和成绩，吸取经验和教训，不断提高自己的道德品质。因此，如何正确地评价自己，在一个人的道德成长中具有重要的作用。

道德的自我评价的评价标准具有较强的主体性。首先，人们在对自己的道德行为进行自我评价时，总要以自己所认同的道德原则和规范作为对照的标准。而由于道德境界的不同，人们对社会道德原则和道德规范的认同程度也有所不同，对同一种规范要求的严格程度的理解也有所不同。因此，不同的人做出同样的行为时，会对自己形成不同的道德评价。比如，同样是上班迟到，有的人不以为意，有的人则深深自责。

其次，道德自我评价标准的主体性还表现在一个人在不同的人生阶段，由于道德认知能力的发展和道德境界水平的提高而出现评价标准的变化，从而引起对同一行为的不同评价。这也是人们在回首往事时会对自己的某一行为感到后悔的原因之一。

最后，与对他人的道德评价相比，个人的欲望、情感、意志等非理性因素对自我的道德评价具有较大的影响，人们会不自觉地、更多地考虑个人的具体情况，受自己的主观的非理性因素的影响。

道德的自我评价的评价标准和评价结论都具有一定程度的隐秘性。由于这种自我评价是道德主体自己进行的，虽然有时自我评价是被动的，是被别人要求进行的，但其评价的标准、评价的结果如果道德主体自己不主动公之于众，那么，它就会深藏于道德主体的内心深处，对自己的道德行为发生深远的影响。

道德的自我评价主要包含四个环节：

第一，自知。了解自己的道德要求，分析自己的道德活动，洞悉自己深层次的情绪、情感体验，对现实的自我、理想的自我都有很好的把握。把自己的一切，包括内心深处最隐秘的东西都呈现在自我面前，呈现在良心面前。

第二，自省。对自己的思想、行为根据自己的原则进行检查，反省自己的深层动机以及思想和行为的各个环节、各个侧面是否有不道德之处。

第三，自讼或自我肯定。自讼也就是自我批评，对自己的不足表明态度，进行自我谴责。自我肯定是对自己的善的动机和好的行为效果的认可，这种认可和肯定会使自我在内心中产生一种满足感和愉悦感。

第四，自励。通过反省和自讼，认识自己在道德上的缺点和差距，对自己在道德上的优点给予肯定，同时还要寻找自我道德发展的途径，克服缺点，为道德上的完善开辟途径。

在道德的自我评价中，良心扮演着特别重要的角色。良心在内容上是道德义务的内化，是道德理性以自律的形式在道德主体的内心深处的积淀，成为人的一种道德自制能力。它不是天生和先验的道德律，而是在道德生活经验中积累起来和成长起来的内心信念，由这种信念形成的荣辱感、苦乐观，实际上是同整个道德认识的理性系统相一致的，或者它本身就是这种系统进一步升华和内化的结果。但是，在心理机制上，良心则不是纯理性的，"良心包含着理性，是人的理性的'精粹'的积淀；良心又包含着意志，是人的意志力成习惯、下意识和最强劲的表现；良心还包含着非理性的东西：直觉、本能、信仰等等。因而良心的心理机制，不是单纯的理智、情感、理性或非理性，而是这一切在道德主体内心的统一"①。

良心在自我评价中发挥着重要作用。道德主体对自己的评价通常表现为良心上的平静或不安。若这种评价结果使其感到违背了自己的良心，人们便会为这种不安所折磨，乃至最后产生自我否定的评价。为了得到良心的安宁，人们会付出巨大的道德努力。因此，有没有良心甚至成为人们对一个人是否有道德的同义语。良心的作用是很重要的，它不仅作为道德主体的内在的"道德法庭"对自我进行道德评价，也由于它的巨大作用而对人的道德行为产生积极的指导与监督作用。

---

① 夏伟东. 道德本质论. 北京：中国人民大学出版社，1991：145.

社会评价主要有两种形式。一是以社会组织为主体所进行的评价，多由代表社会的特殊个人、组织机构来做出。如各种机构、团体、组织评选道德上的先进人物，授予与道德评价有关的荣誉称号等都属于社会评价。社会评价较少受个人情感好恶的影响，而以社会公认的道德规范体系为评价标准，具有较强的理性特征，因而具有较大的权威性。但是，这类社会评价也存在一定的局限性，即依据的道德事实是能够显现于外的事实，对于道德评价客体的了解不可能面面俱到、深入细致。因此，其评价的结论应当严格限制在已经了解的道德事实的范围内，而不能以点代面、以偏概全，影响其评价的权威性。

二是无组织的舆论评价。舆论评价也有两种，一种是通过大众传播媒介而体现的社会成员对一定事件、人物的道德价值的评价。随着网络媒介特别是自媒体的发展，转发、评论、点赞等也成为舆论评价的重要方式。另一种就是街谈巷议，这是一种比较传统的无组织舆论的评价方式，是对通过大众传媒进行道德评价的一种重要补充。特别是对那些影响范围不大，仅仅局限于知情人之间的事件和人物的社会的道德评价往往采用的是街谈巷议的方式，这种方式对被评价者往往有着更大的影响。被评价者可以对大众媒介进行自我屏蔽，可以不看报纸，不联网络，但只要媒体的道德评价也成为被评价者周围的街谈巷议，被评价者就会处于这种道德评价的氛围之中，它就会对被评价者产生影响。舆论评价是社会成员对其他人的行为及其行为主体的评价。由于舆论评价是多主体进行的，它会触及道德行为及其主体的不同侧面，具有详尽丰富的特点，但它也具有混杂性、情绪性等特点。而且大众传播媒介还具有引导舆论的作用，对舆论具有导向作用。因此，无组织的舆论评价在某种程度上能够通过舆论工具进行引导和控制。

就道德评价个体而言，在参与和看待社会道德评价时，要注意到社会评价的这些特点，不要完全为既有的评价所左右，要有自己的独立评判。应当遵循社会道德准则，对道德行为和道德事件及其行为主体进行全面客观的认知，分析其动机与效果，考察行为的全过程，在此基础上做出公正的道德评价。

自我评价与社会评价相互渗透，相互依赖，相互转化。社会评价的基本结论会影响个人对自己的评价，个人会依据社会评价来调节自我评价，依据自我评价对自我的行为进行调整，从而又会影响社会对自己的道德评价。

道德反思是道德推理过程中极为重要的环节，它是对道德认识的再认识，是对道德决定的再取舍，是对道德后果的评价与再评价，体现了道德推理过程的整体性和连续性。但是，道德反思并不是道德认识—道德决定—道德评价这样一个过程完成之后的过程，而是在道德认识的过程中，在道德决定的过程中，在道德评价的过程中就伴随着道德反思，当然也会在道德理性运用的某个片段完成之后，甚至完成若干年之后进行道德反思。虽然道德反思伴随着道德推理的全过程，但是道德反思的过程却并不是道德认识、道德决定、道德评价在原水平上的重复，而是在原有的理性过程的基础上，在新的认识成果的基础上的道德推理能力的自我提高过程。这一过程对于道德推理能力的自我发展具有重要的作用，也正是这一过程使道德推理过程成为一个整体，使道德推理能力不断得到提高。

第五章　道德推理的相关因素

从伦理学的角度看，与道德推理密切相关的其他因素主要有欲望、情感、意志、直觉等，阐明道德推理与这些要素的关系，它们各自在道德活动中的作用，也是界定、分析道德推理所必不可少的一个重要环节。

一、道德推理与欲望

在探讨道德推理与欲望的关系之前，我们首先需要探讨欲望是什么，它具有哪些性质，这是它与道德推理发生勾连的重要前提。即便这个前提已经相对明确，不同的伦理学理论流派对欲望以及欲望与道德推理、与道德理性的关系也有着不同的观点。本书则从欲望对道德推理根据的影响和欲望对道德推理结论的影响两个方面来探讨道德推理与欲望的关系。

1. 欲望的定义

欲望是指人在欲求不满的状态下，对社会生活以及人自身的价值目标的渴求，是实践的动因及目的①。欲望来自不满足。这种不满足是两个层次的，一是基本需求的不满足，如饥饿时就渴求进食以饱腹，寒冷时就想

---

① 马秋丽. 略论欲望. 晋阳学刊，2003 (2).

穿厚衣以取暖，身心劳顿时想休息以使精力充沛。这些都是最基本的生存需要，在这些需要没有得到充分满足的情况下，就会产生欲望。二是相对于一定的欲望满足水平的不满足，或者说比较需要的不满足。这种不满足感是由与周围人的生活状态相比较而产生的，是在基本需要已经得到满足的情况下，与所处的社会环境的欲望满足水平相比而产生的不满足感。比如，如果自己所有的同事家里都有了电视机，而自己还没有，这时就会产生对电视机的欲望。

欲望具有动力性。欲望来自不满足，这种不满足造成了主体的内在的紧张和不安，为了消除这种紧张和不安，主体的欲望就通过动机转化为目的性，成为人的价值目标。人正是在欲望和需要的驱动下，经过主体的认定，通过一定的工具系统改造外部对象，使主体的欲望得到满足，实现主体的心理和生理的平衡。对于欲望的这种动力性，很多思想家都有过论述，恩格斯指出："决不能避免这种情况：推动人去从事活动的一切，都要通过人的头脑，甚至吃喝也是由于通过头脑感觉到饥渴而开始，并且同样由于通过头脑感觉到饱足而停止。"① 恩格斯对于欲望的这种动力性给予了肯定，"自从阶级对立产生以来，正是人的恶劣的情欲——贪欲和权势欲成了历史发展的杠杆"②。如果没有权势欲，国家和政治机构的产生是不可理解的，"鄙俗的贪欲是文明时代从它存在的第一日起直至今日的起推动作用的灵魂"③。应当说，欲望的动力性也具有两面性，它既是推动历史进步的动力，同时也是恶的动力。如人们所说，"既然全人类带着他们的全部能力、欲望、需求进入历史发展进程，那么这些东西也就都干预历史的发展，尽管程度各有不同"④，而且方向也有不同。

欲望具有较强的主观性、非理性。它以主观的方式对需要进行的反映，由于主体的性格、爱好的不同，必然影响到主体对欲望对象的选择以及欲望的程度，而且欲望由主体的缺乏状态决定，而无理性可循。人的需要最初表现为对基本生存需求的欲望，无论外在条件如何，人总会有基本

---

① 马克思恩格斯选集：第4卷. 北京：人民出版社，2012：238.
② 同①244.
③ 同①194.
④ 考茨基. 唯物主义历史观：第2分册. 上海：上海人民出版社，1965：61.

的生活需求，它表现为人的主观感受，不是理性所能约束的。而在基本欲望得到满足以后，比较的欲望则同样具有较强的主观性、非理性，在同样的生活状态和社会条件下，不同的人会有不同的欲望，欲望的强烈程度也会有很大的差别，而且不同的人对自己的欲望会有不同的态度。有的人会克制自己暂时还无法得到满足的欲望，有些人则会想尽一切办法，甚至不惜触犯刑律以穷奢极欲。

欲望具有自然性与社会历史性。人作为自然的产物，人的欲望当然不能摆脱自然性，尤其是人对基本生活需求的欲望，更带有强烈的自然性。但人的欲望绝对不是纯粹的自然性欲望，自然性欲望只能以被扬弃的形式在人身上存在。欲望是受社会历史条件限制的，随社会历史的发展而发展，不同的社会历史条件会产生不同的欲望。因此，欲望带有强烈的时代特点。不同的时代，人的基本生活需求是不同的。在人类生活的早期，人们把能够住进山洞作为基本的生活需要，而现代人则把拥有符合一定的居住要求的住房视为基本的生活需要。人的比较欲望，更是在一定背景下相对于一定的参考系而产生的，而所谓的背景、参考系，正体现出欲望的社会历史性。

欲望具有无限发展性。欲望随着社会的发展而不断得到发展，永远没有止境。欲望既是实践的前提，又是实践的结果，随着社会生产力的发展，随着实践活动向深度和广度的发展，随着社会满足人的欲望的能力的发展，人会不断有新的欲望产生，永远不会满足。荀子曾说，“虽为天子，欲不可尽”（《荀子·正名》），即使身为天子，坐拥天下，他的欲望也是不能得到完全满足的。人类的欲望是同满足欲望的手段一同发展的，随着手段的发展而发展。人类历史是不断向前发展的，随着文明的进步，人类总会产生新的欲望，同时又产生满足这些欲望的方法。“人以其需要的无限性和广泛性区别于其他一切动物”①。

欲望具有层次性。虽然欲望是无限的、没有止境的，但它却是有层次的。前文中我们将欲望区分为产生于基本生存需要的欲望和产生于比较的欲望，这是从欲望产生的机制方面所进行的划分。如果从欲望得到满足的

---

①　马克思恩格斯全集：第49卷．北京：人民出版社，1982：130.

途径来看，欲望可以分为精神层面的欲望和肉体层面的欲望，后者也被称为感性欲望。精神层面的欲望主要是指精神上获得愉悦和满足才能得到满足的欲望，而感性欲望的满足主要是通过感官获得的。这里之所以强调“主要”是精神上的，或“主要”是感官上的，是因为人是一个整体，人所获得的满足有时很难截然分为精神上的或肉体上的，比如，美食带给人的满足除了口腹之欲，也不排除精神上的愉悦。蒙培元在《情感与理性》中也将欲望区分为两个层面。一个层面是从目的性意义上理解和使用的“欲”，是人的道德目的的具体表现。如孔子所说的“我欲仁，斯仁至矣”（《论语·述而》），“七十而从心所欲，不逾矩”（《论语·为政》），孟子所说的“可欲之谓善”（《孟子·尽心下》）。另一个层面则是生理、心理的层面，就是人的生理欲望及现实生活中的各种物质欲望。孔子说：“富与贵是人之所欲也，不以其道得之，不处也；贫与贱是人之所恶也，不以其道得之，不去也。”（《论语·里仁》）这里的欲，就是指现实生活中的物质欲望。孟子所说的“养心莫善于寡欲”（《孟子·尽心上》），这个“欲”显然也是指物质欲望。

2. 不同流派的不同态度

人们从自己的生活经验中就能够感受到欲望与道德推理之间的纠结，常常感到自己的所欲与道德推理的结论之间存在冲突，也经常会用道德推理去论证自己的所欲。因此，二者之间的关系自古以来就为各个伦理学理论流派所关注，它们在这个问题上有着截然不同的理论态度。

理性主义者大多不同程度地否定感性欲望，不承认感性欲望对道德推理的影响，或者说，理性主义者认为不应该让感性欲望对道德推理产生影响。在苏格拉底看来，欲望是一个像漏斗一样的东西，要想真正满足它是不可能的。柏拉图认为对于一个理性的人来说，任何快乐，无论是高级的还是低级的，都是没有必要的。肉体欲望是实现理念的障碍，要实现伦理的价值，就必须摆脱一切欲望，追求理性的生活。

在否定感性欲望上，古希腊时期的斯多葛学派的观点较有代表性。他们认为：“我们发现，精神的基本活动有两种：一种力量是欲望，它促使一个人忙这忙那；另一种力量是理性，它教导并解释什么事情应该做，什么事情不应该做。结果是理性指挥，欲望服从。"① 斯多葛学派将欲望与理性视为人的精神活动的两个对立的方面。人作为自然动物，只知道满足自己的冲动和欲望；人作为有理性的动物，就要追求和实现自己的本性，即理性。与动物相比，人的尊严就在于人不耽于肉体欲望的满足。动物除了在本能的驱使下寻求肉体上的快乐之外，别无其他；但人的心灵却是通过学习和思索来滋养的，人总是或者在探究，或者在行动。斯多葛学派著名的代表人物西塞罗指出：

> 肉体上的快乐完全有悖于人的尊严，我们应当鄙视并摈弃这种快乐；但要是有人认为肉体上的满足也有某种价值，那么，他就必须把这种嗜好严格地控制在适当的范围内。因此，一个人应当根据其健康和体力方面的需要，而不应当根据享乐方面的需求，来安排自己的物质生活，购置各种使生活得以舒适的设备和食物、衣服等生活必需品。只要我们没有忘记我们本性的优越性和尊严，我们就会认识到沉湎于穷奢极侈是多么错误，过一种节俭、克己、朴素和严肃的生活是多么正确。②

斯多葛学派对于欲望是完全否定的，他们强调要克制、放弃自己的一切欲望，去追求理性的东西。要对自己的肉体和身外的名利、金钱采取漠不关心的态度。"这样一个人就不理会他的肉体了，而且当他看出他一定要脱离了人和把一切事物都丢在此世时（没有人知道这究竟有多么快），他就完全地致力于正当地做一切他所做的事，而在其余一切到来之事中，他就听宇宙的本性之所为了。"③ 所以，必须使欲望服从理性，人们应当保持心灵的宁静，不为一切情欲所支配。这样，坚强的理性自制就会放出绚丽的光彩。

> 欲望一旦冲出樊篱，比如说，像脱缰的野马，无论是因为企求，还是因为厌恶，不受理性的控制，它们显然会无法无天，放荡不羁；因为它们桀骜不驯，拒绝服从理性的管束，而按照"自然"的规律，

① 西塞罗．有节制的生活．西安：陕西师范大学出版社，2003：126-127.

② 同①129-130.

③ 周辅成．西方伦理学名著选辑：上卷．北京：商务印书馆，1964：256.

它们则受理性的管辖。这种欲望不但扰乱心灵，而且还会使身体失调。我们只要看看人们在勃然大怒或感情激越或惊恐不安或欣喜若狂时的脸色和样子就已经够了：这时，他们的面容、声音、动作和态度全都变了。①

我国在理欲关系上有着丰富的思想，其主流也是以理制欲、以理导欲，在道德推理的出发点上，让欲望的影响尽可能地降到最低程度。宋明理学在理欲关系上达到极端，将存天理、灭人欲视为天经地义。

先秦时期的思想家是承认欲望的。如最先提出理欲关系问题的《礼记·乐记》中说："人生而静，天之性也；感于物而动，性之欲也。物至知知，然后好恶形焉。好恶无节于内，知诱于外，不能反躬，天理灭矣。夫物之感人无穷，而人之好恶无节，则是物至而人化物也。人化物也者，灭天理而穷人欲者也。"人生本来是静的，这是天性，因受到外物的刺激而变成动的，这是本性中的一种冲动，即欲。外物和这种知性相接触，便表现为爱好和厌恶两种欲念。如果在心中对这种欲念没有限制，外物又在不断诱惑，此时再不加自我反省，天生的理性便会湮灭。外物本来就在不断地诱惑着人，人若自己还不加节制，人接触外物便随其迁化，这就是天生的理性湮灭而追求人欲。《礼记·礼运》中也说："饮食男女，人之大欲存焉。死亡贫苦，人之大恶存焉。故欲恶者，心之大端也。"饮食男女是人所极力欲求的，死亡贫苦是人所极力避免的，欲与恶二者都是发端于人心的。

同时，我国思想家也强调不能过分贪求欲望的餍足，如老子所说："见素抱朴，少私寡欲。"（《老子》十九章）孟子说："养心莫善于寡欲；其为人也寡欲，虽有不存焉者，寡矣；其为人也多欲，虽有存焉者，寡矣。"（《孟子·尽心下》）寡欲是要减少欲望，孟子认为，人有天赋的善性，但这种善性会在物欲的影响下丧失，所以，虽然寡欲的人也有丧失了善性的，多欲的人也有保存了善性的，但这两种人都很少。孟子的这一思想对后世有很大的影响，以至于宋明理学将欲"寡"至无的程度。

宋明时期的思想家对孟子所谓"养心莫善于寡欲"做出了进一步的解

---

① 西塞罗．有节制的生活．西安：陕西师范大学出版社，2003：126-127.

释。程颐指出："'养心莫善于寡欲'，不欲则不惑。"（《二程集·河南程氏遗书》卷十五）朱熹则指出："'养心莫善于寡欲'，欲是好欲，不是不好底欲，不好底欲不当言寡。"（《朱子语类》卷六十一）显然朱熹并没有否定所有的欲望，而是对欲望有所区分，"饥便食，渴便饮，只得顺他。穷口腹之欲，便不是。盖天只教我饥则食，渴则饮，何曾教我穷口腹之欲？"（《朱子语类》卷九十六）他将饥则食、渴则饮视为"天职"，视为禀赋于天的职责，而超出于这些"好欲"的"人欲"则不当言寡，而应该言无，言灭。"人之一心，天理存，则人欲亡；人欲胜，则天理灭，未有天理人欲夹杂者。学者须要于此体认省察之。"（《朱子语类》卷十三）天理与人欲势不两立，此胜则彼退，彼胜则此退。"惟是私欲既去，天理流行，动静语默日用之间无非天理，胸中廓然，岂不可乐！"（《朱子语类》卷三十一）心学之集大成者王阳明则明确提出："只要去人欲，存天理，方是功夫。静时念念去人欲存天理，动时念念去人欲存天理。"（王阳明：《传习录》上）陈亮、叶适等人的观点与二程等人的观点对立，他们认为理欲是统一的，天理与人欲可以并行，"以天理人欲为圣狂之分，其释义未精也"（叶适：《习学记言》卷二），但占据主流的仍然是二程等人的观点。

明以后，随着资本主义萌芽的出现，我国思想家对存天理、灭人欲的极端有所反拨，提出了"人心本无天理，天理正从人欲中见，人欲恰到好处，即天理也。向无人欲，则亦并无天理之可言矣"（《陈确集·别集》卷五）。人欲即天理，天理存于人欲之中，是人欲的恰到好处，没有人欲，也就没有天理可言。这一思想对宋明理学所否定的"人欲"给予了一定程度的肯定。"人欲不必过为遏绝，人欲正当处，即天理也。如富贵福泽，人之所欲也；忠孝节义，独非人之所欲乎？虽富贵福泽之欲，庸人欲之，圣人独不欲之乎？学者只是从人欲中体验天理，则人欲即天理矣，不必将天理人欲判然分作两件也。"（《陈确集·别集》卷二）王夫之也指出："天理原不舍人欲而别为体，则当其始而遽为禁抑，则且绝人情而未得天理之正，必有非所止而强止之患。"（《周易内传》卷四上）也就是说，天理本不是离开人欲另立一体，如果开始就急促地禁抑，将会禁绝了人情，而且没有把握住天理的真义，一定会有不该禁止而强加禁止的弊病。清代学者戴震则指出："凡事为皆有于欲，无欲则无为矣；有欲而后有为，有为而归于至当不可易之谓理；无欲无为又焉有理！"（《孟子字义疏证》卷下）

在我国思想史上，无论是先秦还是明以后，甚至宋明时期也有对欲望的肯定，有类似"体民之情，遂天下欲"的思想内容，但其主流思想仍然是强调以理制欲、以理导欲。在这一点上西方思想界不同于我国。西方在文艺复兴以后，尤其是在资本主义日渐发达以后，在理性与欲望的关系上出现了肯定欲望的思想，甚至是纵欲的倾向。

在经历了中世纪的神学禁欲主义以后，西方世界出现了高扬人性、倡导人的自由和幸福的文艺复兴。在文艺复兴运动中欲望的满足得到了空前的地位。被称为人道主义之父的彼得拉克曾经发出了"我要求凡人的幸福"的口号。蒙田在道德上是持怀疑主义的，他否定道德的客观标准，但实际上是把个人的感官享乐作为衡量一切的标准。他认为人生的目的就是追求快乐，而且他所说的快乐是现世的、肉体的快乐、愉悦和舒适，在他看来，追求来生的幸福，放弃现世的幸福和感性的快乐是违背人性的、愚蠢的。他指出，"我们把死亡、贫穷和痛苦当作我们的主要敌人"①。"柏拉图怕我们受苦乐的羁绊太牢，因为这羁绊把灵魂太严酷地束缚和维系于肉体。我却相反，以为正因为它把灵魂从肉体解脱和放松。"② 荷兰哲学家、神学家伊拉斯谟在讥讽基督徒的幸福观时，也表达了他自己的幸福观，他认为肉体绝不是灵魂的桎梏和枷锁，灵魂也不可能摆脱肉体，一切感觉都与肉体有关，物质的和肉体的快乐是值得追求的。没有自然的感情，生命即不存在。他认为人应当把追求财富放在第一位，把肉体的快乐放在第二位。卜伽丘坚定地反对封建禁欲主义，高度赞美人间的爱情，认为对幸福的追求是不可抑制的欲望。在他的代表作《十日谈》中，他对封建禁欲主义展开了猛烈的抨击，在他的笔下，禁欲主义的虚伪、荒谬、违反人性被表现得淋漓尽致，而爱情的美好、人间的幸福则激起人们的向往、憧憬。他认为，追求幸福是人的天性，"谁要是想阻挡人类的天性，

① 周辅成．西方伦理学名著选辑：上卷．北京：商务印书馆，1964：408.

② 同①415.

那可得好好儿拿点本领出来呢。如果你非要跟它作对不可，那只怕不但枉费心机，到头来还要弄得头破血流”①。他明确地宣称：“他们可以去找他们自己的乐趣——或者不如说，他们的腐败的嗜好；让我也利用这短促的人生，追求我的乐趣吧。”②

欲望本身并无善恶。食色，性也。没有自然欲望的满足，人的生存、发展也就无从谈起。正如我们不会对小鸟的觅食行为品评善恶一样，我们也不能说饥欲食、渴欲饮是恶的，它仅仅是一个自然行为，无所谓对错、善恶。但随着资本主义的发展，人的欲望甚至变成了潘多拉的盒子，人们为了金钱，为了自己的欲望的满足，想方设法地去调动别人的欲望，而被激活的欲望到处肆虐，侵蚀着人与人之间的关系，也破坏着人与自然的和谐。此时，正确地对待欲望与道德理性的关系对于人类的未来有着举足轻重的意义。

3. 欲望对道德推理价值依据的影响

在道德推理中，当道德推理的根据已经确定，道德事实已经确定，那么道德推理的结论就是根据逻辑思维规律自然地得出的，其间不容任何其他因素置喙，否则难以得出正确的结论。因此，在一个正确的推理中，欲望对道德推理的过程和结论是没有影响的。欲望的影响体现在道德推理的根据以及道德推理的结论能否执行上。

尽管理性主义者视欲望如洪水猛兽，但人们在进行道德推理时，往往在道德推理的前提中就包含了欲望的因素。一个道德决定往往是由一系列复杂的道德推理所得出的结论，其中某一个道德推理很可能是或隐或显地从自己的欲望出发的。而这个或隐或显地从欲望出发的推理在道德主体的道德决定中起到怎样的作用，往往取决于道德主体的价值观以及其欲望的迫切程度。一个极度饥饿的人，在进行道德选择时很可能放下自己的尊严，首先选择满足自己的口腹之欲。但也有廉者不受嗟来之食，宁愿饿死也要维护自己的尊严，不为自己的欲望所左右。因此，欲望对于道德推理的影响主要取决于两个层面，一是道德主体的价值观，二是欲望本身的强度。

---

① 卜伽丘. 十日谈. 上海：上海译文出版社，1981：260.

② 同①.

道德主体的价值观和欲望本身的强度决定了欲望在道德推理的根据中所占的比重。在道德主体的价值观中欲望所占的比重越大，欲望本身越强烈；在道德推理的根据和前提中欲望所占的比重越大，道德推理受欲望的影响越大。一个纵欲主义者和一个理性主义者在进行道德推理时，作为道德推理根据的道德理由是完全不同的。一个纵欲主义者可能每一个道德推理都以欲望的满足为前提，而一个理性主义者很可能在其道德推理中不见欲望的踪影。对于同一个道德主体而言，虽然其欲望在其价值体系中所居的位置是相对稳定的，但在不同境遇下，在不同欲望满足水平下，或者说欲望的强烈程度不同，欲望对道德主体的影响也是不同的。因此，欲望对道德推理的影响呈现出明显的个体差异。

虽然欲望本身并无善恶，但它还是有层次的，从不同层次、不同种类的欲望出发所进行的道德推理，其结论会将道德主体引向不同的道德实践。欲望既可能推动道德主体趋向积极的道德实践，成为道德主体向善的力量；又可能使道德主体成为欲望的奴隶，为满足欲望而失去道德的限制，成为推动道德主体向恶的力量。亚里士多德曾指出："既然有一些欲望和快乐在种上就是高尚的、备受赞扬的，例如，金钱、收益、胜利、荣誉以及诸如此类的事物，和居间的事物，人们并不因为接受、期望和喜爱它们而受责备，而是由于以某种方式即过度而受责备。"① 从"种上就是高尚的、备受赞扬的"欲望出发所进行的道德推理，其所得到的结论自然会是倾向于高尚的、备受赞扬的，孔子的"我欲仁"的欲望，就是如此。而从过度的欲望出发所进行的道德推理，其结论也将是受到责备的。因此，被置于道德推理的根据或理由体系中的欲望应该是"种上就是高尚的、备受赞扬的欲望"，也即理性的欲望。

"种上就是高尚的、备受赞扬的欲望"是理性所引导的欲望，是与主体的善的价值观一致的，"主动的行为或为人的力量或理性所决定的欲望永远是善的，其余的欲望则可善可恶"②。欲望本身是行为的动力，当道德理性将欲望引向善的一面，鼓励道德主体为满足自己的欲望以道德的手

---

① 亚里士多德. 尼各马科伦理学. 北京：中国社会科学出版社，1990：143.

② 斯宾诺莎. 伦理学. 北京：商务印书馆，1991：228.

段积极作为时，它带给人类的并不只是道德主体个体欲望的满足，同时也是对人类社会的贡献，是社会历史的推动力量。如亚里士多德所说："良好的行为就是目的，它是欲望之所求。所以，选择或者可以称为有欲望的理智，或者可以称为有理智的欲望。"①

这种欲望扬弃了自然性，更多地体现为社会历史性的欲望。这种欲望不会过度，它必然体现了社会历史条件又为社会历史条件所允许，它必然体现了道德主体改造自然与把握社会规律的能力，同时又是这种能力所能达到的。为理性所引导的欲望包含了更多的社会性内容，更注重欲望的社会性、精神性层面的满足。

为理性所引导的欲望，也是道德主体从长远的角度所肯定的欲望。它符合道德理性，更多地体现出道德主体的积极性、主动性。欲望具有主体性，有时也具有确定性、短暂性。一旦得到满足后，当下的欲望也就消失了。但是人的需要、利益可能具有长期性，有时放弃眼前某一欲望的满足，可能会获得长远的利益，获得一种更具社会性的欲望的满足。"人的本性总是想他人按照他的意思而生活。这种欲望，如果在一个无有理性指导的人，便是被动的情感，叫做野心，与骄傲没有什么差异，但反之，如果在一个依理性的命令而生活的人，则是主动的德行或德性，叫做责任心。"②

当人们以欲望的无辜为由，肆意地用不道德的手段，甚至罪恶的手段满足自己的欲望时，欲望必然背负恶名。这种恶是由欲望而起的，欲望是恶的动因，因此，对它又必须有道德的要求，必须有理性的引导。如孔子所说："富与贵是人之所欲也，不以其道得之，不处也；贫与贱是人之所恶也，不以其道得之，不去也。"（《论语·里仁》）他所强调的是给欲望加一个限制或前提，要"以其道得之"。

4. 欲望与道德推理结论的执行

在经过道德推理得出道德结论以后还有一个审视、执行道德结论的问题。在这一阶段，欲望也有着深刻的影响。

---

① 亚里士多德．尼各马科伦理学．北京：中国社会科学出版社，1990：116．
② 斯宾诺莎．伦理学．北京：商务印书馆，1991：242．

道德推理的结论能否得到执行往往与这一结论是否与道德主体内心的欲望相符有直接的关系。当道德推理的结论正是道德主体的欲望的深切期待时，这一道德推理的结论自然能够得到很好的执行。当道德推理的结论与道德主体的欲望不符时，道德推理结论的执行就需要有强大的意志力作为后盾，需要道德主体引导和克制内心的欲望，使道德推理的结论能够得到执行。

为什么会出现道德推理的结论与道德主体的欲望不符的情况呢？一种情况是道德推理本身不是从欲望出发的，而是从道德原则或者利益考虑等等出发的，也就是说道德推理的前提不是欲望，而是其他条件。另一种情况是道德推理的前提中包含欲望的因素，但这一欲望只是自己某一方面的欲望，或者是经过理性约束的欲望，从这些欲望出发得出的道德推理的结论与自己的其他欲望不符。无论是哪种情况，我们都假定这是符合个人价值观和当时境遇的理性选择，否则道德主体会重新斟酌自己的推理，重新确立道德推理的前提。

既然道德推理的结论是一个符合理性要求的、正确的选择，当道德推理的结论与自己的欲望不符时，人们就会面临这样一种情况："我知道这是对的，但我不想这样做，我想那样做。"那么，是做对的，还是做想做的？在《高尔吉亚篇》中，卡利克勒与苏格拉底对这个问题进行了讨论。

卡利克勒认为，应该做自己想做的，让自己的欲望得到最大限度的满足，"每个正义地活着的人都应当让他的欲望生长到最大程度，而不应当限制它们，凭着勇气和理智，应当能够让他的各种欲望都得到最大满足，这是他的欲望所渴求的"①。没有能力满足自己的欲望的人才会宣扬要控制欲望，他们就谴责能做到这一点的人，借此掩饰他们的无能。苏格拉底则用一个寓言来反驳卡利克勒。假如有两个人，各自拥有几只罐子，一个人的罐子都很好，装满了东西，一只盛酒，一只盛蜜，一只盛奶。他在装满了他的罐子以后不再自找麻烦去寻求进一步的供应，而是只要罐子里还有东西就不再忧愁。而另一个人的罐子起初是装满的，但他的罐子有裂缝，如果他不愿意忍受最大的痛苦，就不得不日夜操劳去装满他的罐子。

---

① 柏拉图. 高尔吉亚篇//柏拉图全集：第1卷. 北京：人民出版社，2002：379.

显然苏格拉底是用罐子来隐喻欲望，不断生长的欲望就像有裂缝的罐子，越要去装满这只罐子就越要日夜操劳，永无止境。但是，卡利克勒说，那个装满了罐子的人不能够再发现任何快乐，而快乐的生活需要最大可能的流入。对此，苏格拉底则说："如果一个人身上发痒，想要用手去搔痒，如果他能搔到心里十分满意为止，并且一辈子继续搔下去，那么能说他的生活是幸福的吗？"①

苏格拉底的问题无异于在问：你此时想要做的就真的是你想做的吗？你是想要搔痒本身还是想要搔痒带来的快感？甚至快感也是有差别的，苏格拉底指出，快乐是有好坏之分的，快乐与生活得好不是一回事，痛苦与生活得坏也不是一回事，只有那些使人变好、使人生活得更好的欲望才应当得到满足，只要灵魂是邪恶的、愚蠢的、无纪律的、不正义的、不虔诚的，它的欲望就应当受到约束，每个人都应当努力摆脱不守纪律的状况。一个人要想获得真正的幸福，只有让正义和节制在他的身上永驻。

人们常常并不知道真正想做的是什么，此时想做的其结果常常不是自己真正想要的。而真正要做的，正是经过理性推理得到的结论。但当推理的结论与当下的欲望不符时，当下的欲望总是会对道德推理的结论产生强烈的冲击。因此，中外智慧的先哲都提出了一个重要的德性，即节制。

亚里士多德在《尼可马科伦理学》中把节制视为灵魂的非理性部分的德性，一个节制的人对于欲望能够抱适中的态度："他不喜欢那些放纵的人所喜欢的东西，相反是讨厌它们。总的说来，他不去喜欢所不应该喜欢的东西，而且，这些东西里也没有任何东西使他太喜欢。他不因失去这些东西而痛苦，对此也没有欲望。也就是说，他是适度的，不比所应该的更多，不在所不应该的时候，如此等等。对于那些能导致健康或幸运的、令人快乐的东西，他适度地追求，并且以应该的方式。对于其他使人快乐的东西，只要它们不妨碍健康和幸运，或无损于高尚并且力所能及，他也是这样。有些人超出了这一界限，只图享乐，不顾价值。一个节制的人则不是这样，他以正确的原理为归依。"②

---

① 柏拉图. 高尔吉亚篇//柏拉图全集：第1卷. 北京：人民出版社，2002：382.

② 亚里士多德. 尼各马科伦理学. 北京：中国社会科学出版社，1990：63.

节制并不是禁绝欲望，而是不放纵欲望，不过度地追求不适宜的欲望的满足，但对于高尚的、有益的、无害的东西，只要力所能及，就适度地追求。而适度与否的标准则是“正确的原理”和“理性的安排”。节制者的欲望是与理性相一致的。节制就是以应该的方式，在应该的时间，欲求他所应该欲求的东西，节制以高尚为目标①。

我国的很多思想家也都论述了节制的思想。如先秦荀子认为，欲不可去，“凡语治而待去欲者，无以道欲而困于有欲者也”（《荀子·正名》），凡是主张为治而必先去欲的人，都是不懂得导欲而为有欲所困的人。欲望的产生取决于天赋本性，是人情之必然，但欲望能否去追求则是由人心所决定的，“心之所可中理，则欲虽多，奚伤于治！欲不及而动过之，心使之也。心之所可失理，则欲虽寡，奚止于乱！故治乱在于心之所可，亡于情之所欲！”（《荀子·正名》）只要心所认可的合乎道理，欲望虽多却不影响社会的治理；如果心所认可的欲望不合道理，即使欲望很少，也仍会产生动乱。因此，世之治乱在于心所认可的是否合理，而不在于情之所欲的多寡。我们可以将这里的“心”理解为理性的判断，欲望的为害或为益取决于人的理性的判断。所以，“以所欲为可得而求之，情之所必不免也。以为可而道之，知所必出也。故虽为守门，欲不可去，性之具也。虽为天子，欲不可尽。欲虽不可尽，可以近尽也。欲虽不可去，求可节也。所欲虽不可尽，求者犹近尽；欲虽不可去，所求不得，虑者欲节求也。道者，进则近尽，退则节求，天下莫之若也”（《荀子·正名》）。也就是说，认为欲望可以得到满足而去追求，是人之常情，不可避免；认为欲望是合理的而加以引导，是出于人的理智。人的欲望不可能去除，也不可能穷尽，所谓导欲，就是进而求欲望的满足，退而求欲望的节制。

总之，在理性与欲望的关系上，应当强调欲望的动力作用，承认欲望的自然性、合理性，同时要看到它的社会性、受制约性。二者的关系最终必归于以理性引导、节制欲望。

---

① 亚里士多德．尼各马科伦理学．北京：中国社会科学出版社，1990：64．

二、道德推理与道德情感

1. 从道德情感论与道德理性论的分歧谈起

休谟在他的《道德原则研究》中，开篇即提出：

> 有一场近来发生的争论很值得加以考察，这场争论涉及道德的一般基础；道德是导源于理性、还是导源于情感，我们获得对于道德的知识是通过一系列论证和归纳、还是凭借一种直接的感受和较精致的内在感官，道德是像对于真理和谬误的所有健全判断一样对一切有理性的理智存在物应当相同、还是像对于美和丑的知觉一样完全基于人类特定的组织和结构。①

对这一问题的不同回答是道德情感主义与道德理性主义的分歧之所在。

由于我们在前文中梳理道德理性的历史渊源时，已经从不同的侧面对道德理性论有所涉及，为了避免不必要的重复，在这里，我们从道德情感论的论述中分析道德理性论与道德情感论的分歧所在。近代以来的道德情感论主要起源于18世纪的英国，在同大陆唯理主义伦理学的争论中，英国经验主义伦理学逐渐转向了道德情感论。道德情感论的主要代表人物是莎夫茨伯利、赫起逊、休谟。

英国的道德情感论始于莎夫茨伯利，虽然他并没有对道德情感论展开充分的论述，但由于他开风气之先，因而在伦理学史上占有重要地位。18世纪关于沙夫茨伯利的评价很多，如基佐科认为："沙夫茨伯利的体系是英国伦理学的主要体系，因为后来的体系实际上只是一些特殊方面增补和发展了他的体系，而从未达到这一体系所具有的伟大的普遍性。"② 沙夫茨伯利的道德情感论主要是在批判霍布斯理论的基础上发展起来的。正如

---

① 休谟．道德原则研究．北京：商务印书馆，2001：22.

② 弗里德里希·包尔生．伦理学体系．北京：中国社会科学出版社，1988：162.

英国哲学家索利在《英国哲学史》中所指出的，“对他来说，敌人就是行为的自私理论，他发现这种理论不仅存在于霍布斯的著作中，而且也以较为含蓄的形式存在于洛克的著作中。他自己的伦理学著作打算说明人类自然本性的情感；但是也还有指向他所属的人类的利益的社会情感（或者依他自己所说，叫做自然情感）；他努力要证明的是，在这两个体系之间并无抵触”①。莎夫茨伯利认为，道德上的善恶取决于情感上的善恶，凡是出自不公正的行为所做的，就是不义、恶行和过失，如果情感公正、健全而良好，并且情感的内容有益于社会，而且还以有益于社会的方式施行，或有所感动，这就在任何行动中构成我们所说的公平与正直②。

莎夫茨伯利虽然提出了道德情感论，但并没有对它进行深入的阐述，真正从理性与情感的关系层面上对道德情感论进行了充分理论探讨的是赫起逊，他提出了完整的道德理论。赫起逊认为，道德感是人的内在本性，它是一种“调节和控制的机能”“感知道德上优越的能力”：

> 我们所谓道德感，只不过是我们心灵在观察行为时，在我们判断该行为对我们自己为得为失之前，先具有一种对行为采取可爱与不可爱意见的作用。③

他举例解释说，假如我们在两个人那里获得了同样的利益，一个人与我们有共同的好恶而且有一颗爱我们的心，虽然另一个人也让我们获得了同样的利益，但是他是出于自私自利或出于勉强，那么，在这两种情形中，虽然二者同样有利于我们，但我们对他们的感情却十分不同。所以我们对于道德行为的知觉不同于对于利益的知觉。他把接受道德行为知觉的能力称为“道德感”。

赫起逊认为道德感是对道德上的善与恶的知觉，这种知觉与对利益或者自然界的状况的知觉是不同的，它是一种对于理性主体敬爱的感情，是对高尚、优雅的品性和人格的敬爱之情。人们也会出于利害关系而处理自

---

① 索利．英国哲学史．济南：山东人民出版社，1996：167．

② 赫起逊．论道德上善与恶观念的起源//周辅成．西方伦理学名著选辑：上卷．北京：商务印书馆，1964：760．

③ 同②790．

己的行为，但我们对于别人的行为，对于道德上善与恶的感觉不会为利害的计较所打消。“道德感不能为利害计较所打消，要想用奖励或威胁的办法来使一个人对违反其道德主张的行为发生好评，这是多么可笑的一种企图！”①

麦金太尔在《谁之正义？何种合理性?》中对赫起逊的道德感的主要特点做了如下介绍：

> 首先，它是一种感觉，是我们冠之以“良心”（conscience）之名的那种感觉。作为一种感觉，它使我们直接察觉到特殊的东西，引出特定种类的赞成或不赞成。其次，因受到道德感使我们察觉的东西之驱动，我们得以解脱某种困难。其三，道德感所感觉的事物是那种感觉的特质，只有通过实施才能发现和鉴别。于是，让道德感提示的事物和特性所驱动，乃是让我们有一种调整那些其他情爱（驱使我们行动的情爱）的方法，而通过反思那一调整，我们发现如果我们允许有自爱和博爱，那样，而且只有那样，对道德优秀的尊敬才会配给它们，我们就会追求那种为保障幸福而最佳设计的生活方式。②

赫起逊认为，从行为的发生或行为的动机来看，道德上善或恶的每一种行为，都是出自理性者的某种感情，我们所说的道德或罪恶，就是指这种感情，或基于这种感情的行为结果。从行为的评价来看，出自道德感的行为，对某些人为仁爱，而且对其他人没有危害，这种行为便是道德的。相反，行为中没有仁爱存在，不以慈爱为目的，即使在事实上十分有用，但它们没有出自对他人的和善的用心，这也是没有道德之美的。

显然在行为动机与行为评价方面，赫起逊给了道德感以绝对的地位，但在行为选择方面，从赫起逊的论述中，似乎很难截然排除理性的因素。

---

① 赫起逊．论道德上善与恶观念的起源//周辅成．西方伦理学名著选辑：上卷．北京：商务印书馆，1964：789.

② 阿拉斯戴尔·麦金太尔．谁之正义？何种合理性?．北京：当代中国出版社，1996：360-361.

赫起逊认为，道德判断的准则是："凡产生最大多数之最大幸福的行为，便是最好的行为，反之，便是最坏的行为。"① 赫起逊较早地提出了后来为边沁所阐扬的最大多数的最大幸福原则，而且提出了判断我们自己或别人的行为的道德性的一系列原理：(1) 任何行为者之道德上的重要性，或为他所产生的公共善的量，是他的仁爱与能力的相乘积。(2) 私善之量或任何人对其自身所产生之善，是他的自爱与能力的乘积。(3) 若比较两个行为的道德性，而两个行为者的能力又是相同的，在相同情况下他们所产生的公善的量视其仁爱心而定。(4) 若两个行为者的仁爱心也相等，其他情形也相同，那么，公善之量须视他们的能力而定。(5) 行为者的德性或他们的仁爱心，永远与在相类情形中所产生之公善成正比，而与他们的能力成反比。

无疑，在行为选择方面，依据上述原理进行道德判断是无法离开理性的作用的，但赫起逊认为，人们是受道德感的引导而进行判断的。对手段或附属目的进行判断需要领悟或反思、比较、判断的能力，而关于最终目的，则不存在任何推理。在赫起逊看来，道德感不仅给我们提供了单一的道德判断，而且也把这些单一的道德判断作为原则的表达而提供给我们。正是因为这些原则不依赖于任何其他原则而成为正当合理的，所以，这些原则对于一般道德推理和实践推理来说才必然是第一原理②。

休谟从赫起逊那里接受了这样一种观点，即认为道德推理实际上是惰性的，它本质上根本不能驱使我们去行动。理性的作用在于发现真伪，但它没有任何主动力，它永远不能阻止或产生任何行为或感情。"道德准则刺激情感，产生或制止行为。理性自身在这一点上是完全无力的，因此道德准则并不是我们理性的结论。"③ "理性，在严格的哲学意义下，只有在两个方式下能够影响我们的行为。一个方式是：它把成为某种情感的确当

① 赫起逊．论道德上善与恶观念的起源//周辅成．西方伦理学名著选辑：上卷．北京：商务印书馆，1964：807.

② 阿拉斯戴尔·麦金太尔．谁之正义？何种合理性?．北京：当代中国出版社，1996：361-362.

③ 休谟．人性论：下册．北京：商务印书馆，1997：499.

的对象的某种东西的存在告诉我们，因而刺激起那种情感来；另一个方式是：它发现出因果的联系，因而给我们提供了发挥某种情感的手段。”①这里，休谟已经将理性的作用排除在道德判断和道德行为之外，他认为道德上的善恶的区分不可能是由理性进行的，因为善恶区别对我们的行为有一种影响，而理性是不能单独发生那种影响的。理性和判断通过推动或指导一种情感，能够成为一种行为的间接原因，但道德上的善恶区别是由道德感而来的。

休谟认为情感或情绪是原始的存在，是自身完善的。有一些平静的欲望和倾向虽然是实在的情感，但很少在人心中引起什么情绪。这些欲望有两类：一类是人性中固有的本性，如慈善和愤恨，对生命的珍爱和对子女的爱怜；另一类是普遍地趋善避恶。当这类情感处于平静状态，不引起灵魂骚动时，就很容易被视作理性的决定。但休谟声称，它们不是理性的决定，而是一种平静的情感。只有情感才能引起行为的发生，情感是行为的原因②。

对于行为的发生，情感与理性所起的作用是不同的。当休谟把欲望和倾向视为情感或情绪时，他不仅指它们是情感方面的东西，也强调它们不能由理性得出。在理性和情感的关系上，理性是情感的奴隶，除了服从和服务于情感外再也不能有其他功用。情感始终是决定性的，而理性则不能单独引起行为发生。“无论如何，人类行为的最终目标永远不能用理性来解释。”比如，如果问一个人为什么锻炼身体，他会说，因为想保持健康，再问他为什么要保持健康，他也会很容易地回答道，因为患病是痛苦的。如果再追问，为什么害怕痛苦，那他可能会无言以答。因此，休谟说：“不可能有一个无限的过程，也不可能一事物总能成为另一事物被欲求的理由。某个事物之所以被欲求，必定是因为它自身之故，因为它直接符合或一致于人的情感或感情。”③

上述论述被美国学者巴里·斯特德视为休谟对理性的观点的最好说明。休谟并不否认通过道德推理能够获得在进行推理之前所没有的需要或

---

① 休谟．人性论：下册．北京：商务印书馆，1997：499．

② 同①455．

③ 休谟．道德原则研究．北京：商务印书馆，2001：145-146．

倾向，比如，我们向往健康，通过推理，会引起我们对于锻炼的欲望，它向我们提供了锻炼这种新的要求和倾向，但是，如果我们不需要健康，推理也不会带给我们锻炼的欲望。也就是说，推理要为我们提供新的需要和倾向，我们必须事先已经有一种需要和倾向。

休谟等人对道德情感的强调，对道德理性的作用的某种限定是有一定的理论意义的，正是在这个意义上，人们给休谟以高度评价，正如英国哲学家索利在《英国哲学史》中所评价的：对于大卫·休谟，人们这样评价他，“在同一个时期，没有第三个用英语写作的人像这两个人（另一个人指亚当·斯密）中任何一个那样对人类意见产生如此重大的影响”①。

综上所述，我们从道德情感论的阐述中可以看出，道德情感论与道德理性论的分歧主要表现在以下两个方面。一是在道德的来源和根据上：道德情感论认为，道德来源于道德感，人们的行为依据也在于道德感；而道德理性论认为，道德来源于理性，人应当依理性行事。二是在对道德行为与道德生活的影响上：道德情感论认为，道德推理不具有推动功能，它不会引起道德行为；道德理性论则认为，必须以理性约束情感，从而使人的行为符合道德生活的秩序。

在道德来源的问题上，无论是道德理性论还是道德情感论都从人自身寻求根据，因而也都无法在这个问题上求得真正的答案。而在理性与情感的功能方面，二者则各有偏颇。事实上，我们不得不承认道德情感论对于道德情感在道德生活中的重要作用的认识，也无法否认道德情感对于道德推理的浸润和支撑，同时我们也同样无法否认道德理性对于道德情感的重要的引导、约束甚至强化作用。

2. 道德情感在道德推理中的浸润

道德情感与道德理性各司其职。在道德推理过程中，道德情感并不是显在地在场的，但它与道德理性都是一个人德性的重要组成部分，这个独特的地位决定了它必须对道德推理发挥重要的作用。

---

① 索利. 英国哲学史. 济南：山东人民出版社，2007：173.

（1）道德情感是德性的组成部分

没有良好的道德理性，人们无法进行道德推理，无法过一种有德性的生活，同样，没有健康的道德情感，人们也无法形成良善的品质，无法成为有德性的人。一个有德性的人是道德情感与道德理性都健全的人，道德情感是德性的重要组成部分。

德性也就是人的道德品质，是社会道德原则和规范在个体思想和行为中的体现，是道德主体在道德实践活动中所表现出来的比较稳定的行为特征和心理倾向。德性本身既包含了理性的内容，也包含了情感的内容，有德性内在地要求有深沉明智的道德理性和健康高尚的道德情感。亚里士多德将德性分为理智的德性和伦理的德性，其中，伦理的德性就是关涉到快乐和痛苦的德性，它与情感和行为相关。

德性体现在具体行为中，而一个具体的道德行为的完成不仅有理性的因素，更有情感的参与。行为的发动、行为的坚持以及最终结果的实现都离不开情感的作用，每一个行为中都蕴涵了道德主体的深厚情感，在道德主体的道德推理和理性选择中也带有道德主体的情感倾向。亚里士多德认为合乎德性的行为包含三个特征："第一，他必须是有所知，自觉的；其次，他必须是有意识地选择行为的，而且是为了行为自身而选择的；第三，他必须在行动中，勉力地坚持到底。"① 这三个特征中，如果说前两个特征有较强的理性色彩，后一个特征则必须有情感的参与才能实现。

德性是一种稳定的心理倾向和素质。这种倾向和素质既包含道德理性的水平，也包含道德情感的水平。有德性的人有较高的道德理解力和判断力，对道德理性原则有较高的认同感，从而在复杂的道德环境中，在艰难的道德抉择中做出善的明智选择。有德性的人也有和谐、高尚的道德情感，有仁爱之心，有忠恕之情，在现实的道德关系中能够实现情与理的完美结合。

（2）道德情感的特征及其对道德推理发挥作用的机理

情感是一种非常复杂的心理现象，广义的情感状态包含了情绪、欲望、情感、激情等内容。虽然这些内容存在差别，但现代心理学很难对其

① 亚里士多德．尼各马科伦理学．北京：中国社会科学出版社，1990：30.

做出精确的区分。比如，情绪与情感。从需要的角度看，情绪主要是和机体的需要相联系的，如人对食物的需要得到满足后的愉悦感，而情感是和人的高级的社会性需要相联系的，如与人际交往的需要相联系的尊重感；从发生的角度看，情绪发生较早，随着年龄的增长、生活阅历的增加，情绪体验会越来越丰富，而情感的发生与人的社会需要相联系，是逐渐发展起来的；从反映的角度看，情绪带有情境性、不稳定性和易变性，而情感则相对稳定。但是在现实生活中，人们的情绪与情感是纠缠在一起的，难以分开。情感是在一定的情绪的基础上逐渐积累形成的，会对情绪产生巨大的影响。因此，情感也就不可避免地带有情绪、欲望、激情等所具有的特点，即冲动性、情境性和非理性。道德情感作为一种社会性的情感，它是稳定性与冲动性、社会性与个体性、理性的内容与非理性的形式等的统一，它具有稳定性、社会性与理性，另外，它也同样具有冲动性、个体性与非理性。

道德情感中的冲动性、个体性与非理性的一面会对道德推理的过程产生冲击。正如法国学者拉罗什福科所说："激情有自己不义的嗜好，使它的主人做出非常危险的事情。我们应当谨防它们，即使在激情表现得似乎最合乎理性的时候。"① 道德情感中的冲动性、个体性与非理性的一面可能会使道德主体做出与其稳定的道德情感和道德观念相悖的道德推理来，并且推动着道德主体实施道德推理的结论。因此，它需要道德理性的统驭，以使其保持一种和谐。这也正是我国古人强调喜怒哀乐"发而皆中节"（《礼记·中庸》）的原因。

道德情感中的稳定性、社会性与理性会对道德推理的过程产生正向的、积极的影响。道德情感是在情绪性情感的基础上不断积累、消化、升华而形成的，虽然其中仍然包含了情绪性的内容，但它是一个逐渐去除其中的情绪性而积淀其中的社会性内容，逐渐去除其中的冲动性而积淀其中的稳定性内容的过程，而这个积累、消化、升华的过程正是道德情感的理性内容逐渐凸显和呈现的过程，甚至也可以说它是一个包含了理性选择的过程。正如李建华在《道德情感论》中所指出的：

① 拉罗什福科. 道德箴言录. 北京：西苑出版社，2004：5.

道德情感的基本心理形式虽然仍是情感，但已是受道德理性内控的情感，从而使主体情感活动保持正确的方向性、有序性和可控性。这是道德情感与自然性情感的最大区别。①

以理性来控制情感可以说是理性主义者在理性与情感问题上的主调。最早的有关理性与情感关系的论述见于柏拉图对于苏格拉底的记载中，而苏格拉底对这个问题的看法就是如此。苏格拉底在被判处死刑后，他的朋友克里托设计好了营救计划，去狱中劝说苏格拉底同意他的朋友们来救他。此时，苏格拉底有一段关于情感与理性的谈话，是我们所见到的关于情感与理性的关系的最早论述。他说：

亲爱的克里托，我非常赞赏你热烈的情感，也就是说，我假定这些热情都有正当的理由。否则的话，你的情感越强烈，我就越难对付。好吧，我们必须考虑是否必须接受你的建议。你知道，我决不从任何朋友那里随便接受建议，除非经过思考表明它是理性提供的最佳办法，这并非我的新想法，而是我的一贯做法。我不能仅仅因为现在的遭遇而放弃过去一直坚持的原则，它们在我看来依然如故，我现在依然像从前那样敬重和对待这些原则。②

从这段话中我们可以知道，首先，柏拉图把听从理性的指导作为一贯的原则，无论何时何地，都始终如一地坚持这一原则，甚至不惜以生命来捍卫这一原则。其次，热烈的情感要以符合理性为前提，唯有在这一前提下情感才是值得赞赏和肯定的。此后，很多学者对这一问题的看法都是如此。如，古罗马哲学家西塞罗指出："精神活动也有两种：一种与思想有关，另一种与感情冲动有关。思想主要从事于发现真理，而感情冲动则导致行动。因此，我们应当注意，尽可能地思考些高尚的问题，并将感情冲动置于理性的控制之下。"③ 法国学者拉罗什福科认为："人类被创造之初跟他现在的情况不同的一个令人信服的证据是：他越是变得有理性，就越

① 李建华. 道德情感论. 长沙：湖南人民出版社，2001：78.

② 柏拉图. 克里托篇//柏拉图全集：第1卷. 北京：人民出版社，2002：38.

③ 西塞罗. 有节制的生活. 西安：陕西师范大学出版社，2003：147.

是在自身中对他的情感和爱好的怪诞、卑鄙和腐败感到羞愧。”① 斯宾诺莎则把人在控制和克制情感上的软弱无力称为奴役，认为人若被情感所支配，行为便没有自主之权，人便受到命运的宰割。

需要强调的是，道德情感与道德理性并不是对立的，它们之间是互补的。以理驭情，以理智约束情感，只是约束情感的冲动性、个体性、非理性，使其与情感自身的稳定性、社会性与理性相协调，而不让它片面发展，否则道德情感将完全呈现冲动性、个体性、非理性的状态。正因为道德理性与道德情感不是对立的，因此，道德理性对道德情感的统驭和控制就不是野蛮的、无理的。相反，这种统驭和控制是在理解的基础上进行的，而且道德理性越是能够理解道德情感，它控制道德情感的能力也就越强。正如斯宾诺莎所指出的：“在我们能力范围内去克制情感的药剂，除了力求对于情感加以真正理解外，我们实想不出更良好的药剂了，因为我们上面已指出过人的心灵除了具有思想的力量和构成正确观念的力量以外，没有别的力量。”② “只要我们对于我们的情感还缺乏完备的知识时，我们最好是定立一个正确的生活指针或确定的生活信条，谨记勿忘，不断地应用它们来处理日常生活中发生的特殊事故，这样庶可使我们的想象力受到这些指针和信条的深刻影响，感到它们随时均在心目中。”③

总之，道德情感对于道德推理发挥作用的机制是双向的。一方面，道德情感会对道德推理产生深刻影响，其中的情绪性因素会对道德推理的进行产生一定的冲击，而其中相对稳定的社会性因素会对道德推理产生正向的稳定的作用。另一方面，由千百次的道德推理的重复而形成的道德理性对道德情感也会产生深刻的影响，使道德情感与道德推理的结论更加趋同。在对道德情感缺乏足够的理解时，要以一般的道德理性的成果——生活信条来引导控制道德情感。要将这些理性的箴言常记心中，并且熟思当面临那些情感的困扰时，如何去消除它们。

---

① 拉罗什福科．道德箴言录．北京：西苑出版社，2003：87.

② 斯宾诺莎．伦理学．北京：商务印书馆，1991：242.

③ 同②245.

(3) 道德情感对道德推理的支持

关于道德情感对道德推理的支持作用，康德的论述对我们很有启发意义。作为一个理性主义者，他对实践理性呈现给我们以供我们遵守的纯粹的、脱尽一切利益的道德法则给予了极高的地位，在他看来，实践理性的声音甚至使胆大绝伦的罪人战栗恐惧，不得不闻而逃匿。但在对于道德法则的无限宝重之中，仍旧存在着一种被康德称为“如此独特的东西”，即道德情感。他指出：“在每一个有限的理性存在者那里，这样一种情感是与道德法则的表象不可分割地联结在一起的……它是这样一个情感，单纯关涉实践的东西，并且仅仅依照法则的形式而非由于法则的客体才与法则的表象相联系，从而既不能够算作愉快也不能够算作痛苦，然而产生了对于遵守法则的一种关切，这种关切我们称为道德的关切。于是，对法则采取这样一种关切（或者对于道德法则本身的敬重）的能力其实就是道德情感。”①

康德把对于道德法则的敬重称为道德情感，道德情感的根据是纯粹实践理性。在行为主体中并不是先行就有与道德相称的情感，而是道德法则作为道德主体的行为决定根据，对主体的感性施加了影响，产生了促进法则去影响意志的情感。一切情感都是感性的，而德性意志的决定根据必须超脱一切感性条件。道德情感的“决定原因存在于纯粹实践理性之中，并且就其源泉而论这种感受不是本能的，而必定意味着是出于实践的作用的”②。“这种（道德名义之下的）情感仅仅是由理性导致的。它并不用来判断行为，更不充任客观德性法则本身的基础，而只是充任使这个法则本身成为准则的动力。”③ 从道德情感的根源出发，康德对道德情感的作用也做出了自己的判断。他显然不会将道德情感置于行为主体的行为选择的根据的地位，这一至尊的地位只能留给理性，而情感只是起辅助的作用，有助于行为主体将客观的德性法则认同为自己的行为准则。在他看来，道德情感只能听命于理性，而不会有自己的独立的地位。虽然康德无法脱去他作为一个道德理性主义者所固有的理论倾向，但他作为一个

① 康德．实践理性批判．北京：商务印书馆，1998：86-87.

② 同①82.

③ 同①82-83.

伟大的思想家并没有否定道德情感的作用，而且对其给予了精辟的论述。他将道德情感视为对道德法则的关切和敬重，并且视其为由道德法则到道德主体的道德准则的动力。这种动力作用，正是道德情感对道德推理的重要支持。

道德情感是道德推理的固化，是道德推理成果的体现。如前所述，道德情感本身浸润着道德的理性内容，它以情感的形式对道德的理性内容如道德关系的原则、规范、理论等加以把握。道德情感伴随着道德认识的过程而产生，也伴随着道德认识的发展而发生变化。道德情感以它特定的形式对道德认识的每一发展变化加以整理、记录，将其融入道德情感的结构中去，将道德认识的理性成果加以自觉体认和固化，凝结成道德情感的理性内容，并在具体的道德实践活动中表现出来，给道德推理以支撑。

道德情感又对道德推理起到了动力作用。道德情感具有的情绪性、个体性和非理性也使它表现出非常活跃的一面，受到理性的良好引导的情绪性、个体性、非理性往往能够发挥出理性所不具有的积极作用。积极肯定的道德情感会使道德主体以积极的态度悦纳道德对象，从而使道德认识按道德情感所指定的方向发展，以达到从心所欲不逾矩的状态。可以说，道德情感影响着道德认识活动的方向，有时甚至会左右道德认识的方向。

正是由于这种固化作用和道德情感的个体性，才使道德情感成为道德原则个体化的重要环节。社会化的道德原则总要最终被道德主体所认同才能成为道德主体的行为准则，才能发挥其应有的规范作用，引导道德主体的行为选择和道德评价。道德主体对道德原则的认同，如果仅仅停留在理性认同的阶段，道德原则还外在于道德主体，是道德主体的约束力量，道德主体还时时地感觉到道德的异己性，这样，道德主体就很难真正地遵守道德。道德主体只有在情感上认同道德原则，把道德理性固化为道德情感，道德才能真正驻入道德主体的内心，道德才能真正成为主体的道德。

三、道德推理与道德意志

1. 意志及其特点

意志是指主体自觉地确定目标，有目的地调节、支配自己的行为，克服困难，实现预期目的的心理品质。在这个过程中，意志表现出明确的目的性、坚韧性和自控性。

意志的目的性是指意志与明确的目的是分不开的，没有目的的行为不是出于意志的行为，而是一种随意性的行为。人在意志活动中不仅能够认识到自己的目的性，充分认识自己行动的社会意义，而且能够在这种目的的指导下选择自己的行为方式和实现目的的途径，使自己的行动服从于自己的认识和社会要求的品质。

意志的坚韧性是指一个人在执行意志的决定时具有坚韧的毅力，在克服困难时百折不挠，坚持不懈。一方面，它表现为意志的顽强性，坚决抵制与行动目的相矛盾的主客观因素的干扰，经得起长时间的磨炼和考验；另一方面表现为意志的坚持性，即锲而不舍、善始善终、坚持到底。

意志的自控性指能够自觉地协调自己的情绪、约束自己的言行的品质，通常所说的克制、克己就是指意志的自控性。意志自制的人具有高度的克制力和忍耐力；善于迫使自己执行意志的决定，并能战胜与执行决定相对抗的因素；善于在行动中抵制消极的情绪和冲动的行为，并适时控制、调节自己的行为。

意志活动是与克服困难紧密相连的。困难既有客观原因造成的，也有主观原因造成的。客观的困难主要是指外部的环境不适宜特定意志的执行，比如缺乏必要的条件，周围人的不理解，甚至阻挠，其他动机与目的的诱惑等等。主观的困难主要是指主体的能力不足，缺乏经验以及坚持到底的决心、毅力、恒心，不够坚忍，等等。困难既是对主体意志的考验，也是对它的磨炼。克服的困难越大、越多表明意志越坚强；而无法克服困难，在困难面前丧失信心、畏缩不前，或者心存侥幸、草率行事，都是意志薄弱的表现。

2. 道德意志及其特点

道德意志就是人们在按照道德原则和要求进行道德抉择与行动的过程中，通过自觉地确定目的、支配行动、克服困难等表现出来的能动的实践精神，是在履行道德义务的过程中所表现出来的毅力和决心。它既是意志在道德活动中的表现，体现为意志的一个特殊类型，又是意志的一个侧面，贯穿于意志的全过程之中，对意志的全体起着引领的作用。道德意志具有意志所具有的特性，同时也具有自己的独特性。

（1）自由

恩格斯说："如果不谈谈所谓自由意志、人的责任、必然和自由的关系等问题，就不能很好地讨论道德和法的问题。"① 道德意志自由是指主体在道德活动及其结果中，能够根据自身的意志或愿望任意做出某种选择。这种道德意志自由是道德责任的前提，没有自由也就无所谓责任，完全出于强制的行为，就难以说它是道德的或不道德的。这是因为，如果行为出于强制，道德主体就无法进行选择，当然也就无所谓选择的责任。亚里士多德是最先提出自由问题的人之一，他认为对出于自愿的行为才能够进行道德评价，才能称赞或责备。

但是，自由从来不是绝对的、无限的，所谓绝对的、无限的自由是虚幻的。在伦理学史上不乏绝对自由论者。存在主义思想家萨特就是其中著名的代表。他认为，存在先于本质，一个人是一个怎样的人完全由他自己决定和选择，所以是人选择了自己，人通过自己的道德选择造就自己。人类的处境就是这样一种自由选择的处境，人有承担责任的完全自由。所以，人也要承担完全的责任。黑格尔早就批评过这种虚假的自由：

> 当我们说到意志的自由时，大都是指仅仅的任性或任意，或指偶然性的形式意志而言。诚然，就任性作为决定这样或那样的能力而言，无疑地是自由意志的一个重要环节（按意志的概念来说它本身就

---

① 马克思恩格斯全集：第20卷. 北京：人民出版社，1971：124.

是自由的)；不过，任性却不是自由的本身，而首先只是一种形式的自由……任性的内容是外界给予的，并不是基于意志本身，而是被意识到以外在环境为根据的。就这种给予的内容来说，自由只在于选择的形式，这种表面上的选择，也只是一种形式上的自由，因此也可看成只是一种主观假想的自由。试加以最后的分析，便可看到，那同样的外在环境，即那引起意志作任性的决定的环境，也必须认作是使意志所以恰好作出这样决定而不作那样决定的原因。①

自由看起来是任性的，但这种任性只是表面的，任性的内容本身就已经是被给予的，而不是绝对任性的。意志之所以做出任性的决定，恰恰是由外在环境决定的。

现实的自由是包含着必然性的自由。不包含必然性的自由是抽象的、不真实的。自由本质上是具体的，它永远自己决定自己，因此同时又是必然的，是一种内在的必然性，是对必然的认识与把握。“人对一定问题的判断**愈是自由**，这个判断的内容所具有的**必然性**就愈大；而犹豫不决是以不知为基础的，它看来好象是在许多不同的和相互矛盾的可能的决定中任意进行选择，但恰好由此证明它的不自由，证明它被正好应该由它支配的对象所支配。”②

意志自由是对必然性和在行动中对必然的驾驭。“自由不在于幻想中摆脱自然规律而独立，而在于认识这些规律，从而能够有计划地使自然规律为一定的目的服务……因此，意志自由只是借助于对事物的认识来作出决定的那种能力。”③ 道德主体正是在承担道德责任、履行道德义务的过程中实现道德意志自由的。

自由意志不是任性，而是一种自我限制性的希求和决定，这就意味着“应当”。意志一旦作出希求和决定，就是给自己设定界限，提出“应当”的要求，这就给行为规定了责任。自由意志通过责任进入现实，也就是进入外部世界发展的必然性领域。因此，自由是与对必然性的认识和责任相联系的，意志自由只是借助于对事物必然性的认

---

① 黑格尔. 小逻辑. 北京：商务印书馆，1980：105.

② 马克思恩格斯全集：第20卷. 北京：人民出版社，1971：125.

③ 同②.

> 识作出决定的能力。在这里，必然是根据，责任是中介，自由意志就是由虚变实的内在的能动力量。因此，人们对事物的必然性认识越清楚，尽到自己应尽的责任，也就越能得到自由。①

放弃责任就等于放弃了自由，离开责任的所谓自由不是真正意义上的自由，而是放肆或随意。道德意志表现为一种经过慎思而自主地选择道德责任的能力，同时也只有在道德责任的约束下，主体才能做出正确的行为抉择。道德意志是自由的、有主动性的，所以人应当对自己的行为负责。一个有道德的人，应该积极地用理性权衡和选择道德行为。这就是在道德责任规约下的意志自由。但这种自由并不是随心所欲，它意味着应当，意味着自主、自律，而这才是道德意志的意志自由，也才是道德意志的重要特点。“意志自由，否定地说，自由意味着意志不受外部原因决定而行为的能力。肯定地说，自由是意志按它自身强加给自己的规律行动的能力。这样理性的自由和自律是相同的。”②

（2）自律

道德意志自律是对道德规范的认同，是自己为自己立法。道德规范是道德理性认识的成果，但这种规范如果仅仅停留在理性认识的层面上，还不能对道德主体发生作用，它还必须为道德主体所认同和敬畏，使道德主体自觉地服从道德规范的要求，并把这种要求视为自己的道德需要。也就是说，道德意志自律就是要将外在的道德规范内化为自己的道德法则，并在自己的道德法则的基础上，为具体的行为制定行为准则。

谈到意志为自己立法的观点，自然要说到康德。康德认为，每一个有理性者，都有一个制定普遍规律的意志。他通过自己的行为准则把自己看成是普遍规律的立法者，并且用这个标准去评判自己的行为。他认为，人只受自己制定的普遍规律的约束，意志才是自己的规律的来源。“绝对善良的意志，它的原则，必定是一个绝对命令，因此，这意志不会被任何特殊的对象所决定，它的本质，只包含一般意志活动的形式——自律。”③

---

① 宋希仁. 论道德的“应当”. 江苏社会科学，2004（4）.

② 弗吉利亚斯·弗姆. 道德百科全书：康德条. 长沙：湖南人民出版社，1988：230.

③ 周辅成. 西方伦理学名著选辑：下卷. 北京：商务印书馆，1964：375.

而意志的自律正是意志的自由："意志的自由，若不是自律（使意志成为自己的规律的东西），还能是什么呢？……自由意志，和遵从道德规律的意志，同是一回事。"① 换句话说，意志为自己立法，这就是意志的自律。在康德看来，意志的自律是意志活动的形式，也是人的尊严的基础。道德意志自律是对道德主体的自觉约束。它自觉地约束道德主体，使其行为符合意志所确立的目的，符合意志为自己所立的法。但是，道德主体的行为常常会受到欲望、需要等因素的影响和左右，因此意志的约束常常表现为对欲望等非理性因素的引导和控制，尤其是在这些非理性因素与道德推理的结论相冲突时，意志的约束作用就显得更加重要。

（3）自主

道德意志的自主性表现在它能够自主地进行理性的选择，达到善的目的。它在过程上表现为自决，即道德意志的自我选择；在结果上表现为向善。

意志要表现自己的功能，达到自己的目的，就必须自己做出决断。首先，自决表现为不受外界环境的干扰，不随波逐流。道德意志坚强的人能够坚定地面对现实生活，面对逆境的艰难困苦，面对顺境的意气风发，能够始终如一地坚持操守，在任何环境条件下都能够审时度势，做出善的抉择。这种自决既不是盲目的，又不是懦弱的，不把自己的命运交给别人去安排，而是自我决定。其次，自决表现为不为主观的任性所驱使，保持理性的品质。道德意志的自由不是主观的任意，不是激情、欲望那样的自愿，而是超越于非理性的欲望，能够主宰自己。

> 道德要求之命令意义上的应当，最终是针对一个依据自我设定的法则行动的人的那种打着着重号的自由意志：就其完完全全为道德洞察所决定而言，惟有这一意志是自主的。对于来自实践理性的意志的规定而言，道德法则的适用领域内的界限既不是通过偶然的爱好，也不是通过生活的历史及个人的同一性来划定的。只有为道德洞察所引导的因而完完全全是理性的那种意志才称得上是自主。在这一理性意

① 周辅成．西方伦理学名著选辑：下卷．北京：商务印书馆，1964：376．

志里，意欲中的或者有关一种独特的、同时又总是真实生活之决定中的所有非自主的特性已被清除殆尽。①

自主的道德意志在目标指向上是向善的。意志的目的是不同的，可能指向任何方向，但自主的道德意志必定是向善的，道德意志的活动是向善的活动。以善为目的是道德推理的价值依据，道德意志通过自主自决的活动，将道德推理的内在要求化为特殊的道德意志，成为道德主体向善的追求。如姚新中在《道德活动论》中所指出的："屈从于恶的支配，听凭恶的摆布，就是丧失了意志的自主性，就是意志的自甘堕落，也就不是道德的意志。"② 这里所说的道德意志的自主性表现为向善性，并不是说作为纯粹的心理现象的道德意志先天具有善性，而是说道德意志并不是绝对自由的、先天的，而是有所规定的，这种规定便是责任、理性，便指向善的目标。

3. 道德推理与道德意志的相互固化

在道德推理与道德意志的关系方面，黑格尔关于理智与意志的观点值得重视，他指出："精神首先是理智；理智在从感情经过表象以达于思维这一发展中所经历的种种规定，就是它作为意志而产生自己的途径，而这种意志作为一般的实践精神是最靠近于理智的真理。"③ 他认为，如果没有理智就不可能具有意志，意志在自身中包含着理智的东西。道德推理与道德意志是不可分的。

（1）道德意志的活动过程离不开道德推理

道德意志的活动过程可以分为三个阶段：一是确立目标的阶段，二是选择道德手段、制定计划的阶段，三是执行决定的阶段。整个过程须臾不能离开道德推理。正如苏联哲学家戈卢宾科所说："意志的基本作用首先取决于如何在正确认识的基础上确定目的，然后取决于作出决定，即决定

---

① 哈贝马斯．商谈伦理学的诠释//万俊人．20世纪西方伦理学经典·伦理学前沿：道德与社会．北京：中国人民大学出版社，2004：550.

② 姚新中．道德活动论．北京：中国人民大学出版社，1990：183.

③ 黑格尔．法哲学原理．北京：商务印书馆，1961：11.

为达到既定目的应该或不应该行动，也取决于为实现目的而选择的手段和途径，最后意志的最积极的作用就是达到目的，完成所作出的决定。”① “这里需要强调的是其基本作用是在正确认识的基础上进行的，也就是说，是在理性的功能发挥的基础上进行。人的意志在把可能性转变为现实性的过程中，人必然要根据必然性，根据理性的认识来行动。”② 意志的活动需要在道德推理的基础上进行，正确的道德认识需要有道德推理的参与，为实现目的而选择手段和途径更需要道德推理，而意志的决定最终同样需要道德推理的验证。

在意志活动的第一阶段，道德意志活动始于愿望，而愿望是由道德主体的欲望、爱好、需要等个人性因素诱发的。任何意志行为都是由一定的愿望引起的，有的时候不同的愿望会引发同一行为，而同一愿望也会引发不同的行为。人会面临着各种不同的诱惑，会有多种不同的愿望，这些愿望之间时常会产生冲突，而且这种冲突是多方面的。冲突越尖锐，做出选择越困难，人们会在各种愿望之间举棋不定，犹豫不决。愿望本身的复杂性以及愿望与行为之间的复杂性使道德主体对于愿望的选择成为一个复杂的意志过程，而这个过程以道德推理的参与为前提。任何目的都不是头脑中自生的，而是理性认识的结果，是理性选择的结果。人的目的并不是任意地提出的，它总是建立在道德理性通过道德推理对于道德主体的欲望、需要进行判断的基础上，并且它也总是在理性通过道德推理对于客观规律、客观世界的把握的基础上提出来的。“人的目的是客观世界所产生的，是以它为前提的”③。完全不经过理性选择的目的，只能称为任性，其危害是很大的。首先，确立目标要通过道德推理对复杂的客观情况进行分析，使道德意志认识到主观的愿望是否具有客观性、现实性；其次，通过道德推理对多个愿望的辨析，使道德意志了解其紧迫性、切近性；最后，通过道德推理对道德规范的认识，使道德意志能够为自己立法，使愿望的决定符合向善的目标。

---

① B. Л. 戈卢宾科. 必然和自由. 北京：北京大学出版社，1984：149.
② 同①153.
③ 列宁全集：第55卷. 北京：人民出版社，1990：159.

在意志活动的第二阶段，意志对于手段的选择也离不开道德推理。在道德目的已经确定的情况下，人们还会面临不同的手段的选择，面临不同的实施方案和计划的选择。手段是达到目的的途径，方案和计划体现了达到目的的具体过程。好的手段、好的方案与计划能够收到事半功倍的效果，反之，不仅不会达到预想的目的，甚至会产生相反的效果。对手段与实施方案的选择需要意志的努力。但是对手段、计划的拟定，对其所能达到的效果、优缺点、道德后果的判断，对不同手段、计划的比较分析等都需要理性的分析及道德推理的参与，需要审时度势，对具体情况进行具体的分析和判断。要分析已有的条件，检索以往的经验，预测未来的结果，进行反复的权衡，从而确定最终的计划与方案。这些过程就构成了意志活动的理性成分，离开了理性参与，离开了道德推理活动，意志活动也就无法展开。

在意志活动的第三阶段，即执行决定的阶段，需要更大的意志努力。首先，执行决定需要智力与体力的支出和投入，需要忍受由此而带来的生理的疲劳，精神的紧张、不安，以及艰苦的理性思维过程。其次，要克服由智力与体力支出所带来的消极的情绪体验，如焦虑、担忧、畏惧等等，还要克服自身的影响目的实现的不良习惯，如懒惰、懈怠、保守等。再次，要克服在执行决定的过程中新出现的一些干扰和诱惑，保证预先确立的目的的实现。最后，还要克服在执行决定过程中出现的各种各样的困难。这一艰难的道德意志活动过程更需要道德推理的结论作为强有力的支撑才能够完成。这是因为：一方面，执行决定的过程本身就需要理性及道德推理的参与；另一方面，克服消极的情绪体验以及各种各样的困难、干扰也需要理性的指导。

（2）道德意志对道德推理的支持作用

首先，意志是非理性通往理性的中介，担负着理性对非理性的支配和调节的职能，而道德推理正是一个理性的过程，这个过程需要道德意志的保驾护航。意志与理性相互支持，以实现对非理性的欲望、情感的控制。意志的实现过程，体现了理性与非理性的统一。而情绪等非理性的心理过程既可能是意志的动力，也可能是意志的阻力。当情绪等非理性的过程与行动目标相一致，对其起推动和支持作用时，这些非理性因素就会成为意志的动力。而当人在从事一种他的情感和欲望所不乐于从事的事情时，这些非理性的因素就会成为意志的阻力，妨碍意志的贯彻。当人面临种种困难时，一些消极的情绪体验如困惑、焦虑等也会成为意志的阻力。意志克服这些非理性因素所造成的阻力的过程，也就是理性因素对非理性因素的指导、约束的过程，也就是理性因素战胜非理性因素的过程。理性本身并不具有控制情感的功能，这个功能是通过意志来实现的。要想使道德推理不受各种非理性因素的干扰，保证其按照理性的逻辑正常地进行，必须有意志品质的参与。

其次，道德推理过程本身是一个有计划、有目的的过程，同时也是一个十分复杂的过程，这个过程需要意志的努力。如前所述，道德推理过程可以概略地分为道德推理的准备——道德认知、道德推理的进行——道德决定、道德推理的反思——道德评价的过程。仅就道德认知过程而言，人的一生都处在不断的认知过程中，对于道德境遇的认识、道德观念的认同与更新，都离不开道德主体顽强的意志品质。没有道德意志的参与，人们就无法实现道德认知。道德决定、道德评价的过程也是如此，尤其是对自我行为的道德评价过程，在自知、自省、自讼、自励的过程中如果没有良好的意志品质，人们不仅无法做到自知、自省、自讼、自励，而且会使自我陷入迷乱。

最后，道德意志使道德推理的成果得以实现。道德推理过程使道德主体了解了具体的道德境遇，了解了怎样的行为选择是善的，甚至做出了理性的抉择，但理性的抉择要真正地贯彻到实践中，则需要道德意志的坚持，以使道德推理的成果最终体现在行动中。人们常说知行不一，其重要原因便是道德推理没有得到道德意志的支持，没有在意志的努力下将道德推理的成果贯彻到底。

> 有一些特殊的善是不恰当地从属于我的本性和目的的，在追求这些善的欲望的影响下，我也许会妨碍或者忽视我的理性根据客观秩序所进行的活动。我会把这种特殊的善合理化，而对那应当支配这种情境的整体善和原则闭上心灵的眼睛。这时我仍在追随着那规定我意志行动的上一个实践判断，但我已是对象中的缺陷的原因了。因此，我的意志是恶的，行为也是恶的。①

---

① 弗吉利亚斯·弗姆. 道德百科全书：阿奎那，托马斯条. 长沙：湖南人民出版社，1988：14.

也就是说，当意志闭上了理性的眼睛，它就会忽视理性的活动，忽视整体的善和原则，做出恶的行为。

总之，道德推理与道德意志是相互渗透的，道德推理与道德意志活动是相互支持的，在实际的道德生活中，在同一个心理过程中，往往既包含着道德推理的过程，也包含着道德意志的过程，既有道德理性的成分，又有道德意志的成分。

（3）道德意志与道德推理在方向上的一致性

正是因为道德意志离不开道德推理，而道德推理过程也需要道德意志的支持，甚至可以说没有道德意志的支持，道德推理的全过程就无法真正完成，无法使自己的成果贯彻到道德实践中去，因此才要强调道德意志与道德推理在方向上的一致性，强调道德推理的结论对于意志的约束和指导。

意志并不是道德的自发源泉。它作为一种非认识性的、盲目的力量，只有当它的理性趋向得到理性具体的指导和约束时，它才与理性保持方向上的一致。美国心理学家莱斯利·H. 法贝尔将意志的极度膨胀、不服从于理性称为任性，他指出：

> 关于任性，我不是指意向或态度，这些是陈旧的解释。我采用《韦氏大词典》现在的定义，即任性“由意志统率，不屈从于理智；它表现为固执、刚愎、顽固；例如，一个任性的人，或一匹倔强的马”。这个定义的关键在于任性是意志的极度膨胀，达到不可一世、主宰一切的程度。①

他认为意志越是固执地追求其难以实现的目标，人的一些辨别能力也就丧失得越快。意志如果从理智和想象等能力中独立出来，它就变成了盲目的意愿，对眼前会出现什么样的逆境一概不知。这种无知，是焦虑的特征，起源于才思枯竭，只顾意志的要求而忘了意志的目的。由于这种无知，焦虑者最后竟会说不出自己是为什么而焦虑的。然而，这种失败不应归咎于讲不出焦虑的原因，而应归咎于那些本来可以协助意志的理性功能的丧失②。如果意

---

① 莱斯利·H. 法贝尔. 神秘的意志世界. 上海：上海文化出版社，1989：88.

② 同①37.

志成为任性的，那么意志也就失去了其理性的特质，而变成非理性的东西。

事实上，由于意志活动的过程也伴随着道德推理的过程，道德意志被打上了强烈的理性色彩，正是在这个意义上，托马斯·阿奎那将意志与理性视为同等的东西，他指出："意志必须受到规定。它作为人的最高欲望，与人的指定能力即理智是同等的：意志就是理智的欲望。理智的判断提出所要追求的具体的善，安排达到善的手段。同时，正是对善的这种理智的理解，按照它的对象和目的来规定和驱动意志。"① 由于道德推理成果的实现要求道德意志的参与，才更要强调道德意志与道德推理在方向上的一致性。

四、道德推理与道德直觉

当我们把道德推理与道德直觉并列时，往往会形成二者分立的直觉，即如果我们在某一道德活动中通过道德直觉得到了某一结论，那么这个结论与理性的道德推理无关，反之，我们得出的结论是理性推理的结果，那么它也与道德直觉无关。但这只是我们并不准确的直觉，虽然某个道德结论的获得确实给了我们二者分立的印象，但从道德直觉形成的长过程来看，千万次重复的道德推理在其中发挥了重要的作用。

1. 直觉与道德直觉

对于直觉，哲学史上论述颇多，众说纷纭。一方面，很多学者对直觉的作用是持怀疑甚至否定的态度的；另一方面，直觉论者又将其视为核心的认识手段和哲学方法。这就使直觉蒙上了一层神秘的面纱。正如罗素所说："以现下存在的人类来说，直觉是理智的边缘或半影；它是因为在行动中不及理智有用而被强行排出中心的，但是直觉自有更奥妙的用途，因此最好再恢复它较显要的地位。"② 我们无法否定直觉作为一种认识方式

① 弗吉利亚斯·弗姆. 道德百科全书：阿奎那，托马斯条. 长沙：湖南人民出版社，1988：14.

② 罗素. 西方哲学史：下卷. 北京：商务印书馆，1976：826.

的作用，研究其发生作用的机理，揭示它与理性的关系，无疑有助于我们给予直觉以应有的地位，有助于其作用的发挥。

（1）直觉

理性直觉论者笛卡尔认为：直觉，“我理解为，不是感官的往复不定的证据，也不是起源于想象力错误地建构出来的骗人的判断，而一个纯净的和专注的心灵如此迅速、如此清楚地给予我们的概念，以至于对于我们理解的东西完全用不着怀疑”①。在笛卡尔这里，直觉是和理性联系在一起的，是理性的一种功能，是理性活动的最高表现，它是心灵的纯净和专注，体现了思维活动的集中性；它是清楚明白、无可怀疑的概念，体现了理性活动的确定性；它是最确实、简单地呈现于理智中的东西，是一切理性活动的出发点，表现出它的直接性。直觉和演绎都是笛卡尔重要的方法论，他认为除了通过直觉和演绎之外，得不到任何科学，但在二者之中，直觉是核心，演绎以直觉为基础，最终归结为直觉。“直观是一个纯净的、专注的心灵所具有的无可怀疑的概念，只是来自理性自然之光，它比演绎本身更确实，因为直观本身更简单。”②

直觉在柏格森那里也具有方法论的意义。如法国学者吉尔·德勒兹所指出的：“直觉是柏格森主义的方法。直觉既非感觉，也非灵感，更不是一种模糊的感应，而是一种精心设计的方法，甚至是最精心设计的哲学方法之一。它有它严格的规则。这些规则构成柏格森所说的哲学的‘精确性’。”③ 柏格森对直觉的定位与他的生命哲学密切相关，他认为生命的存在流动不居，是一种无穷的“绵延”（durations）和生命冲动，理性无法企及生命之流的底蕴，因此，柏格森提出了直觉论的方法论。柏格森认为：“所谓直觉，就是一种理智的交融，这种交融使人们自己置于对象之内，以便与其中独特的、无法表达的东西相符合。”④ 直觉是一种内在的心理活动，它不可言说，也无法通约，它以绵延为前提，根据绵延进行

---

① The Philosophical Writings of Descartes：I. Cambridge：The Cambridge University Press，1973：7.

② 同①.

③ 吉尔·德勒兹. 康德与柏格森解读. 北京：社会科学文献出版社，2002：99.

④ 柏格森. 形而上学导言. 北京：商务印书馆，1963：3-4.

思考。

显然，笛卡尔、柏格森等给了直觉以非凡的地位，如果说其中包含了合理的成分，那就是对直觉作用的肯定。但他们又将这种肯定推向了极端，使之具有了超越感性认识与理性思辨的作用。虽然他们在直觉前置以“理性”，将直觉视为理性的直觉，置于理性的范畴之内，但事实上，他们将直觉夸大为超越于理性之上的认识功能，而这是我们所不能同意的。

我们将直觉定义为人的思维直接把握事物本质的一种内在直观认识，它包含感性的观照和感觉，包含直接的感受，而且包含理性之光对事物本质的直接的觉察。它在表现形式上是一种非理性的认识功能或认识形式，它在认识方式、过程及内在机制上，与理性认识有本质的区别。但是，它的形成过程以实践和理性认识的长期积累为基础，其认识成果也需要理性的验证和实践的检验。直觉在表现形式上的主要特征是它的非逻辑性、整体性和直接性。

所谓非逻辑性，是说直觉无须进行一系列概念、判断、推理等抽象概括的逻辑过程，它既不以概念为中介，也不以形象为中介，而是以整体的形式对认识对象加以把握，产生对认识对象的“映象”，即结论。直觉是非逻辑的，但不是反逻辑的或不合乎逻辑的，它发生作用的机制和过程不包含逻辑的过程，但其结果并不见得是反逻辑的或不合逻辑的，它以自己特有的方式达到了与逻辑思维相同的认识结果。这是因为直觉的形成机制中包含了逻辑思维的长期积淀，它是逻辑思维长期积淀的瞬间暴发，在某个直觉认识的形成过程中虽然不包含逻辑过程，但在直觉思维形成的过程中却包含逻辑作用、理性的过程及一系列想象、情感、意志的心理过程的综合作用。

所谓整体性，是指直觉认识方法不是着眼于事物的一个方面或部分，而是注意事物部分与部分之间的关系，注重事物的整体。它以事物的整体为出发点完整地把握事物，从而得到揭示事物本质的总体性结论。这种整体性思维既不用概念分析，也不用语言表达，只能靠直觉顿悟。“整体，当它在头脑中作为思想整体而出现时，是思维着的头脑的产物，这个头脑用它所专有的方式掌握世界，而这种方式是不同于对于世界的艺术精神的，宗教的精神的，实践精神的掌握的。”①

所谓直接性，是指直觉认识的中介过程的舍弃。直觉认识是在瞬间完成的，这一瞬间是直接的把握，而不是中介过程的压缩、简化，如果是压缩、简化，那么中介过程仍然存在，但就直觉而言，中介过程是完全舍弃掉了的。它是在认识主体已有的积累的基础上对认识对象的直接而迅速的把握，它通过跳跃式的瞬间内省去认识事物的特性，甚至本质。

毋庸置疑，直觉是认识主体认知客观世界的一种认知方式，同时也是认识主体在认知过程中表现出来的一种认知能力。但是如果脱离实践，脱离直觉认识能力的形成过程，仅仅从一次具体的直觉过程来探究直觉，往往会把直觉看成是一种神秘的“领悟”“顿悟”，不但没有揭示出直觉作为认知方式和认知能力的真正本质，反而给其披上了一层神秘的外衣。

作为一种认识方式，直觉有其生物学基础，这就是对环境的心理反应能力。这种能力是动物在适应环境、对付天敌的生存斗争中，为了趋利避害、求得生存与延续而逐渐形成的。在人类的长期进化中，随着人类的感觉能力的提高和精细化，适应环境的心理反映能力也得到强化，通过无数次条件反射的经验积淀于意识深处，从而逐渐形成了一种“本能直觉”，它是一种先天的、本能的反映，是被动的、保护性的机制，是在无主体期待的、无自觉动机的情况下，对环境状况、认识对象做出瞬间反映，形成心理定式。这种本能直觉是直觉认识能力形成的基础，而直觉认识能力的形成和发展必须有实践的积累及理性的参与。

直觉认识能力是在先天的、本能的生物学基础之上形成的，但它的最终形成离不开人的实践。没有实践，没有经验的积累和知识的积聚，没有对各种信息的反复筛选、分类与整合的训练，就不可能形成直觉认识能力。直觉认识能力的形成是一个长期的过程，一个不断积累的过程。经验丰富的猎手常常会有对即将到来的危险的直觉把握，精明老到的商人常常会有对即将到来的商机的直觉把握，但是商人很少会有对森林中来自猎物的危险的直觉，而猎手也很少会有对现代商战中转瞬即逝的商机的直觉体悟，这就是实践经验在直觉认识能力形成过程中发挥的作用。人们对越是

① 马克思恩格斯选集：第2卷. 北京：人民出版社，2012：701.

熟悉的事物，越容易产生敏锐的直觉。

直觉认识能力的形成过程是一个理性的过程。直觉的发生有赖于理性，有赖于思维及其结果。只有通过理性的认识作用，才能真正把握住客观对象的规律和本质。只有理性认识成果的积淀才能形成直觉认识模式。同时直觉的功能也是有限的，它是介于感性思维与理性思维之间的认识功能，它不能代替理性认识，也不可能代替形象思维。实践本身需要理性的参与，而对实践成果的梳理，知识的积聚、信息的整理分类都是理性的过程，这些理性认识的成果最终积聚于直觉认识的模式中，在直觉认识中以潜在的形式发挥着作用。这一特征使直觉既是一种特殊的理性洞察力、透视力，同时又显示出非理性的形式。但非理性的直觉在取得认识成果之后，认识主体往往又以理性的推理去验证它，并最终以实践来检验它。而这种检验的成果又会形成新的积累，提高认识主体的直觉认识能力。

中国古代比较注重直觉思维，注重超越感性与理性的内心直观。“中国传统直觉思维比较发达，孟子的‘良知’，道家的‘玄览’、‘体道’、‘见独’，佛教的‘顿悟’，宋明道学家的‘德性所知’、‘豁然贯通’、‘明心见性’、‘致良知’等等，说的都是直觉思维。这种直觉思维的特点，是讲人的心灵无须经过感性经验和理性逻辑思维，而突发性地直接从整体把握形而上的宇宙本体。”① 道家提出的通过“心斋”“坐忘”等方法达到与道的合一，就是一种直觉体悟的思维方式。在道家那里，直觉思维的对象是道，而体道就是直觉思维的过程。所谓体道，就是以直觉的方式把握天地万物的本质，达到对道的了悟。如庄子所言，“道不可闻，闻而非也；道不可见，见而非也；道不可言，言而非也。知形形之不形乎？道不当名”（《庄子·知北游》）。在道家看来，心灵的虚静状态最容易引发直觉思维，心灵的虚静状态能够保持内心的安宁清静，排除欲望杂念的干扰，在静观中认识事物的真相。庄子提出了一整套这种虚静的修养功夫。首先是心斋与坐忘。心斋即“若一志，无听之以耳而听之以心，无听之以心而听之以气！听止于耳，心止于符。气也者，虚而待物者也。虚者，心斋也”（《庄子·人间世》），也就是要排除一切欲望，保持心境的清静纯一。坐忘

---

① 张岱年，成中英，等．中国思维偏向．北京：中国社会科学出版社，1991：246．

即“堕肢体，黜聪明，离形去知，同于大通，此谓坐忘”（《庄子·大宗师》），也就是要忘却肉体和感觉，使心灵空寂，冥同大道。其次是知与恬交相养。“古之治道者，以恬养知；生而无以知为也，谓之以知养恬。知与恬交相养，而和理出其性。”（《庄子·缮性》）以恬养知，即以恬静之法养其真知；以知养恬，即以真知养其恬静。真知与恬静交互为用，则中和之道、自然之理自然呈现。虽然道家这种虚静的修养功夫包含了神秘主义的因素，但在虚静之中也包含了排除感性的困扰、排除非理性因素的理性沉淀过程。

（2）道德直觉

直觉作为一种认知方式和能力，必然存在于道德认识活动中，而且由于道德认识对象本身即伦理关系客体的特殊性，道德直觉的作用更加突出。正如我们对直觉的分析从直觉论者所阐述的直觉开始一样，对道德直觉的研究与考察，也不能忽视将道德直觉置于其理论的重要地位的道德直觉主义者的看法，因此我们对道德直觉的界定也从分析直觉主义者的道德直觉概念开始。

直觉主义形成于20世纪初的英国，以摩尔、普里查德、罗斯等人为代表，其中，普里查德的义务论直觉主义对直觉的认识较有代表性。他们的基本观点是认为伦理学的价值意义不能靠经验和理性的方法来认识，只能凭直觉来把握。

现代直觉主义直接源于摩尔的老师西季威克的伦理思想①，西季威克自己也宣称：“我不得不承认，我在一定程度上使自己成了一个直觉主义者。”② 他在《伦理学方法》一书中，将直觉主义与利己主义、功利主义一起作为伦理学的方法。这里所说的伦理学方法并不是指人们为达到某一具体生活计划或目标而采取的手段，也不指道德哲学家们构建伦理学理论体系所运用的方法，而是指人们据以确定他们应当去做的事的合理程序。也就是说，西季威克把直觉视为认识应当的途径。他指出：

我一直用“直觉的”这一术语指称这样一种伦理学观点。它把

① 万俊人. 现代西方伦理学史：上卷. 北京：北京大学出版社，1990：289.

② 西季威克. 伦理学方法. 北京：中国社会科学出版社，1993：17.

符合于某些由义务无条件地规定的规则或命令视作道德行为的实践上的终极目的。然而，“直觉”、“直觉性的”及类似的术语——这些术语在伦理学讨论中被人们广泛地使用着——所暗指的确切对立面却很相当模糊，我们现在必须尽力消除这种模糊性。强调我们有关于行为的正当性的“直觉性知识”的作者们通常是想说，这种正当性是靠简单地“直观”行为本身而不虑及其后果而确定的。①

他对直觉的定义所强调的是“不虑及后果”，它不诉诸行为之外的其他目的来把握行为的正当性，仅仅通过“直观”行为本身来判断行为是否具有德性。这种观点无疑是很含糊的，甚至也面临这样的问题：人们虽然没有根据行为在当下所产生的结果，没有根据它所产生的或快乐或痛苦的经验来判断其正当性，但人们在进行道德认识或道德评价时，也常常会将其直接的结果或遥远的结果都直接判断为善的，所以，西季威克又指出："我们必须允许对‘直觉’的更宽泛的用法，使之相当于‘对应做的或应当追求的事物的直接判断’。"②

直觉并不是西季威克唯一的伦理学方法，他只是“一定程度上”的直觉主义者，而普里查德则是一个“纯粹的”直觉主义者。他认为，责任、义务、正当等道德义务范畴是伦理学的最基本的概念，它是客观的、绝对的、不证自明的，也是不可定义的，无须推理。其自明性与不可定义性，如同数学上 $7\times4=28$ 一样清晰明了，不通过理性来加以认识或推导，而是要靠直觉来直接理解和把握。

这种理解是立即产生的，正如数学理解是立即产生的那样，在这个意义上是立即产生的，例如理解到，这个三边形由于它是三边的，因而必定具有三个角。两种理解都是在这样的意义上是立即产生的：在这两情形里，对主词的本性的洞察都直接导致我们认识这主词具有其谓词，说在这两种情形里，所理解的事实都是自明的，那只不过是

① 西季威克．伦理学方法．北京：中国社会科学出版社，1993：118.

② 同①119.

从另一方面道出了这个事实而已。①

普里查德将道德直觉视为对道德义务的直接把握，并把这种把握视为自明的，不需要其他因素参与。这种极端的义务论直觉主义在理论上确实面临着很多难题，遭到了很多学者如里德等的批评，如蒂洛说："直觉主义的最大问题似乎是上述第三点（即'对直觉不能进行客观的评价，因为它只适用于直觉的主体，而且人们的直觉又彼此不同'。——引者注），这是因为，如果人的情感彼此不同，那么，如何能解决相互对立的直觉之间的冲突呢？我们只能说不同意别人的直觉，而没有任何逻辑基础支持这一说法：'你的直觉是错误的，而我的直觉是正确的。'同理性和有证据的判断不同，直觉或情感的冲突简直无法调停。因此，任何道德理论，例如行为非结果论，如果单以直觉或情感为基础，那它就是极为可疑的。"② 这种观点并非蒂洛所独有，拉斐尔在《道德哲学》中也指出了直觉主义的这一困难，他说："如果你的道德系统包含不止一个原则或标准，你可能面临冲突。例如，你会发现你自己处于这样的境况：你可信守诺言，但惟有牺牲（其他人或你自己的）某种幸福为代价；或你会发现你可对问题给出真实的回答，但惟有以破坏保密诺言为代价。当两个道德原则这样发生冲突时，其中一个原则必须退出。所以，那条要退出的原则就不可能在必然和普遍的意义上是不证自明的；如果它必须让位给与之冲突的原则，它就不作为义务原则应用于这种境况。再者，直觉主义没有提供解决冲突的任何标准……直觉主义确切地描述了日常道德思维的共同规则，但它未能告诉我们作为所有这些规则基础的单一原则是什么，因而能够在需要时在这些规则之间作出仲裁。"③

在 20 世纪 30 年代直觉主义伦理学逐步为情感主义所取代。我国学者万俊人在评述普里查德的义务论直觉主义时对道德直觉的阐述是很有启发意义的：

普里查德显然混淆了人类直觉知识与道德义务感之间的原则不

① 玛丽·沃诺克．1900 年以来的伦理学．北京：商务印书馆，1987：36.

② 蒂洛．伦理学理论与实践．北京：北京大学出版社，1985：67.

③ 拉斐尔．道德哲学．沈阳：辽宁教育出版社，1988：58.

> 同。人类道德的直觉能力并不是天生自明的，它是人本身的文化知识的一种内化与积淀。直觉是人的综合能力的反映，道德直觉更是人们内在的道德情感、意志和理想等多种因素融和在人们身上的综合表现，它不仅受到人们不同的主体条件的影响，而且也受着客观社会条件（经济、政治、文化、教育等）的制约。[①]

直觉主义者将道德直觉无法承担的重负强加给了道德直觉，因此，我们无法认同其对道德直觉的界定与描述。但是在现实的道德生活中，道德直觉是普遍存在的，并且发挥着重要的作用，这也是毋庸置疑的。人们常常在并没有意识到自己的道德思考的情况下做出了道德行为的选择，或者说很多时候人们的行为都是出自道德直觉的，尤其是一些不包含价值冲突的行为选择。

基于上述分析，我们对道德直觉可做如下界定：所谓道德直觉，是指主体在伦理实践经验的基础上，以主体对社会普遍的道德知识和规范的内化为基本前提，对人与世界的伦理关系以及这一关系所反映的社会现实的总体性质进行综合把握的道德认识方式和能力[②]。

2. 道德直觉的理性蕴涵

由于道德现象、道德活动本身是寓于社会现象、社会活动之中的，对道德现象的把握往往需要从具体的社会生活的总体中抽象出道德现象来。这种把握具有整体性的特点，它在这一点上与直觉思维有相通之处，因此道德直觉在道德生活中发挥着重要作用。道德直觉具有一般直觉所具有的特点，如非逻辑性、整体性、直接性等，但它与一般的直觉相比，其理性内涵更加丰富。

首先，道德直觉能力的形成有赖于道德推理的内化，以形成一种道德图式或道德范型。道德直觉是在瞬间发生的，没有经过道德主体的理性思考，但依靠道德直觉所做出的决定通常是与道德主体的自觉的理性选择相一致的，也就是说，在道德直觉中仍然贯穿着通过道德认识而形成的道德

① 万俊人．现代西方伦理学史：上卷．北京：北京大学出版社，1990：321.
② 李亮学．论道德直觉．怀化师专学报，1997（8）.

责任、道德义务等观念。因此，在道德直觉发生之前必定有一个长期的道德推理的内化过程，并且使这种内化达到一定的层次或深度，使道德意象、责任、义务、规范等在道德主体的内心深处形成模式化的道德图式或道德范型，在道德活动发生的瞬间发挥作用。

这种道德范型应当是一种理性化积累，是道德主体对道德现象的理性分析、综合、归纳、推理过程的积淀和凝结，这种模式化的结构，在道德直觉的过程中成为一种模本，通过直觉客体的意向与之产生投合，从而发生效应。道德范型是道德理性的成果。直觉主义者将道德主体对义务、责任等的把握视为一种直觉，认为这种直觉是先天的、不证自明的，这势必会陷入一种神秘主义。没有任何观念的东西是先天的，它必定是对社会生活的一种反映，对义务、责任的道德直觉也不例外，它来源于道德理性的内化。

道德活动具有主体性的特点，它强烈地打上了道德主体的主体性烙印。道德直觉作为对道德活动现象的认识能力，它本质上也是道德主体的自主活动。这种自主性正是通过直觉主体对道德意象、规范、律令的认同和内化表现出来的，使道德直觉成为真正出于道德主体的价值选择。

其次，道德直觉建立在道德理性成果的积累的基础之上。道德推理的内化过程，也正是道德推理成果的积累过程，是道德经验的积累过程。道德直觉成果的取得虽然是主体超越分析、推理等理性思维过程的结果，但在具体的直觉过程中对认识环节的超越，并不意味着对道德推理成果的超越，没有道德推理成果的长期积淀，没有道德主体长期的道德经验的积淀和知识的积累，道德直觉无从谈起。直觉主义者 W. D. 罗斯曾说过："只有具有道德经验的人才能'理解'基础道德原则的正确性、错误性或美德性。"① 哈贝马斯则明确地指出了日常生活、道德习俗以及教育对于形成道德直觉的重要作用："在拥有道德直觉之前，我们该怎样去关注它、重构它、获得它？……我们只有在家庭的成长中获得它。人人都有这经历，除非是没有任何道德感的心理病态者。无论成长于何种家庭，人都要接受一定的道德习俗。区别只在于这种道德习俗的普遍性程度而已……我不相

① 汤姆·L. 彼彻姆. 哲学的伦理学. 北京：中国社会科学出版社，1990：522.

信除了教育者之外，谁还能来改变道德直觉——理论家和作家也无能为力。"① 道德直觉不过是形下经验的超越，是形上的领悟。道德直觉的这一特质决定了只有具有丰富道德经验的人才可能具有锐利的道德直觉判断力。

我国古代学者也将道德直觉视为先天的能力，甚至视为心之本体、万物之本体，这当然是错误的，但其重要的理论意义在于，我国古代学者始终将道德直觉与道德经验、日用伦常结合在一起。孟子的"良知"，宋明理学的"致良知"等都是典型的道德直觉。良知在孟子那里是"不虑而知""不学而能"的先天能力，王守仁将良知视为心之本体，是天地万物的最高本体，但如果仅仅从道德的角度来看王守仁的良知，它也是一种道德直觉："见父自然知孝，见兄自然知弟，见孺子入井自然知恻隐，此便是良知，不假外求。"（王阳明：《传习录》上）"是非之心，不虑而知，不学而能，所谓良知也；良知之在人心，无间于圣愚，天下古今之所同也；世之君子，惟务致其良知，则自能公是非，同好恶，视人犹己，视国犹家，而以天地万物为一体，求天下无治，不可得矣。"（王阳明：《传习录》中）但是，即使是不虑而知，不学而能，无间于圣愚，良知仍然需要体认、扩充，需要在事上磨炼，"凡多闻多见，莫非致良知之功。盖日用之间，见闻酬酢，虽千头万绪，莫非良知之发用流行，除却见闻酬酢，亦无良知可致矣"（王阳明：《传习录》中）。中国古代传统的道德直觉模式虽然将道德直觉归于先天的良知良能，但在日常生活中也充分认识到了道德直觉与道德实践的密切关联。道德直觉的过程虽是突破的、瞬间的，但道德直觉能力的养成却远非朝夕之功，而是主体长期道德经验积淀的产物。

3. 道德直觉的局限与道德推理的终极性

道德直觉的功能是有限的，它需要道德推理的补充与支撑。无论是直觉主义者还是直觉主义的反对者都不得不承认道德直觉的有限性。

---

① 哈贝马斯. 现代性的地平线——哈贝马斯访谈录. 上海：上海人民出版社，1997：99.

西季威克指出：

这些具体的直觉对于反思的人们来说并不表明它们自己是不容怀疑和无法反驳的。当人们平心向自己提出了一个伦理学问题时，他们发出自己不总是意识到关于这一问题的明确的、直接的直觉。其次，当一个人比较他的良心在不同时刻的声音时，他常常发现它们很难一致起来：一个行为在此时会涉及道德的这一方面，在彼时又会涉及道德的另一不同的方面，尽管我们对于它的环境与条件的知识没有实质地改变。此外，我们也慢慢地意识到，不同心灵对于所有两样的可以作判断的现象的道德感常常相互抵牾：一个人赞成，另一个人则谴责。这样，我们对于个人的具体的道德判断的有效性就产生了怀疑；我们也就引导去诉诸可靠地建立在一致意见的基础上的一般规则，来尽力消除这种疑惑。①

艾耶尔也指出：

大家都知道，对于一个人在直觉上是确定的东西，可能对另一个人是值得怀疑的，或者甚至是错误的。所以，除非可能提供一个标准，用这个标准可以来决定互相冲突的直觉哪一个是确定的，则检验一个命题的效准只诉之于直觉是没有价值的。②

道德直觉的这一特性，使之难以独立发挥作用，即使其中蕴涵了理性的内容，但其非理性、非逻辑的形式，也常常会使其面临一种困境。这是因为，道德选择是一种价值选择，其中包含着价值冲突，而这种冲突常常并不是道德直觉所能把握的。这样，为了道德选择的有效性与可靠性，即使道德主体通过道德直觉对道德对象进行了认识和把握，人们也常常会在事后运用道德推理对自己的道德直觉进行理性的判断。

心理学中社会直觉理论通过心理学的实验方法来研究道德直觉的形成过程。他们的基本主张是道德判断由快速的道德直觉导致，接下来才是慢速的、追溯性的道德推理。社会直觉模式由六个过程组成。过程一是直

① 西季威克．伦理学方法．北京：中国社会科学出版社，1993：122.

② 艾耶尔．语言、真理与逻辑．上海：上海译文出版社，1981：120.

觉判断过程，直觉使道德判断快速、自动地做出，这一过程无须任何努力就可达成。过程二是事后推理过程，是在道德判断之后进行进一步的道德推理。与直觉判断不同，这是一个有意识的、需要付出努力的过程，人们通过这一过程来寻求证据以支持先前的决断。过程三是理性劝服过程，道德推理产生之后，人们就会用言语如道德讨论，向他人表达自己的理由，其目的在于合理地解释既已存在的道德判断，并试图引起他人新的道德直觉。过程四是社会劝服过程，人们做出道德判断之后，即便不用言语表达出判断的理由，道德判断本身也足以对他们所熟悉的人造成影响。很多时候，人们的判断直接由他人的判断所塑造。过程五是理性判断过程，被称为缺乏社会性的、个人私下的判断。人们一般会根据自己最初的直觉来进行道德判断，但在某些情况下也可能根据逻辑推理做出决断。这种判断只有在最初的直觉过于微弱而且加工容量很大时才可能出现。过程六是个人反思过程。个体在对情境进行思考时，从不同的角度来看待事件，就会激发出各种相互矛盾的道德直觉。这时，道德判断可能会由最强的直觉来决定，也可能通过有意识地应用规则进行推理来做出决策。前四个过程构成了直觉论的中心环节，过程五是依靠逻辑推理来做出判断的过程，而当人的各种直觉发生冲突时，人们可能要重复经过过程六、过程一、过程二的循环，运用推理和直觉做出最后的判断①。显然，社会直觉论认为直觉与推理共同形成了道德判断，并通过实验证明了直觉之后的推理过程。

也就是说，道德直觉不仅在其形成的过程中积孕着道德推理的成果，而且道德直觉的成果最终也需要道德推理的检验与校正。这种检验与校正不仅是指当道德直觉无力把握复杂的道德现象，在道德决定面前犹豫不决时，需要诉诸道德理性，直接通过道德推理做出道德决定，而且是指在人们通过道德直觉决然地做出了极为自信的道德判断时，仍然需要诉诸道德理性，通过道德推理进一步检验道德直觉能力，发展道德直觉能力。当人们通过道德直觉做出道德判断后，人们还会通过理性来检验这种判断：符

---

① 何亚云，冯江平．道德理论的新进展——道德判断的社会直觉模式．心理科学．2004 (5)：45-46.

合道德理性的直觉认识成果为道德主体所接纳、所认同，并肯定自己的道德直觉能力；而不符合道德理性的直觉认识成果则为道德主体所拒斥、所否定，并校正自己的道德直觉能力。相对于道德直觉而言，道德推理具有终极性。

第六章　道德推理的地位与作用

在探讨了道德推理的概念、根据、形式、过程及其相关因素之后，也就是说当道德推理的内涵得到相对充分的展开之后，对其作用的探讨也就成为本书研究的另一个重点。可以说，研究对象的重要作用正是研究本身的价值与意义所在。如果说研究对象内涵丰富深刻，但它对于人类生活却没有任何价值，那么这种研究当然是徒劳的，或者仅仅是个人的学术兴趣而已。因此，本书将道德推理在当代伦理学理论发展中、在社会道德生活中的重要地位与作用作为本书的结语。

一、道德推理在伦理学理论发展中的地位与作用

道德推理作为道德主体运用已有的道德认识分析道德情境，做出分析、评价和选择，形成新的道德认识，确立自己的行为准则、得出道德结论的思维过程，其最终成果体现为道德规范和道德原则的确立。它不只在个人道德生活中发挥作用，更重要的是它在伦理学发展过程中也是不可或缺的，这在当代伦理学发展中体现得更为明显。

1. 催生元伦理学并回应元伦理学的挑战

元伦理学肇始于20世纪初摩尔明确地把逻辑分析和道德推理的方法引入伦理学研究领域，人们也把道德术语分析和道德确证作为元伦理学的

根本标志，而道德推理是道德术语分析和道德确证的必要方法，离开了道德术语分析和道德确证或者说离开了道德推理，元伦理学无从发端也无从存在。

首先，元伦理学研究的基本主题离不开道德推理。弗兰克纳在他的《善的求索——道德哲学导论》一书中将“诸如‘正当的’、‘错误的’、‘善的’、‘恶的’，这些伦理学术语或概念的含义或定义是什么？这些及包含有类似的术语或概念的判断的性质、意义和功用是什么？什么是使用这样词句的规则？”以及“伦理和价值判断能够得到证明，找到根据或表明正确的吗？如果能够的话，又怎样证明，在什么意义上证明呢？或者道德的推理和善于价值的推理逻辑是什么”① 视为标准的元伦理学问题。而道格拉斯·盖维特在《国际伦理学百科全书》中也把元伦理学的研究对象分为道德术语和道德确证两方面：“元伦理学不同于规范伦理学和应用伦理学之处，在于它对概念的和认识论问题的探索。这些问题是人们在考究道德论辩和探索、应用关于正当或不正当的规范理论的过程中提出来的。概念问题因道德的术语和主张而生；认识论问题则源于道德确证的可能和特性。概念问题……将直接考察诸如‘善’、‘恶’、‘正当’、‘不正当’等术语。这种分析的目的在于，阐明这些术语在使用道德断言的判断，如‘X是正当的’或‘X是不正当的’之中的意义……认识论问题，如：一个人究竟怎样才能确定哪些道德判断是真的和哪些是假的？”② 这些元伦理学问题的研究和解答都离不开道德推理。

其次，元伦理学的理论贡献是通过道德推理的方法实现的。毋庸置疑，元伦理学对伦理学自身的科学性反思，对科学与价值关系的深入探讨，对自然科学与人文科学界限的划分，都极大地拓展了当代西方伦理学的研究领域和视野，尤其是元伦理学关于道德语言、伦理判断的具体研究，使伦理学的研究更趋理论化和深层化，极大地提高了伦理学的理论水准。直觉主义的逻辑分析和直觉方法，情感主义的经验实证主义和逻辑实

---

① 威廉·K. 弗兰克纳. 善的求索——道德哲学导论. 沈阳：辽宁人民出版社，1987：201-202.

② 王海明. 谈元伦理学. 江南社会学院学报，2002（2）.

证的方法，规定主义的语言分析等方法，其中都蕴涵了道德推理的方法，这些无疑为伦理学的研究开辟了新的方法论前景，克服了传统的经验主义方法的狭隘性和形而上学方法的抽象性。

元伦理学对传统的规范伦理学提出的诘难也是通过道德推理来实现的。元伦理学的理论从对道德术语的研究入手，提出了道德推理的确证问题，从而对传统伦理学中的经验主义和形而上学的方法提出了诘难。元伦理学认为，作为人们的思维形式的事实判断与价值判断是两类性质根本不同的判断，二者之间不可通约，“应当”、“善”与“是”是完全不同的道德语词，由以“是”为谓词的事实判断无法推出以“应当”“善”为谓词的价值判断，这种道德推理无法成立，而传统的规范伦理学混淆了自然事实与伦理价值，混淆了事实判断与价值判断，从而犯了自然主义谬误。而如果由事实判断推不出价值判断，规范伦理学就建立在错误的基础上，数千年来的规范体系大厦的根基就会动摇了。

而事实上，元伦理学对规范伦理学的科学性的诘难，只能通过道德推理以及由道德推理积淀而成的人们的道德理性能力来回应。

首先，事实与价值在纯粹的思维形式上无疑是有分别的，但并不能将二者割裂。仅从道德判断（价值判断）来看，它具有评价性内涵、规范性内涵，同时也具有描述性内涵。而对道德判断的运用与分析正是道德推理的一个必要的步骤。作为语言分析学派的规定主义虽然仍坚持用现代元伦理学的语言逻辑分析方法来研究伦理学问题，但却否定了情感主义的结论，力图论证伦理学的科学性和可证明性。图尔闵通过对道德语言实际运用方式的考察，指出从道德经验中可以推理出普遍的道德原则。黑尔通过对日常道德概念的逻辑分析，认为价值词的规定性具有规范的作用。20世纪70年代以后，黑尔逐步由对元伦理学的研究转向对规范伦理学的关注，认为只有对道德思维进行逻辑分析，才能保证道德原则对实际生活的规范和指导。80年代以后，黑尔在元伦理学的基础上转向了规范伦理学乃至应用伦理学的研究。规定主义试图将科学的逻辑分析与现实的道德内容相联系，已经反映出当代西方伦理学发展的基本方向。

其次，道德推理具有实践性的品格，它并不局限在纯粹的思辨领域，最终必将走向实践，而实践是联结事实与价值的中介。实践总是主体，即人的实践，是体现主体需要的活动，同时也是在客观条件的基础上进行的活动。在具体的历史的活动中，主体的需要与客观的现实结合在一起，现实通过主体的实践而得以主体化，主体也通过其实践而得以客体化。人的实践一方面遵循着主体自己的尺度，另一方面也遵循着对象的外在的尺度。在这两种尺度中，主体的尺度体现为一种自觉性，要求从主体出发，实现主体的价值要求；而对象的外在的尺度则要求从对象、客体出发，依对象的规律来行动。价值与事实的矛盾，主体的尺度与客体的尺度的矛盾只能通过实践来沟通和调节。在实践中，主体与客体相互作用，而主体正是通过道德推理对这种作用进行评价，从事实判断推出评价判断，从评价判断总结归纳推出规范判断，从“是”导出“应该”。

最后，道德推理的分析方法，并不是单纯的逻辑语言的分析方法。当代规范伦理学一反元伦理学的单纯的逻辑语言分析的方法，广泛运用包括逻辑语言分析方法在内的各种分析方法，如弗洛姆、马斯洛的精神分析、心理分析方法，斯金纳的生物学、心理实验方法，罗尔斯的理性反思的方法等，都为规范伦理学的重构提供了方法论的基础，克服了元伦理学在方法论上的片面性。由此，当代规范伦理学大大拓宽了伦理学的研究视野，不仅功利主义、正义理论、人道主义等传统规范伦理学得以复归，而且各种新型学科不断渗透到道德哲学中，使当代伦理学不断向多样化、专门化和实用化的方向发展，出现了多种应用伦理学学科，如生命伦理学、环境伦理学等，甚至当代著名的元伦理学家黑尔也开始转向对规范伦理学乃至对应用伦理学的研究。

元伦理学试图在新的科学方法的基础上建立科学的伦理学，以代替传统的规范伦理学，对伦理学能否成为一门科学发出了诘难。由于元伦理学排斥自然主义方法，过于崇尚科学主义，过于强调事实与价值之间的对立，把伦理学同化成为纯理论的逻辑分析，失去了规范伦理学的直接现实性的品格。它在对规范伦理学提出挑战的同时，也使伦理学的真理性和科学性受到挑战，使自己面临着深刻的危机。

一方面，元伦理学过于强调事实与价值的对立，在事实与价值之间开掘了一道不可逾越的鸿沟，而且元伦理学家所开掘的这条鸿沟使他们深陷其中而不能自拔。他们在主张把事实判断与价值判断区分开来的同时，也认为我们不可能从关于人的本质特征的描述中得出人应当怎样存在的结论，并进一步从道德语言、伦理命题之非科学性或非逻辑性的分析中最终得出伦理学不能成为一门知识的结论，从而陷入了非认识、非理性主义立场。

另一方面，元伦理学取消了道德理性的实践性。无论是认知主义元伦理学还是非认知主义元伦理学，无论是否承认伦理学的科学性，其研究的共性是对道德语词的分析。在元伦理学家看来，逻辑语言规则不仅起构造认识的作用，而且是确立事实与价值、“是”与“应当”的最终标准。于是乎具有伦理意义的道德命令本身不再具有道德伦理的普遍性，它只是主观情绪或感觉的表述；而本身没有任何道德含义的对道德语言的逻辑分析却成了伦理学的科学根据。但这种用逻辑句法规则去评说世界的学院式空谈在 20 世纪纷繁复杂的社会现实面前显得苍白无力，由此而导致了规范的失语，导致了“怎么都行”的相对主义。

总之，元伦理学的发展肇始于道德推理的充分运用，它的研究主题、理论贡献以及它对规范伦理学的诘难都离不开道德推理，而这一诘难也有赖于用道德推理的方式才能加以回应。元伦理学自身的失误恰恰在于将概念、判断、推理的研究限制在纯思维领域，割裂了道德推理与道德实践，因此在 20 世纪 60 年代以来，元伦理学在对传统伦理学进行挑战时，自身又受到了规范伦理学与应用伦理学的挑战。

2. 回答“我应当做什么”的问题

康德在《纯粹理性批判》中提出了三个著名的问题：“我能知道什么?”“我应当做什么?”“我可以希望什么?”其中“我应当做什么”这个问题是要由伦理学来回答的，对这个问题的回答离不开道德推理。无论人们把道德视为美德体系抑或规范体系，都需要通过道德推理来寻求“我应当做什么”这个问题的答案。

(1) 确立道德规范体系

伦理学在实践意义上永远不能回避规范建构的层次。规范性是道德的最基本的属性，无论人们把道德视为美德体系抑或规范体系，道德都无法脱去其规范性。道德从来都不是纯粹个人的事情，它总是发生在人与人之间、社会关系之中，个人的美德和道德信念都包含着对行为的规范。

道德理性通过道德推理为道德行为寻求理由的过程正是道德规范体系的确立过程。

对道德理由的探求分为两个层面：一是社会道德规范体系，二是具体的行为准则。需要说明的是，说道德推理承担着回答“我应当做什么”这一问题的任务，并不是说道德推理本身能够凭空地在思维领域解决这一问题，而是说道德推理在探讨社会关系、道德事实的过程中，发现道德价值，确立道德价值，从而使道德主体为自己立法。

道德来源于人类长期的社会生活实践，正如恩格斯所说：“人们自觉地或不自觉地，归根到底总是从他们阶级地位所依据的实际关系中——从他们进行生产和交换的经济关系中，获得自己的伦理观念。”① 是现实的生产、交换和分配关系培养和造就了人们特有的生活方式、行为方式，在这种特有的生活方式、行为方式中蕴涵着人类的道德规范，蕴涵着我们的“应该”：“在社会发展的某个很早的阶段，产生了这样一种需要：把每天重复着的产品生产、分配和交换用一个共同规则约束起来，借以使个人服从生产和交换的共同条件。这个规则首先表现为习惯，不久便成了**法律**。”② 这个表现为习惯的规则通过道德推理的确认而成为道德准则。道德推理对日常生活习俗的确认，并非毫无选择地兼收并蓄，而是根据一定社会特定的价值目标进行甄别、梳理、创新的一个复杂过程。通过这一过程使那些具有普遍性、现实性和可行性的日常生活习俗上升为社会的道德规范。

从道德规范的形成看，道德推理对道德规范的确认可分为三个不同的层面。

第一，对日常生活习俗的直接确认。在人类生活的早期，由于种群的繁衍和共同生活的要求而使人类形成了一系列日常生活的习俗，如维护民族共同的财产、尊老爱幼、团结互助等等，这种习俗经过道德推理的积淀，在人类的道德理性中逐步确认为善恶的道德规范。对日常生活习俗的确认伴随人类生活的始终，在社会生活中，随着经济关系以及生产方式的

① 马克思恩格斯选集：第3卷．北京：人民出版社，2012：470.

② 马克思恩格斯文集：第3卷．北京：人民出版社，2009：322.

变化，人们的日常生活习俗也会发生变化，道德理性也在不断地把新的生活习俗确认为道德规范。

第二，对日常生活习俗的甄别与淘汰。人们首先通过道德推理对已有的道德规范进行了继承与确认，但是伴随阶级利益的分化、社会的进步和人类实践理性能力的提高，人们对以往日常生活习俗的继承与确认带有更多的理性色彩，不断地通过道德推理对既有的道德规范进行甄别，依据人类生活的价值目标，对不适应社会生活的习俗加以摒弃，使道德规范体系日趋精细化、严密化和理论化。

第三，在既有道德规范的基础上进行创新。道德推理决不会囿于既有的道德习俗和道德规范的约束，而是不断地探求着适合既有的生产方式，符合社会生产发展方向的社会道德准则。生产方式以物质的力量在改变社会生产力的同时，也创造了人们新的生活方式、交往方式，给日常生活习俗注入了新的内容。马克思曾说："财产的任何一种**社会形式**都有各自的'道德'与之相适应，而那种使财产成为劳动之属性的社会财产形式，决不会制造个人的'道德限制'，而会将个人的'道德'从阶级束缚下解放出来。"①

道德推理对具体的道德准则的确立是与社会道德规范的认同紧密地联系在一起的，人们确立和认同了社会道德规范，在此基础上，通过道德推理对具体的道德情境做出判断，从而确立具体的行为准则。

对于具体的行为准则的确立，道德推理总是从社会道德规范对于道德主体的一定要求出发的。道德个体、具体的道德行为只有在特定的社会历史环境中才能得到真正的解释。作为道德主体的个人必定处于某个历史阶段内具有某种历史传统的社会之中。个人作为国家公民、家庭成员、职业成员，这些角色所具有的规定性便构成了我们的责任与应当，构成了我们的道德诉求。比如当我们说"他是一名教师"时，这就意味着他应当做一名教师所应当做的事情。因此，在具体的道德行为和道德事件中，道德推理总是从社会道德规范对于道德主体的一定要求出发，分析具体的道德情境，为自我立法。

---

① 马克思恩格斯文集：第3卷. 北京：人民出版社，2009：214-215.

对于具体的行为准则的确立，道德推理总是需要分析具体的道德情境。在每一个具体的道德情境中，总有时间、地点、利益相关者等各种各样的因素和各种各样的变量，甚至在不同的情境下利益相关者的情感诉求、利益诉求都会有很大的不同，这些都会深深地影响道德主体在具体情境下的行为准则的确立，这些都需要道德推理审慎而理性的分析和论证。

总之，对规范的探求是道德推理的重要功能。纯粹科学理性无法告诉我们人性的问题，也不能为我们指出生活的意义及伦理道德上的"应当"。人们要求伦理学必须提出能够解决道德实践问题的理论框架，而这个任务必然需要道德推理的参与。

(2) 追寻美德体系

现代西方伦理学家伊丽莎白·安斯库伯、麦金太尔等将古希腊伦理传统、基督教伦理学视为美德伦理，并倡导美德伦理学，他们反对过分地依据道德选择的规则模式，认为功利主义和康德主义错误地把普遍的、不变的原理和规律作为伦理学的基石，过度理性化地说明道德。

应当说，美德伦理学对传统规范伦理学的批评是有道理的，但是，也不可否认，美德本身也含有引导人们的行为的意味。正如杨国荣在《伦理与存在》一书中所指出的："作为行为的准则，规范主要从外在的方面表现了道德的结构。相对于规范这一外在的形式，德性似乎更多地体现了道德的内在之维。道德不仅涉及'你应该做什么'(What you ought to do)，而且关联着'你应该成就什么'(What you ought to be)，尽管历史上的哲学家对 to do（做什么）与 to be（成就什么）各有侧重，但就道德的本然系统而言，to do（做什么）与 to be（成就什么）是相互统一的两个方面。"① 美德伦理学一反规范伦理学以规范为原则和依据的特征，强调其最终的结果和价值目标，即个人的美德，而美德正是自由而自觉地遵守规范的体现，如果没有规范，不知道"我应当做什么"，不知道在具体的情境下怎么做才是符合美德的，美德也就无从谈起。因此，当美德伦理学探讨什么是美德时，它们无论如何也不可能越过"我应当做什么"的问题。

① 杨国荣. 伦理与存在. 上海：上海人民出版社，2002：81.

当然，我们这里无意探讨美德伦理学与规范伦理学的关系，我们想要说明的是美德中蕴涵着规范的内容，如前文所说对规范的探求正是道德推理的重要功能，而对美德本身的追寻同样离不开道德推理。

在古希腊以亚里士多德为代表的美德伦理学那里，理性主义就是一条主线，尤其是在苏格拉底以后的伦理思想中，理性在美德伦理解释和美德实践行为中的地位更为突出，尽管所谓情与理的矛盾紧张并未消除，但是，化解这一内在紧张的基本方式已被普遍理解为一种理性化或合理化的方式——情理冲突的事实，决定了人们必须寻求一种解决矛盾、化解冲突的合理方式，这就是道德合理性的寻求，而寻求道德合理性的理性论证方式，恰恰就是道德推理。在某种意义上甚至可以说人的灵魂、精神与理性才是美德或德性的终极归宿。

美德伦理学关注的是"成为有道德的人"，美德是一种目的，是人的道德成就。对于美德，人们总会问：什么是美德？美德的标准是什么？如何成就美德？因此，美德伦理学要得到发展必然要定义什么是美德、如何评价美德、怎样才能具有美德，而在解决这些问题的过程中，道德推理的作用也就凸显出来。美国学者斯罗特在《从道德到美德》一书中指出："近年来哲学家们对美德伦理学的兴趣有了复兴……最近有无数尝试，试图说明一个或另一个特定的（道德）美德，使各种不同的美德相互联系，甚至从总体上确定美德观念的特征，也就是说，什么是美德或者怎么才具有美德……然而，对这些问题合理而确定的回答需要寻求另一种路径。"①对美德的深入讨论不可能不涉及道德推理。

美德伦理学也要在具体的情境下解决"我应当做什么"的问题。美德伦理学批评近代规范伦理学的一个重要原因是近代规范伦理学过分理想化、形式主义，强调绝对的义务概念，不考虑道德发生的情境。在具体的情境下，美德伦理学更强调人们不是出于义务做出道德选择，而是出于美德、情感做出道德选择，但只要是道德选择，只要在具体的情境下对我应当怎么做做出回答，就需要对道德情境进行分析，就离不开一系列道德推理的参与。

---

① Slote M. From Morality to Virtue，Oxford：Oxford University Press，1992：xiii.

因此，无论是美德伦理学的理论渊源还是它在当代的理论发展，以及在现实生活中具体的道德情境中的应用，美德伦理学都是在道德推理的深化的过程中完成的。

3. 伦理学走向应用的途径

伦理学的实践性使它必将最终走向应用。

应用伦理学是研究如何将道德理论和道德规范应用于具体的道德问题和道德情境中的学问。它是连接道德理论、道德理念、道德规范与道德实践的桥梁。这样，应用伦理学就包含两方面的含义：一是指将道德理论、道德理念、道德规范直接应用到具体的生活空间、职业领域的古老的职业道德，或称专业伦理；二是指以解决道德理论、道德理念、道德规范在具体应用过程中出现的道德悖论、伦理冲突为主旨的当代应用伦理及其分支。

第二层意义上的应用伦理学，在20世纪60年代末70年代初兴起，它有着与第一层意义上的应用伦理学不同的特征。它以问题为研究对象，侧重于研究在第一个层面的应用伦理学中凸显出来的现代社会所面临的一系列涉及全人类的重大问题，如环境污染、保护动物等，其任务是分析现实社会中出现的重大问题的伦理维度，为赢得相应的社会共识提供伦理上的理论支持，同时也力求使道德决断在一种严密的集体性的理性决策程序中获得质量保障。由于当代社会所面临的问题的重要性而使应用伦理学成为热门话题，并且逐渐形成了不同于传统伦理学的解决道德问题的途径。

应当说，这两个层面的应用伦理学都是伦理学走向应用的途径，只是现代应用伦理学由于其面临问题的重要性、紧迫性及当代性而使其具有更显著的地位。而且二者是紧密关联的，当代应用伦理学以专业伦理学为基础和前提，侧重于后者所提出的一系列问题，而应用伦理学的发展又将充实专业伦理学的内容，为其发展与完善扫清障碍。

无论对哪个层面的应用伦理学而言，没有道德推理都不可能有应用伦理学的发展，尤其是当代应用伦理学的发展。这是由应用伦理学的特点所决定的，也是由应用伦理学独特的方法所决定的。

（1）应用伦理学的问题取向使道德推理的作用凸显

与以往的伦理学相比，应用伦理学不是纯理论的，而是以问题或解决问题为中心的。应用伦理学所面临的问题往往是人们在道德选择中遭遇到的难题，是道德的两难，或者道德困境，甚至是真正复杂的难题——也许已有的实践还不足以使我们得出合理的结论，因此，简单地从现成的伦理学理论中找出一两个原则或规范是不能解决问题的。

首先，应用伦理学的问题往往具有一定的专业性和操作性，它不是现成的伦理学理论所能解决的，而其专业性和操作性又与价值性紧密地联系在一起，因此，它也不是纯粹的科学理性所能解决的问题。比如安乐死问题，它既包含着对死亡的技术定义的问题，也包含着法律问题，更包含着人们对死亡的态度和看法问题。因此，这些问题的最终解决必然要通过道德推理。因为应用伦理学的重要出发点是实际问题而不是现成的理论，它对实践问题的关心超出了纯理论的热情。

其次，应用伦理学问题具有特定的境遇，它要求应用伦理学者走出一般原则和规则的讨论，要求他们在可以应用这些原则、规则的具体事例中进行一种更为审慎的分析。在变幻莫测的现实社会中，每个人遇到的道德问题、道德境遇极其复杂。要解决由于现代科学发展所产生的新的道德问题，已经不能从现行的道德原则和已有的伦理学概念出发，而必须对于新的境遇、新的条件给予特别的关注。弗莱彻的境遇伦理学虽然走向了相对主义，但他对现实境遇的关注是有其理论背景的，只是他将这种背景夸大了而已，但其中亦有其合理性。弗莱彻境遇伦理学的主要原则是：关心人应优先于关心道德规则；较之“普遍”规范，具体情况与境遇对于人们应该做的行为具有更大的决定性作用。人们总是在具体的处境中进行伦理决策或道德选择的，因此，境遇或处境这一分析维度具有非常重要的意义。从一般原则到特殊境遇必然要通过道德推理。

（2）应用伦理学对于方法的关注使道德推理成为其发展的重要条件

应用伦理学所面对的问题的复杂性，决定了应用伦理学对研究方法的要求越来越精细，越来越技术化。在应用伦理学的研究方法中，“工程模式”与“判例模式”都是独具特色的，而这两种方法都离不开道德推理，甚至就是以道德推理为主的研究方法。二者之间的差别就在于所运用的推理类型的差异。

所谓“工程模式”，就是从理论直接到应用的模式。它诉诸演绎推理，将道德原则或理论应用到个别事例中去。有学者认为这种模式没有效力，难以解决复杂多变的道德问题，因而诉诸“判例模式”。“判例模式”是一种归纳加类比模式，通过援引判例，归纳已有的判例，并与已有的判例进行类比来面对新的问题，它与应用伦理学的特征即面向问题、面向境遇是相一致的，尤其与应用伦理学面向新兴的领域、新兴的问题的特点是相一致的。但是，归纳与演绎是难以截然分开的，归纳的结论总要通过演绎应用于新的问题中，应用伦理学的新理论也必定要通过工程模式而得到应用。事实上，“工程模式”和“判例模式”在应用伦理学的发展中都有着重要的作用，无论是“工程模式”还是“判例模式”，道德推理都在其中发挥着重要作用。

近年来也有学者将罗尔斯在《正义论》中所提出的“反思的平衡”的方法运用于应用伦理学。罗尔斯的“反思的平衡”实际上是原则与依据原则经过思考所做出的判断之间的相互调整的过程，罗尔斯把它定义为：“通过这样的反复来回：有时改正契约环境的条件；有时又撤消我们的判断使之符合原则，我预期最后我们将达到这样一种对原初状态的描述：它既表达了合理的条件，又适合我们所考虑的并已及时修正和调整了的判断。这种情况我把它叫做反思的平衡。它是一种平衡，因为我们的原则和判断最后达到了和谐；它又是反思的，因为我们知道我们的判断符合什么样的原则和在什么前提下符合的。”①

事实上，在罗尔斯那里，“反思的平衡”方法蕴涵着辩证的道德推理的因素，它在各种社会经验的整合的基础上，反复地校验道德原理，不断地进行双向的调整。当把这种方法运用到应用伦理学领域时，道德推理的作用更加得到了强化，因此，应用伦理学的发展必然要求道德推理功能的充分发挥。

总之，20世纪以来伦理学的发展，无论是元伦理学的勃兴，还是美德伦理学的迅速发展，或者是伦理学走向应用、走向思考和解决现实所提出的一系列伦理学难题，都需要道德推理的正确运用。伦理理论的发展、伦理学内部理论问题的解决以及运用伦理学解决社会现实问题都离不开道德推理的作用，道德推理推动了伦理学理论的进一步深化，同时也将推

---

① 罗尔斯．正义论．北京：中国社会科学出版社，1988：18.

动人们在现实的道德生活中追求道德的合理性。

二、道德合理性的追求

道德推理的理论重要性已如前述，其作用的发挥并不局限于纯理论领域，在现实的社会生活和道德生活中，道德推理也扮演着重要角色，其作用的发挥将有助于建构真正的道德合理性。但是，理性的机巧导致了对真正理性的背离，在某种程度上也导致了非理性主义思潮的兴起，因此，也更呼唤道德推理在社会生活中发挥重要作用，倡导弘扬道德理性精神。

1. 理性的机巧

黑格尔曾经提出了理性的机巧的思想，他指出："理性的机巧，一般讲来，表现在一种利用工具的活动里。这种理性的活动，一方面让事物按照它们自己的本性，彼此互相影响，互相削弱，而它自己并不直接干预其过程，但同时却正好实现了它自己的目的。"① 其含义是说理性是能动的，仿佛有心机，有权变谋略，能够将客体作为实现其目的的工具。无独有偶，早在古希腊时期，德谟克利特也有对理性的评判，他说："可怜的理性，在把你的论证给予我们之后，你又想打击我们！你的胜利就是你的失败。"② 纵观近世理性之流变，德谟克利特的话颇有些先见之明。

（1）经济理性

所谓经济理性，即经济人理性，也称理性经济人，它的准确含义是：在它的理想情形下，经济行为者具有完全的充分有序的偏好（在其可行的行为结果的范围内）、完备的信息和无懈可击的计算能力。在经过深思熟虑之后，他会选择那些能够比其他行为更好地满足自己的（或至少不会比现在更坏）需要的行为。理性的经济行为者总在寻求讨价还价，从不付出

---

① 黑格尔．小逻辑．北京：商务印书馆，1980：394.

② 北京大学哲学系．古希腊罗马哲学．北京：商务印书馆，1961：106.

比他需要付出的更多，或得到比在一定价格下他可以得到的更少①。简言之，经济人是一个理性的决策者，他试图用尽可能少的努力获得尽可能多的收益。这种“纯粹的理性经济人”会不择手段地进行任何一种边际收益大于边际成本的活动。这种对成本与收益的单纯个人主义的计算肯定会使欺诈、逃避义务、假冒伪劣、偷窃抢劫等损人利己的行为泛滥于社会经济生活的每一个领域。

古典的经济理性是由亚当·斯密提出并加以阐述的。他认为人的本性是自私的，这是他的一贯观点，无论在《国富论》中还是在《道德情操论》中都是如此。人们通常认为在《国富论》中斯密认为人性自私，而在《道德情操论》中则认为人性利他，这其实是一种误解。《道德情操论》立论的基础仍然是人性自私，而且他的目的恰恰是希望通过这部著作来使人们发扬同情心，克制自私的欲望。在对人类情感的分析中，亚当·斯密不时地表现出对人性自私的基本判断，他明确地指出：“每个人首先和主要关心的是他自己。”②

至于人性自私与公共利益之间的矛盾，亚当·斯密是通过他的著名的“看不见的手”的理论来解决的。“看不见的手”的理论是斯密对资本主义市场经济制度所做的描述。对它的充分展开是在《国富论》中进行的，但最初提出则见于《道德情操论》：“富人只是从这大量的产品中选用了最贵重和最中意的东西。他们的消费量比穷人少；尽管他们的天性是自私的和贪婪的，虽然他们只图自己方便，虽然他们雇用千百人来为自己劳动的唯一目的是满足自己无聊而又贪得无厌的欲望，但是他们还是同穷人一样分享他们所作一切改良的成果。一只看不见的手引导他们对生活必需品作出几乎同土地在平均分配给全体居民的情况下所能作出的一样的分配，从而不知不觉地增进了社会利益，并为不断增多的人口提供生活资料。”③ 在《国富论》中，亚当·斯密进一步阐述道：“他通常既不打算促进公共的利益，也不知道他自己是在什么程度上促进那种利益……由于他管理产业的

① 新帕尔格雷夫经济学大辞典：第2卷. 北京：经济科学出版社，1996：57.

② 亚当·斯密. 道德情操论. 北京：商务印书馆，1997：101-102.

③ 同②229-230.

方式目的在于使其生产物的价值能达到最大程度，他所盘算的也只是他自己的利益，在这场合，像在其他许多场合一样，他受着一只看不见的手的指导，去尽力达到一个并非他本意想要达到的目的。也并不因为事非出于本意，就对社会有害。他追求自己的利益，往往使他能比在真正出于本意的情况下更有效地促进社会的利益。”①

这一理论无论是在经济上还是在伦理学上都有重要的意义。在经济学上，它是经济自由主义的理论前提，认为不同的经济主体在完全竞争的条件下寻求自己的个人利益，可以通过看不见的手实现社会资源的最优配置，对经济干预得最少的政府是最好的政府。在伦理学上，它是经济理性的理论前提，它预设了个人利益与社会利益的和谐一致，从而为在社会经济生活中一切以个人利益的追求为指针铺平了道路。

值得注意的是，亚当·斯密在凸显经济人的自利特性时，并没有否定人的社会情感和其他各种动机，他认为："无论人们会认为某人怎样自私，这个人的天赋中总是明显地存在着这样一些本性，这些本性使他关心别人的命运，把别人的幸福看成自己的事情，虽然他除了看到别人幸福而感到高兴以外，一无所得。"② 良好的社会制度和政治制度能够提供一个适宜的环境，这一环境有利于培养那样既有益于个人完善又有助于其他人幸福的品质，同时，又能够有效地扼制那些损人利己的恶劣品质和行径。

在亚当·斯密古典经济人理性的基础上，经济学家对现实生活中的人进行了再一次抽象，提出了"新古典经济人"，把人类在日常生活和谋生实践中最有力、最坚决地影响人类行为的自利动机抽象出来作为最一般的动机，并把它作为对人类行为做出统一解释的坚实的逻辑基础与起点。"新古典经济人"主要具有如下伦理特性：第一，经济人是自利的，追求自身利益最大化是人的经济行为的根本动力。第二，经济人的自利行为具有理性特征，理性一方面体现在精明、准确的算计上，另一方面体现在谋利行为必须在法律、制度、规范的制约之下。事实上，正如理查德·布隆克在《质疑自由市场经济》（*Progress and Invisible Hand*）一书中所指出的：

---

① 亚当·斯密．国民财富的性质和原因的研究：下卷．北京：商务印书馆，1997：27.

② 亚当·斯密．道德情操论．北京：商务印书馆，1997：5.

> 这种狭隘的认为个人是自我利益效用最大化的实现者的观念却成为自由市场经济学关于“经济人”的“理性”的行为重要理论基础。正如我们所看到的，自由市场经济学声称它可以证明：只要在自由竞争的条件下，追求自我利益的行为可以促进公众利益的增长。这种认为自我利益是个体惟一的重要动机的狭隘观点，哪怕是分析一下经济运作本身就可知道是难以令人信服的。①

布隆克认为这种对个人自我利益的迷信所造成的对社会组织的破坏比对经济增长能力的损害更能引起人们的关注。

首先，团队精神的丧失是20世纪晚期最显著的特征之一，并且导致了社会风气的恶化。人类世世代代生活在一系列的集体、团体之中，如家族、村庄、地区以至国家，但现在，许多人周围没有一个可靠的生活圈子，他们独立一人，有的只是自我意识和相关信条。个人主义所崇尚的自由追求个人满足以及个人应该从人为的社会枷锁中解放出来等观念，使自私地追求个人利益变成从未有过的令人尊敬的行为。人们把个人在物质上的成功看作主要的目标，把社会义务和集体责任抛在一边，通过反社会的行为或犯罪来取得个人利益，而经济理性又使这一切得到了强化。

其次，人们生活于其中并且约束人们追求自我利益的道德框架已经支离破碎，客观的道德价值信仰逐渐坍塌。在道德上，当人们从信仰客观的道德真理转向信仰不同类型的主观主义时，严格的道德标准的重要性被削弱了，一些人甚至接受了道德相对主义观点，道德的约束力和作用大大地减弱了。这一切又导致了犯罪的增加，犯罪的原因是复杂的，但是以个人自我利益为唯一目的的价值导向是重要原因之一。

奥地利学者高兹在《经济理性批判》中指出，当代资本主义社会仍然受经济理性的支配，整个社会受“越多越好”的原则支配，“成功不再是一种个人评价的事情，也不是一个‘生活品质’的问题，而是主要看所挣的钱和所积累的财富的多少。量化的方法确立了一种确信无疑的标准和等级森严的尺度，这种标准和尺度现在已用不到由任何权威、任何规范、任

① 理查德·布隆克. 质疑自由市场经济. 南京：江苏人民出版社，2000：246.

何价值观念来确认。效率就是标准，并且通过这一标准来衡量一个人的水平与效能：更多要比更少好，钱挣得更多的人要比钱挣得少的人好”①。

（2）目的理性

目的理性是马克斯·韦伯用来分析资本主义社会理性化过程的概念。

韦伯认为决定社会行为的是四种因素：一是目的理性；二是价值理性；三是情绪的或情感的因素，即现时的情绪或情感状况；四是传统的、约定俗成的习惯。在近代社会，目的理性成为最具支配性的因素，人们以符合他们主观估计的利益为其行为的取向，以目的理性为依据，在现实中目的理性被具体化为“经济”体系和“行政或管理”体系。

> 市场的有关参加者正是把他的举止作为“手段”，以自己典型的、主观经济利益作为“目的”，把他们怀着对对方举止的典型期望作为达到目的的“条件”，并使他们的举止以这种目的和期望为取向。由于他们这样行动，而且他们的行为越是严格地让目的合乎理性，就越是对既定的情况作出相似的反应，因而就产生行为和态度的相同性、规律性和持续性。②

这种行为过程在市场经济中呈现出的规律性甚至比那些有“有约束力”的准则和义务作为行为的取向更加稳定。这种以目的理性为论据的倾向，不仅压倒了价值理性，而且深深地影响了习俗，“行为‘理性化’的一个重要因素，是用有计划地适应利害关系去取代内心服从约定俗成的习俗”③。而这种新的习俗一旦确立，谁要是不以它为行为的取向，他的行为就“不相适应”，他就必须忍受或大或小的不快和不利。从目的理性出发，价值理性总是非理性的，而且越是把行为以之为取向的价值上升为绝对的价值，它就越是非理性的。

在韦伯看来，现代西方社会生活的本质特征是一切行为都单纯以工具—目的理性为取向。西方文明的全部成就皆源于对目的理性的追求。“事实上，这种伦理的‘至高之善’，即尽量地赚钱，加上严格规避一切本

---

① André Gorz. Critique of Economic Reason. London：Verso，1989：113.

② 马克斯·韦伯．经济与社会：上卷．北京：商务印书馆，1997：61.

③ 同②.

能的生活享受，毫无幸福可言，更不用说享乐了。把赚钱当作目的本身，从个人幸福或对个人的效用的观点看，显然是完全超然和绝对不合理的。赚钱、获利支配着人，并成为他一生的最终目标。获取经济利益不再从属于人，不再是满足他自己物质需要的手段。我们称之为自然关系的这种颠倒，虽然从自然情感出发是不合理的，但却显然是资本主义的一项主导原则。”①

韦伯认为，对目的合理性的追求是符合资本主义发展的需要的，这是与资本主义经济秩序相适应的结果。“资本主义制度非常需要对赚钱天职的献身，它是一种与资本主义制度非常相配的对物质财富的态度，与争取生存的经济斗争中的生存环境也有密切的关系，因此，这种谋利的生活态度与任何一种世界观之间是否存在着必然联系，今天已经不再有人问津。”② “人们经常把经济合理主义称为整体的现代经济生活的突出特征……劳动生产率的扩展已经摆脱了人类机体的天然限制，那么它毫无疑问是正确的。现在，技术和经济领域的这个合理化过程，无疑决定着现代资产阶级社会生活理想的一个重要部分。”③

西方社会目的合理化、形式合理化的过程带来了种种负面的影响。随着价值理性、实质理性的被挤压、被支配，所有社会关系只有通过目的理性、形式合理性才能得到控制，从而造成了终极的、高贵的价值的丧失，造成社会关系的物化，导致异化的深化和自由的减少。“我们这个时代，因为它所独有的理性化和理智化，最主要的是因为世界已被除魅，它的命运便是，那些终极的、最高贵的价值，已从公共生活中销声匿迹。”④ 这种状态必然造成现代人的彷徨、苦闷和迷失。人的行动深深地植根于目的合理性的取向中，人们为赢利而赢利。人们使用精密的形式理性计算技术把社会上的一切都全盘理性化，一切都变成了自己赢利的工具。现代西方行政组织和经济组织集中体现了目的理性的原则，世界按理性的原则运转，效率提高，财富增长，而人却在目的理性的压榨下失去了自由，变成

① 马克斯·韦伯. 新教伦理与资本主义精神. 西安：陕西师范大学出版社，2002：25.
② 同①46.
③ 同①50.
④ 马克斯·韦伯. 学术与政治. 桂林：广西师范大学出版社，2004：48.

了功效、金钱、商品、机器的奴隶。

韦伯对资本主义社会目的理性的概括与分析产生了很大的影响。马尔库塞对韦伯的观点大加赞扬，认为韦伯的理性概念具有很强的批判性，他在其著作《单向度的人》中吸收了韦伯的观点，对理性的演变史进行了考察，他认为，在近代，理性已经变异为技术理性，价值理性被排斥以至丧失，导致了目的和手段的颠倒，合理性走向非理性。后文中介绍的哈贝马斯的交往理性的思想，也是在韦伯理论的基础上提出来的。正如哈贝马斯自己所说："从理论的发展史来说，马克斯·韦伯是我理论的出发点。他所谓的社会合理化过程——实质上，是有目的合理行为的制度化，主要体现在经济和管理体制中——可以被理解成复杂的合理性制度具体化的进展。韦伯自己是从另一个层面来分析它的，即从文化上的，尤其是从宗教社会学上的。社会合理化意味着社会重构其基本制度，以利用——可以这么说——文化上现在的合理性结构。"①

（3）工具理性

工具理性是霍克海默用来描述资本主义社会理性特点的概念。霍克海默把目的理性与工具理性等同起来，而他的工具理性的概念更强调理性作为手段的作用。他指出："在理性的观念被构思以后，应该比单纯调节手段与目的之间的关系，更多地构成了理性；理性应该被看作理解目的、决定目的的手段。"② 理性本来是进行考虑、计划的手段，它是配合目的的，用霍克海默的话来说，它是中性的，但是"建立起来的资产阶级制度，使理性完全发挥了作用。理性变成了对目的性的盲目，因此这种目的性成了一切的目的"③。

霍克海默把工具理性视为主观的理性，并把它与客观的理性相对立。主观理性是一种自我维持的工具，而自我维持的观念是促使主观理性处于疯狂状态的观念。

理性的工具化不仅导致社会关系的异化，也使人与自然的关系面临着

① 现代性的地平线——哈贝马斯访谈录. 上海：上海人民出版社，1997：59-60.

② Horkheimer M. Eclipse of Reason. New York：Continuum Publishing Company，2004：7.

③ 霍克海默，阿多尔诺. 启蒙辩证法. 重庆：重庆出版社，1990：81.

前所未有的危机①。正如法国学者拉罗什福科所指出的：理性有时会放肆地帮我们做一些蠢事②。理性作为强有力的手段用来为人类服务，它的极度扩张使人与自然的矛盾更为尖锐，人类疯狂地掠夺大自然，造成的环境污染、资源枯竭也反过来威胁着人类。“理性起着适应的工具的作用，而不是起着寂静无为的作用，这种理性可以适应个人一时的需要。这种理性的计谋在于，使人们变成越来越残暴的人，而不会导致与客体的一致。”③理性的工具化及其极端发展，使人类处于一种疯狂的状态，其最终将使人类面临着毁灭。“人类进行毁灭的能力是如此之大，如果这种毁灭力实现了，整个地球就会成为一片空地。”④

普特南在他的《理性、真理与历史》中也对现代工具主义的理性概念进行了批判，他指出：

> 这个概念的核心就是一条臆造的分界线：“结局”和“目标”的选择既不是理性的，也不是无理性的（只须某种最起码的相容性要求被满足），而手段的选择就其功效而言却是理性的。理性是手段的属性，不是结局的属性，理性和功效完全是溶为一体的……这种工具主义合理性构想其实就是休谟格言的翻版：“理性是而且应该是感情的奴隶。”这个构想对于边沁也有深刻的影响，现代社会科学家一般都认为它是正确的。⑤

工具理性不仅表现在人与自然的关系上，更表现在人与人的关系上，“被约束的市场经济，既是理性现实的形式，也是破坏理性的权力”。“随着经济体系的发展，私人集团对经济机构的统治使人们分裂了，由理性统一地维持自我生存，各个资产者对象化的欲望，都表明是与自我毁灭根本不再能分开的破坏性的自然力。它们混乱地、错综复杂地交织在一起。纯粹理性变成了非理性，变成了错误的、没有内

① 霍克海默，阿多尔诺．启蒙辩证法．重庆：重庆出版社，1990：113.
② 拉罗什福科．道德箴言录．北京：西苑出版社，2004：65.
③ 同①213.
④ 同①213-214.
⑤ 普特南．理性、真理与历史．沈阳：辽宁教育出版社，1988：210.

容的行动方式。”① 工具理性统治着人与人之间的关系，“今天，技术上的合理性，就是统治上的合理性本身，它具有自身异化的社会强制性质”②。

（4）交往理性

如果说目的理性、工具理性等主要是批判性的，哈贝马斯提出的交往理性则是在批判的基础上重新建构理性，彰显理性。按照哈贝马斯现代性批判的结果，理性在现代社会中的一个最大病变形态，就是走上了片面的认知—工具化道路。理性的工具化和形式化，使现代性面临着重重危机。哈贝马斯给出的方案是交往理性。所谓交往理性，就是要让理性由“以主体为中心”转变为“以主体间性为中心”，以便阻止独断性的工具行为主宰理性，而尽可能地使话语性的“交往行为”继续深入理性最终实现理性的交往化③。

哈贝马斯提出交往理性的目的，首先是批判理性的片面性的偏失。哈贝马斯将理性的概念分为两个层面，一是认知—工具理性概念，二是交往理性概念。前者是工具性的、手段性的、策略性的，它只知一味向前，扩大战果，却不知自我约束，虽然其最初意趣在于对自然的控制，而且工具理性这种理性的实现的确给人带来了巨大的物质财富，但它在控制自然的同时也不可避免地造成了对人自身的控制，于是人成了地地道道的工具。哈贝马斯在他的《交往行为理论》中对韦伯、霍克海默、阿多尔诺等人对目的理性、工具理性的论述进行了分析，肯定了他们对合理化过程中种种异化现象的批判。韦伯认为西方世界的合理化是目的理性的合理化，它释放了工具理性的潜能，与这种合理化相适应的现实的政治制度、经济制度、法律制度使人丧失了自主性。自由的失落和意义的失落成为韦伯对合理化的基本诊断。霍克海默、阿多尔诺深刻地剖析了工具理性给西方社会带来的种种矛盾和异化现象，其结论与韦伯相同："尽管霍克海默和韦伯所强调的重点各不相同，但霍克海默还是坚持了构

① 霍克海默，阿多尔诺．启蒙辩证法．重庆：重庆出版社，1990：83.

② 同①114.

③ 曹卫东．交往理性与诗学话语．天津：天津社会科学出版社，2001：8.

成韦伯时代诊断核心内容的两个主题：(1) 意义丧失主题，(2) 自由丧失主题。"① 但哈贝马斯认为，这些现象产生的原因不能归于理性本身，"物化问题与其说源于为了自我捍卫而走向极端的目的理性，与其说源于已经失去控制的工具理性，不如说源于以下方面，即已经释放出来的功能主义理性对交往社会化过程中所固有的理性要求视而不见，从而使生活世界的合理化流于空泛"②。哈贝马斯认为，一旦批判的矛盾指向批判的工具——理性本身，批判就失去了可以依靠的基础。因此，要克服工具理性的片面性，必须重建理性。

批判理性的目的，不是为了彻底否定理性，而是为了捍卫理性，"我相信自己能证实一个为了生存必须依靠语言交往和合作的结构，理性的活动必然要依靠理性。在合法性主张中，无论我们身处交往行为而被迫去调整自己的方法多么含蓄，也不管受到多少次压制，隐蔽的理性要求始终矢志不移"③。为此，他提出了交往合理性的概念。"这也是一个复杂的概念，它不仅暗示我们理解话语行为的意义，而且也暗示了互相理解是产生于有关事实、标准、经验等交往中的参与者之间。""交往合理性概念包含三个层面：第一，认识主体与事件的或事实的世界的关系；第二，在一个行为社会世界中，处于互动中的实践主体与其他主体的关系；第三，一个成熟而痛苦的主体（费尔巴哈意义上的）与其自身的内在本质、自身的主体性、他者的主体性的关系。从参与者的角度来分析交往过程，这三个层面便呈现出来的了。"④ 这三个层面涵盖了认知—工具、道德—实践、审美—表现这三个不同的维度，因而交往理性是有别于工具理性的一个更加全面的理性概念。而要将理论层面的交往理性扩展到实践层面则需要通过商谈伦理学的建构。人与人之间关系的调整、共同规范的认可和维护是必须通过商谈来进行的。因此，首先要建立起正常的人与人之间的秩序，承认和重视影响与约束着每个人的行为的共同的规范标准，它们是社会关系能够不受干扰和破坏并得以维持的前提。于是，哈贝马斯又将商谈伦理学

---

① 哈贝马斯. 交往行为理论：第1卷. 上海：上海人民出版社，2004：327.

② 同①381.

③ 现代性的地平线——哈贝马斯访谈录. 上海：上海人民出版社，1997：19.

④ 同②57.

作为交往行为理论的有机组成部分，并与此一道构成批判理论的规范基础。

合理性概念作为重建理性的一种尝试，给我们提供了一个分析思路。这种理性观无疑为西方理性指出了一条走出困境的可供选择的途径。

2. 非理性主义的兴起

如韦伯所说，对于目的理性来说，价值合理性总是非理性的，但是从价值合理性来看，目的理性发展到极端同样是非理性的。在目的理性与工具理性占主导地位的社会，非理性主义也在社会生活的各个层面表现出来。

资本主义经济危机的出现，社会阶级矛盾的深化，思想文化和社会生活的迷失，以及理性主义哲学本身固有的矛盾，极大地动摇了人们对资本主义理性社会的信念，这一现实在理论上的表现就是非理性主义思潮的兴起。其中较有代表性的是唯意志论、存在主义以及后现代主义。

（1）唯意志论

近代最早开辟非理性主义先河的是阿瑟·叔本华。叔本华的代表作《作为意志和表象的世界》于1818年出版，出版后只卖出140部，在学术界也毫无声息。1848年德国资产阶级革命以失败告终，德国资产阶级既软弱无力又对现实不满，这种情绪使他们转向了反理性主义又悲观厌世的叔本华，1851年，叔本华的最后一部著作《附录和补充》发表，叔本华热席卷德国中产阶层。

在叔本华看来，人的本质是意志，是意志决定理性，而不是理性决定意志。理性是从意志中产生出来的，是驯顺地为意志服务的工具。“我们已经看到，除纯逻辑的基础以外，一切（知或）知识的根源根本就不在理性自身；而从别的方面获得的直观认识沉淀于理性中，由是转进为完全另一种认识方式，抽象的认识方式。”① “人类虽有好多地方只有借助于理性和方法上的深

① 叔本华. 作为意志和表象的世界. 北京：商务印书馆，1982：104.

思熟虑才能完成，但也有好些事情，不应用理性反而可以完成得更好些。”①

在叔本华那里，意志具有本体论的意义，意志、下意识的心理本能、生命力等是一切存在的基础，意志无处不在，不仅人有意志，动物、植物也有意志。人的活动也是由意志决定的，意志是一切欲望的源泉。他所说的意志是生命意志，是追求生存、繁衍后代的生命欲望和冲动，文德尔班将之称为“以本身为目的的晦暗的本能冲动”。叔本华认为欲望和挣扎是人的全部本质，可以和不能解除的口渴相比拟，如果人易于获得的满足消除了他的可欲之物而使他缺少了欲求的对象，空虚和无聊就会袭击他，人的存在和生存本身就会成为他不可忍受的重负②。

正如文德尔班在《哲学史教程》中所评述的：“因为这种意志只无穷无尽地创造它自己，所以它是从不得到满足的意志，它是不幸的意志。又因为世界只不过是这种意志的自我认识，所以这个世界必然是一个悲惨和苦难的世界。”③ 叔本华的生命意志论最终陷入悲观主义。“意志愈是激烈，则意志自相矛盾的现象愈是明显触目，而痛苦也愈大。如果有一个世界和现有的这世界相比，是激烈无比的生命意志之显现，那么这一世界就会相应地产出更多的痛苦，就会是一个〔人间〕地狱。”④

叔本华是唯意志论的先驱和主要代表，尼采正以叔本华生命意志论为出发点，构建了权力意志理论。作为叔本华的后继者，尼采具有叔本华所没有的震撼力，以至于人们通常把他作为非理性主义的创始人。

尼采非理性主义思想中的一个重要概念是“重新估价一切价值”。他宣称，上帝死了，一切传统的道德观念和价值标准都应当被否定。尼采不仅抨击基督教会的腐朽、伪善和种种罪恶，否定基督教价值观，而且进而否定理性主义。他认为上帝死后，理性是最坏的“偶像”之一，它最大的错误是扼杀了非理性的生命和本能，理性者感情贫乏，思想迟钝，缺乏创造性和激情，“欧洲的理性……把欧洲带进了死胡同”⑤。他主张用“铁

① 叔本华. 作为意志和表象的世界. 北京：商务印书馆，1982：100.

② 同①427.

③ 文德尔班. 哲学史教程：下卷. 北京：商务印书馆，1993：851.

④ 同①542.

⑤ 尼采. 权力意志——重估一切价值的尝试. 北京：商务印书馆，1991：95.

锤”来进行研究，摧毁一切习惯和信仰，推翻一切，砸碎一切，建立新的道德原则。

尼采认为，人的本性中有两种对抗的因素：一是狄俄尼索斯，二是阿波罗。前者是酒神精神，如同古希腊人在酒神祭奠仪式上的无所顾忌、豪饮滥醉、放浪形骸，它源自个体生命的情绪冲动，象征着对激情生活的向往和追求，是狂热的冲动，是人的潜在力量、情绪、意志的暴发。后者是日神精神，象征着理性、真理和智慧。尼采认为资本主义社会虽然让人们获得了丰富的物质财富，但压抑了人的生命力和创造力，其病症就在于生命本能的萎缩，而酒神精神则带给人们人生的慰藉和对生命的肯定，因此，他要歌颂酒神精神，掀翻压在生命头上沉重的十字架。

尼采的权力意志论认为，权力意志是人最强大的本能，是自然万物的本质和发展动力，也是道德评价的标准。“你们想给这个世界起个名字吗？你们想为它的一切谜团寻找答案吗？这不也是对你们这些最隐秘的、最强壮的、无所畏惧的子夜游魂投射的一束灵光吗？——这是权力意志的世界——此外一切皆无！你们自己也是权力意志——此外一切皆无！”① 权力意志作为一种本能的、自发的、非理性的力量，决定着生命的本质，也决定着人生的意义，对权力的渴求正是生命永不枯竭的本性。它不承认任何“被容许”的界限，对于它来说，一切源于权力和提高权力的都是善的，一切源于虚弱和削弱权力的都是恶的。

尼采的道德理想是超人，就是权力意志充沛者，他尽情放纵强有力的、统治一切的、毫无怜悯心的人性，是一种统治的人格。他是生命中的强者，能够超越自身，超越弱者，他坚强、丰富而充实。他是一切旧价值的破坏者和一切新价值的创造者，是真理与道德的准绳，他是绝对自由、自足而又自私的。

尼采的权力意志理论是对理性思维的又一次猛烈的冲击，并且产生了更为深刻的影响，生命哲学、存在主义等现代非理性主义都能从尼采这里找到渊源。

---

① 尼采．权力意志——重估一切价值的尝试．北京：商务印书馆，1991：701.

（2）存在主义

存在主义是20世纪20年代出现，40年代又得以流行的一种非理性主义思潮。存在主义的出现和流行与两次世界大战的背景密切相关。战争使资本主义国家所宣扬的理性、自由、平等、博爱等理念变成了泡影，人陷入了灾难之中，生存受到威胁，尊严遭到侵犯。资本主义的物质文明没有带给人幸福，反倒使人陷入了深深的恐惧和不安之中。存在主义正是在这种背景下试图从理论上解决人们的精神危机，也正是因为它契合了资本主义社会中人们的精神状态，因而影响甚大。存在主义的主要代表人物有海德格尔、雅斯贝尔斯、萨特等。

人们一般把克尔凯郭尔视为存在主义的先驱。克尔凯郭尔认为，只有人的存在才是真正的存在，人是个体的存在，忧郁、恐惧、战栗、痛苦是人的存在的基本状态。“孤独的个体”是克尔凯郭尔理论的核心和出发点。孤独的个体要经历审美阶段、道德阶段和宗教阶段三个思想历程。审美阶段是满足感官需要、追求物质和精神享受的阶段。但人的欲望的满足只是暂时的，随之而来的便是烦恼和厌倦甚至绝望。道德阶段是人按照理性的原则生活的阶段，但在这一阶段人始终不能摆脱世俗生活的诱惑。宗教阶段是人生的理想阶段，在这个阶段人能够摆脱世俗的诱惑，超越道德准则的制约。这一阶段的人完全是非理性的人，凭借信仰而生活。

雅斯贝尔斯早年学习法律和医学，1909年获海德堡大学博士学位，1916年任该校心理系教授，后受聘为哲学教授，1948年受聘为巴塞尔大学哲学教授，此后一直居留瑞士并取得该国国籍。雅斯贝尔斯把哲学的任务规定为描述人的存在的意义，他认为，真正的存在是“大全”，所谓“大全”是来自对认识局限性的体验，被认识了的存在都不是存在本身，而是存在的一种方式。真正的存在即“大全”是永不见边际的，它通过七种方式体现出来，即当下的存在、意识一般、精神、存在、世界、超越者、理性。对存在的阐述有两种方式。一种方式是运用普遍性范畴去把握存在，在这个过程中会发现知识的界限，遇到循环论证的自相矛盾，在这种情况下，我们就会领悟到存在的真谛。另一种方式是在“边缘状态”下向存在发出呼吁。边缘状态是指死、苦恼、斗争、罪责等状态，在这种状态中，我们发现自己处于绝对孤独之中，我们必须自己做出决定，承担自己的决定带来的一切危险。

雅斯贝尔斯倡导一种新人道主义，这种新人道主义是针对资本主义所造成的自由沦丧、人性埋没而提出的。他指出："西方历史所走的道路，决不是一条自由愈来愈多的历史道路。到了今天，西方世界正在急剧地堕入不自由中。自由在今天，由于技术进入大生产时代，似乎比历史上任何时期都更加不可能了。差不多所有的人，都只为当前这瞬间而生活着，没有将来的远大前景，没有蕴藏在自己的过去和公共的历史中的深厚基础，人的生活就仅仅是坐公事房，强制劳动和有组织的休闲。这就使自由完全丧失了，这就使今天真正的人性被埋没了。真正的人性，在这饱尝了惊心动魄而转瞬又忘怀一切甚至连自己也立刻忘掉的群众泥沼之中，显然已默默无闻地消沉下去了。"① 新人道主义的核心是个人主义、唯我主义，它以非理性主义和信仰主义为基础。

海德格尔是德国著名的存在主义的代表人物。他曾师从胡塞尔，并得到胡塞尔的推荐与提携。他的大作《存在与时间》问世后，他很快就获得了马堡大学的教授席位。1928 年，海德格尔返回弗赖堡大学接替胡塞尔的讲席。1933 年，希特勒上台，海德格尔被任命为弗赖堡大学校长，后来辞去校长职务。因为海德格尔一度在政治上追随法西斯政权，这对他日后的学术活动产生了影响。

海德格尔致力于建立人的存在（"亲在"）的本体论。他认为，人的存在不同于其他事物的存在，它不是一类事物中的一个实例，而是一种个别的存在。如果个人忘记了自己的个别性，力图压制自己的个别性，与别人保持一致，逃避做出决断，逃避自己的责任，那么这种状态是人的非本然的存在状态，是一种"颓落"。在人的本然存在状态下，个人意识到自己是个别的孤立的存在，是任何他人无法替代的。在这种状态下，人对自己的决断负责，承担起生存的重担。

海德格尔认为人生是一场悲剧。人的存在状态就是烦、畏、死、沉沦等等。烦就是烦恼、麻烦，为衣食烦扰，人与人之间的钩心斗角，都是烦。烦是人的本体属性，与烦相联系的是沉沦。人是被抛入这个世界的，

① 萨特．存在主义哲学．北京：商务印书馆，1963：207．

孤独无援，沦落人间。人生中的欲望加深了沉沦，使人最终跌入动荡不安之中。人的存在状态的进一步展开便是畏，畏就是感到一种莫名的威胁，而实质上是畏死，人生笼罩在死亡的阴影下，不得不畏。死是人的未来，是最本己的可能性。人最终都是会死的，只有认识到这一点才会领会亲在的意义。一旦人正视死亡，他便会发现自己是有限的、个别的存在；只有意识到死亡每时每刻都会发生，人才会跳出日常生活对自己的束缚，使自己投入真正的存在状态。要想达到本然的存在，就必须忍受死亡，对死亡的忍受被海德格尔称为提前进入死亡，只有提前进入死亡，才能达到本然的存在，才能具有最充实的生存。

海德格尔的死亡哲学包含了人类对自身命运的感受。西方社会经历了经济危机带来的失业、衰退、饥饿的痛苦，经历了战争的杀戮、血腥和死亡威胁甚至民族、文明被毁灭的恐惧；而西方的经济发展虽然给一部分国家和地区、一部分人带来了富庶、安宁，但更多的国家、更多的人忍受着贫穷、饥饿，工业社会的污染、公害也在困扰着人们；同时暴力和动荡以至核战争成为人们心中巨大的驱之不散的阴影。因此，海德格尔的哲学在某种程度上正是社会现实的反映。

使存在主义向社会传播并广泛影响西方生活的哲学家是让-保罗·萨特。让-保罗·萨特生于法国，第二次世界大战期间曾应征入伍，对战争有着深切的感受。战后，他写的小说、剧本等文学作品使他名声远播。20世纪50年代初，他加入了法国共产党，苏共二十大和匈牙利事件后，他退出了共产党，但他自称是马克思主义者，是共产党的同路人。

萨特哲学的基本命题是“存在先于本质”，他认为这是存在主义的第一原理。这里的存在是人的实在，即个人的主观性；这里的本质是指人和物所具有的那些特质和规定性。“存在先于本质”首先是指人的存在先于人的本质。“首先有人，人碰上自己，在世界上涌现出来——然后才给自己下定义。”① 正因为是人给自己下定义，那么下什么样的定义就取决于人自己，因此，存在主义的第一个后果是人人明白自己的本来面目，并且把自己的存在责任完全由自己担负起来，对自己负责，对自己的个性

① 萨特．存在主义是一种人道主义．上海：上海译文出版社，1988：8.

负责，同时也对所有人负责。“当一个人对一件事情承担责任时，他充分意识到不但为自己的将来作了抉择，而且通过这一行动同时成了为全人类作出抉择的立法者——在这样一个时刻，人是无法摆脱整个的和重大的责任感的。”① 而这正是痛苦的源泉。在人为自己负责的同时，他也是绝对自由的，由于人的存在是先于其本质的，因此，人有选择自己的命运的自由。但这种自由又处于一系列限制之中，人只有在孤立起来或排斥别人的存在和自由的时候，才能体会到自己的真正存在，才会是自由的。“一旦我存在着，事实上我就给他人的自由设置了一个界限，我就是这个界限。”② 正是在这个意义上，萨特得出了“他人就是地狱”的结论。

萨特用自然主义的手法描绘了他对世界的感受，偶然的世界是丑恶的、令人恶心的。在小说《恶心》中，主人公不时地感到被恶心抓住的感觉，难以摆脱。在主人公的眼里，这个世界充满污秽、卑琐、罪恶的东西，令人作呕。萨特通过小说，将人们生理的厌恶感转化为对人生、世界的厌恶感。

（3）后现代主义

后现代主义是一个含义非常广泛而又模糊不清的概念，建筑、美术、电影、戏剧、文学诗歌、哲学等领域都对后现代有着各种各样的理解与界说，即使在同一领域，由于观点的不同，对后现代的理解与把握也不相同。美国当代著名的思想家、文艺美学家和理论批评家伊哈布·哈桑从文化哲学的角度描述了后现代的文化特性，可以在一定程度上帮助我们把握后现代主义的概念。他立足于解构性与重构性双重维度，提出了后现代的十一种特性。解构性的后现代文化特性包括：（1）不确定性；（2）碎片；（3）非规范化；（4）无我性，无深度性；（5）卑微性，无可表达性。重构性的后现代文化特性包括：（1）反讽；（2）混杂性；（3）狂欢；（4）表演性，参与性；（5）构成主义；（6）内在性。这些文化特性都有其特定的内涵，如，狂欢是对日常理性的反叛，是从语言离心力游离出来的支离破碎

① 萨特．存在主义是一种人道主义．上海：上海译文出版社，1988：10.
② 萨特．存在与虚无．上海：三联书店，1997：513.

感，是一种精神分裂症，或吸毒后的陶醉感。

后现代主义在文学艺术领域有着较大的影响。“后现代主义艺术最突出的特点是对世界知觉方式的改变。世界不再是统一的、意义单一明晰的，而是破碎的、混乱的、无法认识的。因此，要表现这个世界，但不能像过去使用表征性的手段，只能采用无客体关联、非表征、单纯能指的话语。”① 对于后现代主义艺术来说，传统的真善美没有了价值，大自然的诗情画意，社会生活中的崇高壮美，一切都变得暗淡无光。他们用不协调性代替和谐，以荒诞表现世界，将个人的心理情绪、主观感受如烦恼、恐惧、孤独感、荒诞感、被遗弃感等赋予了本体的意义，将意识流、自由联想等作为表现方式。

后现代主义的一些经典作品表现了后现代主义的艺术理念，如音乐作品中勋伯格的学生约翰·凯奇的《4 分 33 秒》。卡夫卡的《变形记》是后现代主义文学著名的代表作品，在后现代的文学史上占有重要地位。小说的主人公格里高尔是一个推销员，有一天早晨醒来，他发现自己变成了一个硕大的甲壳虫，虽然生理上已经变成了甲壳虫，但在精神上、思维上他仍然是格里高尔，他还牵挂着自己的母亲和家人，还担心失去自己的工作，为了家人不受牵连，他宁愿自己凄惨地死去。但是，他却遭到人们的厌恶、憎恨，他喜爱的妹妹狠心地将他抛弃，他的母亲爱莫能助，他的死让他如释重负。小说看似荒诞，但却表达了后现代主义的孤独感、孤立感、危机感，及人与人之间的弱肉强食等。

在哲学的领域内，后现代主义对整个西方哲学传统进行讨伐，其中著名代表人物是德里达和福柯。

德里达是法国著名哲学家，曾任美国约翰斯·霍普金斯大学和耶鲁大学的客座教授，巴黎高等师范学院哲学系主任，他以解构主义而闻名。

德里达将整个西方哲学的传统称为“逻各斯中心主义”。柏拉图的理念、斯多葛的世界理性、笛卡尔的实体、黑格尔的绝对精神等都是逻各斯的表现，逻各斯中心主义是指理性、本质、终极意义、第一因等一切思想、语言。德里达认为，传统的逻各斯中心主义本身包含着无法克服的矛

① 柳鸣九. 从现代主义到后现代主义. 北京：中国社会科学出版社，1994：15.

盾，它固守着“真理”“本质”“同一性”等，但世界不存在绝对真理、终极意义、普遍规律、绝对精神和永恒本质。

德里达认为，逻各斯中心主义假定了逻各斯的在场，预设了逻各斯的中心统治地位，因此，他以解构在场的形而上学来解构逻各斯的中心统治地位。

在场的形而上学是以二元对立为基础的学说，其言说方式的特征是正反对立，如客观/主观、真理/谬误、善/恶等等，德里达指出：“从柏拉图到卢梭，从笛卡尔到胡塞尔，整个西方哲学家都认定善先于恶，肯定先于否定，本质先于非本质，单一先于复杂，必然先于偶然，原本先于摹本。这并不单单是形而上学的某一特征，而是形而上学的根本取向，是其最永恒、最深刻、最内存的程序。”① 德里达认为，在传统哲学的二元对立结构中，总是前者统治着后者，因此，必须对这种强暴的等级关系加以颠覆。

德里达试图用他的新方法来彻底毁灭在场的形而上学，这种新方法就是延异、播撒、踪印和增替。延异（différance）是德里达自造的一个词，它具有双重使命：差异与延宕。前者是指符号、文本的不同性，后者指符号意义的迟到性或滞后性。他以延异突出语言的不确定性和意义的不断变化性，以此摧毁结构主义赖以存在的根基——稳定的秩序、封闭的系统、终极的意义、超然的结构。

播撒是延异的空间拓展。延异决定了文本意义的不确定性和多样性，这就使意义的显露过程成为意义在空间上向四面八方的播撒过程，从而否定了在场性、中心性和意义上的直线性。播撒在瓦解了意义的确定性的同时，也表明文本的意义不在文本之中，而在文本的阅读之中，表明一切文本都是未完成的，都是留有余地的。因此，任何文本都存在着其他文本的踪印。

踪印是德里达消解本原所创立的“既是又不是”的悖论性概念，说它“是”，是指符号或文本总是在与其他符号或文本的比较中才显露意义，在它上面总是留下其他符号或文本的踪印。说它“不是”，是指符号或文本

① 佟立．西方后现代主义哲学思潮研究．天津：天津人民出版社，2003：226．

的踪印不意味着本原的存在。由于本原不存在，也就没有本原的消失，更不存在本体论意义上的绝对本原。

增替包含两层意思，一是增加和补充，二是替代和填充。在增替观念中隐含了不可知性，意在突出异质的和理性预设以外的知识。德里达的增替不是一般意义上的增补，它既包含了一般意义上的增补，又是对其解构。

福柯是法国哲学家，曾师从阿尔都塞，被西方学者称为“20世纪最后一位大师”。他追求一种感性化、差异化的自由生活，反对各种各样的统治和压迫，强调摒弃那些以禁律和规训为定向的道德体系，代之以立足于自我实践基础之上的“游戏伦理”。

福柯的目标是将理性的主体变成欲望的主体，把屈从的主体变成自主的主体，把“听话的身体”变成“享用的身体”。他认为，自古希腊哲学家普罗塔哥拉提出“人是万物的尺度”以后，西方文化一直把人类中心论作为其理论预设的根基。他认为，人本主义所赋予人的中心性、先在性、绝对性、自主性都是一种人为的虚构，人把自己看作历史的中心，把主体看作客体世界的中心，从而编造出一整套超验主义的概念：逻各斯、理性、存在、自由、平等。总体性的话语遍布整个社会生活之中。它使人陷入一个无处不在的权力网络，无论是施展权力的人，还是被权力控制的人，都被套在里面。权力机器不会放过任何一个人，人的身体、心灵都在权力的控制之中。忏悔就是权力对心灵的作用。表面上看，忏悔是一种救赎仪式，但教会把人的思想、欲望、享乐、性、罪恶等等都引入了忏悔的范畴，使忏悔成为一种控制手段，使心灵、身体屈从于控制，而且这种控制手段从教堂中扩展到精神病理学、小说、教育等各个领域。福柯反理性主义，强调确立自主的伦理观，使每个人的生活变成一件艺术品。

为了达到上述目的，福柯拒绝规范性立场，倡导自我伦理学，强调以伦理为目的的道德。在《性史》第二卷《快感的享用》和第三卷《自我的关切》中，福柯区分了以伦理为目的的道德和以准则为目的的道德，他推崇前者而否定后者。他认为以伦理为目的的道德是一种审美化的、自主的自我实践，而以准则为目的的道德表现为被动的理性控制。他认为现代伦理学正在把人造就成规范化的主体，强调普遍的道德原则，而古希腊罗马时期的伦理学则是非规范化的自我伦理学，“我之所以对古代感兴趣，其全部理由在于，作为服从行为法则的道德观念现在正在消失，或已经消失了。这种道德的消失伴随着，必然伴随着，对一种生存美学的追求”①。福柯的非规范化的自我伦理学以自由原则为基础，追求的是审美化的自由境。它拒绝规范，拒绝服从，崇尚自主，崇尚个性。

非理性主义思潮的出现有其现实原因和社会基础，其产生具有一定的合理性，它也提出了一系列需要处理的现实问题，如：人与环境的关系问题，人类中心主义与人类理性的片面化发展使人类面临着巨大的环境压力，其严重程度甚至会威胁到人类的生存；社会生活中人的片面发展问题，在现有的经济制度下，人的能力工具化发展，生活的压力、竞争的压力使人感到孤独、不安、荒诞，使人开始质疑生活的意义和价值；道德问题，怎样才是有尊严的生活，人应当负有怎样的社会责任与个人责任；越轨、犯罪、吸毒等种种严重的道德和法律问题如何解决；等等。但是，非理性主义思潮的兴起不仅没有很好地解决上述问题，反倒在一定层面上加剧了上述问题的严重性，尤其是在社会道德和社会生活层面上，非理性主义思潮恰恰给种种不良现象提供了理论依据，起到了推波助澜的作用。应当说，非理性主义以独特的方式表达着对理性的片面发展的批判，又以错误的方式寻求其解决途径，最终成为理性的片面发展的极端。

3. 理性、合理性、道德合理性

合理性概念具有批判理性的意蕴，而不同的学者又对合理性有不同的界定，如英国的人类学家和社会学家亚当·库珀、杰西卡·库珀从社会学的立场对合理性的概念做出了规定：“合理性是一种个人或集体在其思想、行为或社会制度中展示的特质。”② 他将这种特质概括为以下七个方面：（1）一种与冲动行事或盲目相反，只是在深思熟虑后行动的倾向；（2）倾向于按周密计划行事；（3）行为受制于抽象和普遍的法则；

① 路易丝·麦可尼. 福柯. 哈尔滨：黑龙江人民出版社，1999：158.

② 亚当·库珀，杰西卡·库珀. 社会科学百科全书. 上海：上海译文出版社，1989：634-635.

(4) 与听任习惯或冲动地去选择工具相反，完全按其在实现一个明确指定目标中的效力去选择工具；(5) 在选择行为、制度等时着眼于它们对简单明了地说明准则的贡献，而不是用烦冗含糊的准则去评价它们，或凭其惯例去接受它们；(6) 倾向于将信念和价值观系统化于一个严密的体系；(7) 倾向于认为人是在理性功能的发挥或满足中，而不是在情感或肉欲中得到实现的。那么合理性是否能够承担起重建理性主义信念的任务？为此，我们不得不对合理性概念有所辨析。当然，这里的辨析并不是具体地规定合理性的内容，而是探讨它所应具有的性质，以及其中蕴涵的理性精神。

"理性"(ration) 是指人自身的内在本性或能力，是指与对神的敬畏、对权威的崇拜对立，与自发的情感、主观的感觉相对立的人的明智的判断、独立的思考和自我选择的能力，具有超越性和规范性双重品格。这双重品格分别源自古希腊的"努斯"(nous) 精神与"逻各斯"(logos) 精神。"每一个人的知识中都渗有'宇宙—理性'；'宇宙—理性'处处一样；赫拉克利特的'逻各斯'和阿那克萨戈拉的'努斯'，作为同质的理性，都被当作动力散布在整个宇宙中。"①

从词源学上说，"努斯"一词来自动词思维、思想 (noein)，因此努斯从根本上乃是意指思想的功能。阿那克萨戈拉这样论及努斯："只有理智 (nous) 是无限的、自主的，它不与任何东西相混合，而是单一的、独立自为的。""在万物之中，它是最精粹和最纯洁的。它有对万物的一切知识和最大力量。理智还主宰着一切有灵魂的东西，无论是较大的还是较小的。"② 逻各斯具有 ratio (道) 与 oratio (言) 两种含义，ratio 即规律、理论、道，这一层含义长期统治着人类思想。古希腊哲学家赫拉克利特最早使用了这个概念，认为逻各斯是一种隐秘的智慧，是世间万物变化的一种微妙尺度和准则。他认为逻各斯万古长存，"一切都遵循着这个道 (logos)"，但人们即使听到它，也不理解它，"对那片刻不能离的道，对那支配一切的主宰，他们格格不入，对那每天遇到的东西，他们显得很生

---

① 文德尔班. 哲学史教程：上卷. 北京：商务印书馆，1993：90.

② 苗力田. 古希腊哲学. 北京：中国人民大学出版社，1990：146-147.

疏”，即便如此，“一个人怎能躲过那永远不灭的东西呢?”[①] 因此应该遵从道，也就是逻各斯，它是为灵魂所固有的，是增长着的。

“合理性”（rationality）与“理性”是同源词，正如其词源（rational）所示，“合理性”就是合乎理性、合乎道理，或者有理性、有道理，出于理性、理智，明于事理，乃至适度、适当。二者的重要差别在于词缀上，就汉语而言，其差别在“合”字上。“合理性”是指对象（自然、社会甚至人本身）合乎理性所确立的秩序、规则或“善”，合乎人心目中的理想、标准或价值。这个“合”字表明了主体的参与。这种参与是两个层面的。

首先，合理性是对象性的，同时又与主体的行动密切相连，深深打上了主体的烙印。我们可以把人或人的行动称作“合理的”或“不合理的”，但却没有理由把与人无关的自然现象或自在事件称作“合理的”或“不合理的”。而人及其行动之所以能从“合理性”意义上加以考察、评价，就在于人在实践活动中，既表达了主体的意愿、感情、价值等主观性的要求，又体现了其实践活动与客观现实的联系。正是在对人的思想、行为及其结果的合理性评价中，我们才可以找到理性的恰当位置和应有的功能。

其次，合理性是规范性，同时又与主体的价值观密切相关。所谓“合”强调的就是一种比对，一种评价，而这种评价当然是主体依据一定的标准、规范进行的评价。“合理性也是一个规范性的原理，这就是说，我们是在进行评价和估价的情况下，在某种联系中使用‘合理的’这一称谓的；而我们对合理性理论的重建，本身须被评价为合理的，只有这样，重建才是有效的……无论是什么地方，我们也得不到我们重建合理性所需的合理性标准，这些标准必须在我们自身中去寻找。它就蕴涵在我们所遵循的规则里。”[②] 但是，没有主体的参与，也就无所谓评价。而合理性本身所依据的标准既包含着客观性标准，也包含着主观性标准，是客观性标

---

① 北京大学哲学系外国哲学史教研室．西方哲学原著选读：上卷．北京：商务印书馆，1981：22-23.

② 赫·施奈德巴赫．作为合理性之理论的哲学//湖北大学哲学研究所．德国哲学：第七辑．北京：北京大学出版社，1989：182.

准与主观性标准的统一。

因此，“合”就不是纯粹地与客观规律相合，它是双重的，既符合理性与确立的秩序、规则、善，也符合主体的理想、标准或价值。换句话说，合理性是合规律性与合目的性的统一。

合理性的依据是理性。合理性要为人们所认识和承认，必须通过理性，其前提是合理性采取理性的表达形式。合理性在其最广泛意义上便是有理由，而理性按其本性也就在于为事物找理由，并且最终体现为理由的确定性。这样一来，二者的关系便颇类似于目的与手段的关系：合理性是人类活动的目标，而理性则是人类活动实现合理性目标的手段。合理性要求人们在认识、行为和评价等一切方面运用自己的理性智慧估算、谋划出适当的或最佳的选择、目标，并尽最大可能使用自己可资利用的手段，达到可以期望的最佳效果。因此，诉诸理性、信赖理性、遵从理性便成为合理性哲学的主题。

理性与合理性是双向互动的。理性与合理性密切关联，有什么样的理性便会认可什么样的合理性；反过来，特定的合理性观念亦要求特定的理性与之相适应。理性的具体形式从古代到近代、现代经历了许多重大变化，这直接导致了合理性模式的转换。古希腊学者突出发展了逻辑理性和思辨理性，与之相应的是逻辑－思辨的合理性模式；近现代学者突出发展了经验理性，并逐渐强化了理论理性，与之相应的是经验－归纳建构的合理性模式；随着理性概念走向极端，出现了目的理性、工具理性，与之相适应的便是目的合理性、工具合理性。从合理性的角度看，理性的作用在于帮助和指导人们的活动，使之趋于合理化。如果没有人的“合理性”的安排处置，世界也就无所谓合理的东西。

合理性的凸显是理性发展的一个重要阶段。虽然合理性是与理性双向互动的，但它在近代以来才更为人们所关注，甚至成为批判理性的重要手段。这是因为理性的片面的、极端的发展，出现了种种恶果，从而使人们对理性进行反思，从主体性的视角来看待理性的发展，评价理性过程的得失，这种过程正是合理性得以凸显的过程。合理性的凸显意味着理性发展到了一个重要的转折阶段，意味着理性将要以一种新的模式呈现出来。“理性这一主题，在走了一段弯路并相应地发生了一些改变以后，又回到哲学内部的讨论中了，而现在是以‘合理性’这一标题出现在哲学中。”①

但是，理性不等于合理性。充分运用理性的、逻辑的形式、方法和程序，遵循理性的原则和规律所做出的假设创造和证明是理性的，但不一定是合理性的。合理性还必须是主体性的，理性的滥用和过分理想化则是不合理的。

在对理性与合理性概念进行辨析之后，道德合理性的范畴便呼之欲出了。无疑，道德合理性是合理性范畴的种概念，合理性应当包含道德合理性。但是，我们这里仍然要将道德合理性着重提出来，将之作为评价人类行为的重要视角。随着近代以来资本主义的现代化和市场经济的发展，人类在控制自然的历程中取得了令人瞩目的巨大成就，物质财富得到了极大的丰富，但人类征服自然的欲望却恶性膨胀，也造成了一系列令人触目惊心的后果，同时人的价值和意义也遭到贬值，人的自由也丧失了，人与人之间的关系变得复杂而微妙。理性的片面发展以及以人本主义为旗帜的非理性主义思潮的兴起并没有将人类引向正确的坦途，人类需要重新审视自己的行为，在这种审视中，道德合理性的审视尤其应当受到重视。

首先，道德合理性具有历史性和超越精神。人类的行为是在特定的历史条件下发生的，道德合理性的标准也只能是相对的、历史的，人们对道德合理性的理解和探求是在历史理性的探究中实现的。它立足于现实的生活又超越于当下的现存状况，内蕴着对价值理想的不懈追求。它引导人们克服人的自然惰性和对现存事实的消极默认，为人和社会走向新的目标和理想提供了可能性。它拒斥“现存的就是合理的”，而要求“实然”必须超越现状，趋向更合理的“应然”。

其次，道德合理性具有批判性和反思精神。如前所述，合理性哲学是因对传统理性主义的片面性的批判而出现的。因为传统理性不能从总体上把握人们的思想和有目的的行为，它割裂地看待科学技术与价值观念、认识与实践、手段与目的、理智与信念等，使人变成了片面的、单向度的和缺乏完整性的存在。道德合理性对这些问题从道德的视角进行了批判，是

---

① 赫·施奈德巴赫．作为合理性之理论的哲学//湖北大学哲学研究所．德国哲学：第七辑．北京：北京大学出版社，1989：176.

对于人的理性作用与功能的一种要求与规范。道德合理性的批判性源自其反思精神。反思的思维是通过人们对自我的思考，对意识和行为的各种要素以及利弊得失所进行的评估。“也就是说，意识和认识在自我意识、自我认识过程中的自我反身、自我审视。一种合理性理论的特殊的哲学，在于它具有自我审视性。”① 道德合理性以审视和批判的向度为现存的世界悬设了一个价值尺度。它以其应然状态，提醒人们检视其目的合理性与行动的意义和根据。

最后，道德合理性的实践意蕴。道德合理性对价值理想的追求总是深深地根植于每一时代人们的实践之中，这一理想和追求也总是在具体的语境中赋予自身现实的、历史的内涵。道德合理性首先要立足于现实，在现实的基础上通过实践去提升现实。这一合理性不只是从一种普遍的、外在的、单一的理性标准出发追求那种终极的合理性或形式的合理性，而是立足于人的生活实践，以追求人的存在的价值和意义为目标，通过协调人与人之间的立场和行动，在实现控制自然、向外增长的同时，保证人的生活的独立性和完整性，使人们能按照自己的需要和见解，利用人的意识能动性不断地创造和实现较为美好的、和谐的生活。

在当前复杂多变的社会生活中，倡导道德合理性有其特殊的现实意义。在我国现实生活中，社会主义市场经济的建立使当代中国社会生活的方方面面尤其是经济领域及与其相应的价值观念发生了深刻变化，如产权关系、用工制度、管理模式、分配方式、消费观念、择业观念等。由于新的运行机制与旧的运行机制、新观念与旧观念并存，诸多关系和环节尚未理顺，鱼龙混杂，改革中的新事物与各种沉病故疾共处，需要人们分清良莠，辨识真伪。在这种情况下，从道德合理性角度去考察、认识改革中的各种现象，保留、扶持合理的，剔除、杜绝不合理的，是一个极其重要的思考向度。

① 赫·施奈德巴赫．作为合理性之理论的哲学//湖北大学哲学研究所．德国哲学：第七辑．北京：北京大学出版社，1989：172.

参考文献

马克思恩格斯全集：第1卷. 北京：人民出版社，1995.

马克思恩格斯全集：第3卷. 北京：人民出版社，1960.

马克思恩格斯全集：第40卷. 北京：人民出版社，1982.

马克思恩格斯全集：第42卷. 北京：人民出版社，1979.

马克思恩格斯全集：第46卷. 北京：人民出版社，1979.

马克思恩格斯选集. 北京：人民出版社，2012.

马克思恩格斯文集. 北京：人民出版社，2009.

列宁全集：第55卷. 北京：人民出版社，1990.

毛泽东选集. 北京：人民出版社，1991.

周辅成. 西方伦理学名著选辑. 北京：商务印书馆，1964.

万俊人. 20世纪西方伦理学经典. 北京：中国人民大学出版社，2004.

万俊人. 现代西方伦理学史. 北京：北京大学出版社，1990.

苗力田. 古希腊哲学. 北京：中国人民大学出版社，1990.

张国钧. 邓小平的利益观. 北京：北京出版社，1998.

蒙培元. 情感与理性. 北京：中国社会科学出版社，2002.

张岱年. 中国古典哲学概念范畴要论. 北京：社会科学出版社，1989.

张岱年，成中英，等. 中国思维偏向. 北京：中国社会科学出版社，1991.

赵敦华. 基督教哲学1500年. 北京：人民出版社，1994.

章海山. 西方伦理思想史. 沈阳：辽宁人民出版社，1984.

曹卫东. 交往理性与诗学话语. 天津：天津社会科学出版社，2001.

甘绍平. 传统理性哲学的终结. 台北：唐山出版社，1996.

黄富峰. 道德思维论. 北京：中国社会科学出版社，2003.

周农建. 价值逻辑. 长沙：湖南人民出版社，1999.

夏伟东. 道德本质论. 北京：中国人民大学出版社，1991.

夏伟东. 道德的历史与现实. 北京：教育科学出版社，2000.

王雨田. 现代逻辑科学导引. 北京：中国人民大学出版社，1987.

张志伟. 康德的道德世界观. 北京：中国人民大学出版社，1995.

罗国杰，宋希仁. 西方伦理思想史. 北京：中国人民大学出版社，1987.

陈修斋. 欧洲哲学史上的经验主义和理性主义. 北京：人民出版社，1986.

李建华. 道德情感论. 长沙：湖南人民出版社，2001.

姚新中. 道德活动论. 北京：中国人民大学出版社，1990.

杨国荣. 伦理与存在. 上海：上海人民出版社，2002.

柳鸣九. 从现代主义到后现代主义. 北京：中国社会科学出版社，1994.

佟立. 西方后现代主义哲学思潮研究. 天津：天津人民出版社，2003.

文德尔班. 哲学史教程. 北京：商务印书馆，1997.

罗素. 西方哲学史. 北京：商务印书馆，1988.

约翰·罗尔斯. 道德哲学史讲义. 上海：上海三联书店，2003.

玛丽·沃诺克. 一九〇〇年以来的伦理学. 北京：商务印书馆，1987.

蒂利希. 理性与启示//何光沪. 蒂利希选集. 上海：上海三联书店，1999.

北京大学哲学系. 古希腊罗马哲学. 北京：商务印书馆，1961.

让·布伦. 苏格拉底. 北京：商务印书馆，1997.

弗朗索瓦·夏特莱. 理性史. 北京：北京大学出版社，2000.

柏拉图全集：第1卷. 北京：人民出版社，2002.

柏拉图. 理想国. 北京：商务印书馆，2002.

亚里士多德. 尼各马科伦理学. 北京：中国社会科学出版社，1990.

亚里士多德全集：第1卷. 北京：中国人民大学出版社，1995.

马可·奥勒留. 沉思录. 北京：中国社会科学出版社，1989.

西塞罗. 有节制的生活. 西安：陕西师范大学出版社，2003.

休谟. 人性论. 北京：商务印书馆，1997.

休谟. 道德原则研究. 北京：商务印书馆，2001.

普特南. 理性、真理与历史. 沈阳：辽宁教育出版社，1988.

哈贝马斯. 交往行为理论：第1卷. 上海：上海人民出版社，2004.

哈贝马斯. 现代性的地平线——哈贝马斯访谈录. 上海：上海人民出版社，1997.

埃德蒙德·胡塞尔. 伦理学与价值论的基本问题. 北京：中国城市出版社，2002.

黑格尔. 小逻辑. 北京：商务印书馆，1980.

黑格尔. 法哲学原理. 北京：商务印书馆，1961.

斯宾诺莎. 伦理学. 北京：商务印书馆，1991.

边沁. 道德与立法原理导论. 北京：商务印书馆，2000.

康德. 道德形而上学原理. 上海：上海人民出版社，1986.

康德. 实践理性批判. 北京：商务印书馆，1998.

康德. 宇宙发展史概论. 上海：上海人民出版社，1972.

普列汉诺夫. 论一元论历史观之发展. 北京：三联书店，1973.

阿拉斯戴尔·麦金太尔. 伦理学简史. 北京：商务印书馆，2003.

阿拉斯戴尔·麦金太尔. 谁之正义？何种合理性?. 北京：当代中国出版社，1996.

摩尔. 伦理学原理. 上海：上海世纪出版集团，2003.

艾耶尔. 语言、真理与逻辑. 上海：上海译文出版社，1981.

黑尔. 道德语言. 北京：商务印书馆，1999.

罗斯. 正当与善. 上海：上海译文出版社，2008.

W. D. 罗斯．亚里士多德．北京：商务印书馆，1997.

W. D. 拉蒙特．价值判断．北京：中国人民大学出版社，1992.

彼得斯．道德发展与道德教育．杭州：浙江教育出版社，2000.

约瑟夫·弗莱彻．境遇伦理学．北京：中国社会科学出版社，1989.

考茨基．唯物主义历史观．上海：上海人民出版社，1965.

弗里德里希·包尔生．伦理学体系．北京：中国社会科学出版社，1988.

索利．英国哲学史．济南：山东人民出版社，1996.

拉罗什福科．道德箴言录．北京：西苑出版社，2003.

弗吉利亚斯·弗姆．道德百科全书．长沙：湖南人民出版社，1988.

B. Л. 戈卢宾科．必然和自由．北京大学出版社，1984.

莱斯利·H. 法贝尔．神秘的意志世界．上海：上海文化出版社，1989.

吉尔·德勒兹．康德与柏格森解读．北京：社会科学文献出版社，2002.

蒂洛．伦理学理论与实践．北京：北京大学出版社，1985.

拉斐尔．道德哲学．沈阳：辽宁教育出版社，1988.

汤姆·L. 彼彻姆．哲学的伦理学．北京：中国社会科学出版社，1990.

西季威克．伦理学方法．北京：中国社会科学出版社，1993.

威廉·K. 弗兰克纳．善的求索——道德哲学导论．沈阳：辽宁人民出版社，1987.

亚当·斯密．道德情操论．北京：商务印书馆，1997.

亚当·斯密．国民财富的性质和原因的研究．北京：商务印书馆，1997.

理查德·布隆克．质疑自由市场经济．南京：江苏人民出版社，2000.

马克斯·韦伯．经济与社会．北京：商务印书馆，1997.

马克斯·韦伯．新教伦理与资本主义精神．西安：陕西师范大学出版社，2002.

马克斯·韦伯. 学术与政治. 桂林：广西师范大学出版社，2004.

霍克海默，阿多尔诺. 启蒙辩证法. 重庆：重庆出版社，1990.

叔本华. 作为意志和表象的世界. 北京：商务印书馆，1982.

尼采. 权力意志——重估一切价值的尝试. 北京：商务印书馆，1991.

萨特. 存在主义哲学. 北京：商务印书馆，1963.

萨特. 存在主义是一种人道主义. 上海：上海译文出版社，1988.

路易丝·麦可尼. 福柯. 哈尔滨：黑龙江人民出版社，1999.

亚当·库珀，杰西卡·库珀. 社会科学百科全书. 上海：上海译文出版社，1989.

赫·施奈德巴赫. 作为合理性之理论的哲学//湖北大学哲学研究所. 德国哲学：第七辑. 北京：北京大学出版社，1989.

Toulmin S E. An Examination of the Place of Reason in Ethics. Cambridge：The Cambridge University Press，1984.

Slote M. From Morality to Virtue. Oxford：Oxford University Press，1992.

万俊人. 论道德目的论与伦理道义论. 学术月刊，2003 (1).

郑航. 当代西方德育视野中的道德认知观及其启示. 比较教育研究，2002 (12).

孙如枫，曾钊新. 论道德判断. 江西社会科学，1995 (4).

曹剑波. 论道德判断的质和量的标准及其真理性. 许昌师专学报，2001 (1).

王海明. 谈元伦理学. 江南社会学院学报，2002 (2).

马秋丽. 略论欲望. 晋阳学刊，2003 (2).

李亮学. 论道德直觉. 怀化师专学报，1997 (8).

崔月琴. 合理性：理性精神的当代意蕴. 社会科学战线，2003 (4).

龚群. 历史合理性与道德合理性. 中国人民大学学报，1998 (4).

川本隆史. 应用伦理学的挑战——谱系、方法与现状. 世界哲学，1998 (4).

后　记

这本书是我2007年申请的国家社科基金项目“道德推理理论研究”的结项成果，于2012年结项。2016年我们申报国家出版基金项目“当代中国社会道德理论与实践研究丛书”，为了凑成十本之数，我就自荐了这部项目成果，不想竟然获得通过，遂得以忝列其中。这对我而言有着非同寻常的意义。

在我上小学之前，父亲曾经教我背毛主席诗词《重上井冈山》，教了一个下午，我都没有背下来，我只能记住其中的那句“世上无难事，只要肯登攀”，大概是因为这首词中我只明白这一句的字面上的意思，所以能记住这一句。这首词的词牌是《水调歌头》，整首词也没多长，但当时就是没学会。父亲教了一个下午，到快吃晚饭时，他说了句，“行了，不背了吧”。我那时便明白，他是放弃了。确实，这之后他再也没有教过我任何跟文化课有关的东西。

那时候对我来说不是世上无难事，而是有很难很难的事，这就是学唱歌。父亲非常热爱文艺，我小时候他常常坐在沙发上，我和妹妹一人拿一个小板凳坐在他身边，他教我们唱歌。遗憾的是我音不准，教着教着就变成妹妹一边玩去了，父亲教我听音准。在父亲病重时，我虽然请假在家陪父亲，但还记挂着我们社正要进行的合唱比赛，我还问父亲：“我音不准怎么办呢?”父亲说：“没办法。”在我小时候，父亲很努力地想办法，他自己教学生拉二胡，但他不教我二胡，专门找老师来教我扬琴，扬琴的每一根弦的音高是固定的，他以为我多听音准就能好起来。事实证明，难的事真的很难，后来，这件事他也放弃了。

所以，在父亲心中，我是一个比较笨的孩子。我在小学三年级语文和数学都考了100分，回家请他签字，他一边签字一边对正在读小学五年级而且是年级第一的哥哥说："她到小学五年级能考80分就不错了。"仿佛是为了证明父亲的判断和预言是错的，为了向父亲证明我没有他想象的那么笨，所以我一直都很努力地想做个好学生，也把学术作为自己的志业。

所幸，我从小学到博士遇到的老师都是对学生极好的老师。从本科起，班主任姚新中老师就教我给《中国伦理学百科全书》写词条，我那时写的2万多字的长词条"城市伦理学"经姚老师修改认可收入《中国伦理学百科全书·应用伦理学卷》，这对我是一个极大的鼓励。硕士导师宋希仁老师带着我们读马恩原著，关于"共产主义者既不拿自我牺牲反对利己主义，也不拿利己主义反对自我牺牲"这段引文的读书笔记，他带着我读一遍原著改一稿，读了三遍改了三稿，这种严谨认真的学者之风、对学生的谆谆教诲令我深受教育。博士毕业时罗国杰老师手写张衡名言的条幅，教导我"君子不患位之不尊，而患德之不崇；不耻禄之不夥，而耻知之不博"。在我心中，学者是天底下最令人羡慕的职业。

我硕士毕业前曾经在一所大学试讲了半年，但却阴差阳错没有成为一名教师。那时已经很接近毕业派遣了，教育部高等学校社会科学发展研究中心在两周的时间内就走完了所有的录用程序，我感激不尽，在那里一干就是近十年。我在那里的《高校理论战线》杂志做编辑、编辑室副主任，同时也参与到领导、专家承担的科研课题中。《论个人主义思潮》《德治新论》《中国传统道德中学生读本》等都是那时参与撰写的，合译的《探索伦理学：通向善恶王国的旅行》，通俗读物《中国古代的文字》《简化人生》也都是那时出版的。那里的领导、同事给了我很多支持和鼓励，也教会了我很多东西，直到现在，当我有了困惑和感慨时，我仍然觉得那里是我的娘家，我仍旧会找过去的领导、同事，现在的老师、朋友诉说。但我心里一直想着回高校，所以2000年我在职读了博士，2002年当有机会回到人大出版社时，我选择了离开。

人大出版社虽然属于人大，但它是编辑业务部门，离教学科研比较远。值得庆幸的是，我是学术编辑。人大出版社的出版理念是"学术沃土，思想摇篮”，历任领导都有学术情结，对学术出版都极为重视。在社长贺耀敏、总编周蔚华任上还专门设立了学术出版中心，一直延续至今。得益于人大出版社对学术出版的特殊制度安排，学术出版中心推出了一系列鸿篇巨制，一部部学术大家的巨著让我沉醉其中。我是带着对学者的景仰、对学术的崇拜来做编辑的。

虽然编辑业务很忙，不加班的时候很少，但老师们愿意带着我做科研课题，我就愿意付出更多的时间来努力完成。特别是做文编的时候，要操心的事只有编辑书稿，心比较静，每天完成了自己给自己规定的任务量，夜深人静的时候就安心读书做课题。除非有急稿要赶，一般书稿编辑顺利的时候晚上八点以后就可以做自己的事了，书稿不顺利的时候一般到十点也可以做自己的事了。所以做文编的时候，像罗国杰老师的课题《社会主义和谐社会核心价值体系研究》，韦冬老师的研究《中国共产党思想道德建设史》《比较与争锋：集体主义与个人主义的理论、问题与实践》《马克思主义经典作家论道德》以及尚未出版的《中华美德书》，还有吴潜涛老师的《中国化马克思主义伦理思想研究》，我都参与其中。当然这些课题都历时较久，我才有可能通过日积月累来完成。我在这些项目中得到了老师们的指点，获益良多。

在这些项目中，我得到的不仅是老师们在学术上的指点，更重要的是在学术研究上的坚持。如果没有老师们的提携与督促，我在编辑工作量很大的情况下，很难再有自觉性坚持学术研究。除了译稿《道德的理由》（第五版和第七版）以及这部《道德理由的追寻》之外，我的几乎所有的学术研究都是通过参与老师们的课题来完成的。虽然我没有在教学科研的岗位上，但老师们带着我做的这些课题和研究让我一直没有脱离学术训练，一直坚持着学术研究。这是我回过头来看最为庆幸的事。

2012 年我开始担任学术出版中心主任，工作头绪剧增，不像做文编的时候，书稿放下，脑袋是自己的，想做什么事就可以做什么事。现在常常是离开了办公桌，工作却没有放下，脑袋也不归自己用。所以自 2012 年以来，我没有再参加任何课题，这期间发表的学术文章都是旧作，甚至连把这部《道德理由的追寻》尽早修改完成也没有做到。

国家出版基金项目“当代中国社会道德理论与实践研究丛书”应该在

2018年12月底结项，这本书作为这个项目成果的一本，我只好把一拖再拖已经来不及做进一步深入研究的书稿交稿了。如果我能早一点交稿，这本书能早一点见书，我就可以告诉父亲，他的笨女儿也独立出了一本学术专著。

2018年11月5日父亲突发心梗，入院治疗以后得以缓解，在各项指标都正常以后，父亲于11月23日出院了。我也安心回到工作岗位，参加了11月27日于广西南宁召开的中国编辑学会第19届年会，并在年会上作为中国十大优秀出版编辑之一获得了表彰。父亲得知这一消息非常高兴，对来看望他的亲友都说："我大闺女是中国十大优秀出版编辑。"好像父亲就是为了让我安心去开会才显示出好的身体指标病愈出院一样，2018年12月15日，父亲再次心衰住院，于2019年1月1日离世。

其实，我早已知道父亲不再认为我像他之前认为的那样笨，虽然我无论考试考多少个第一，得多少个优秀，拿多少奖学金，他都不说什么，但2013年当我获评百道网网络评选的第一届中国好编辑，把奖品迷你平板电脑送给他时，他还是忍不住说了句"不错"。我从来也没有觉得自己笨，但为了向父亲证明自己不那么笨而努力，多年来仿佛已经变成了一种内驱力，随着父亲的病逝，这种内驱力便坍塌了。这本书的出版仿佛是这种内驱力下的所有努力在形式上的一个句号。

但父亲在弥留之际的种种情形却深深地印在我的脑海中。父亲在弥留之际常常在恍惚间觉得自己回到了他青年时所在的沈阳七二四厂，会问护工、护士、病友家属"您在哪个宿舍？"我们告诉他，您现在是在医院，他便会清醒过来。我不明白为什么父亲这么怀念七二四厂，我觉得父亲最自豪的一段应该是他在营口柴油机厂做基建办公室主任的一段。他接手基建以后把停工两年的职工宿舍楼在很短的时间内就建起来了，而且又建起了一栋新的宿舍楼，建筑设计非常漂亮，市里还在他们的工地搞现场观摩会。那是我小学四五年级的事，应该是1981年前后。那时候职工的住宅很紧张，这两栋楼让他们厂里职工的住宅状况大大改善了，给职工带来了直接的福利。但我们一家五口仍旧住在一间小平房里，因为住不下我只好住在爷爷奶奶屋里。所以我对爸爸建起的楼非常羡慕，印象非常深。

我问病中的父亲：您觉得您一生中哪一段最好？他说是七二四厂那一

段。我说："难道不是您给职工建起了两栋楼那一段吗?"他说："那一段也挺好，但还是七二四厂那段好。"我问："七二四厂那段有什么好?"他说："有文艺演出。"父亲酷爱文艺，二胡尤其好，他是有6万人的沈阳七二四厂文艺演出的台柱子。当人即将走完自己的一生，回顾自己的一生时，虽然也为自己为别人做了什么感到自豪，但最感到无悔的应该是做了自己喜欢做的事。

或许我之前的一切努力都隐约是为了向父亲证明我没有他想象的那么笨，但当这个动力已经不在了的时候，我问自己，最想做的是什么？我想，还是学术。人常常都是这样，不知为了什么原因而去追逐，但追逐本身已经成为人生的一部分。我庆幸，成为我人生的一部分的是对学术的热爱。所以，我非常感谢我的老师们，庆幸我的老师们带着我做课题，庆幸我自己坚持了下来，庆幸我自己坚持写了这部小书，虽然它还不够好。学术是我喜欢做的事，而且是可以做一生的事。我希望自己的人生下半场仍能以学术为志业，仍旧不放弃学术研究。

最后，感谢国家社科基金结项成果的几位匿名评审专家对于本书的高度评价，正是因为有他们在结项评审意见中所给予的鼓励才让我有勇气把它作为一个初步的阶段性成果拿出来出版，也感谢他们对这个项目进一步深入研究所给予的建议，虽然由于这本书的出版时间和这个项目本身的研究深度的限制，我没有将专家的建议吸纳到这本书中，但我将会把他们的建议作为下一步学术研究的切入点。也非常感谢中国人民大学出版社的领导和学术出版中心的同事们，感谢他们多年来对我的工作的支持和包容，感谢为这本书付出辛劳的编辑们。书中存在的错漏和不足，恳请方家指正，以便我进一步研究修改。

图书在版编目（CIP）数据

道德理由的追寻：道德推理理论研究/杨宗元著. —北京：中国人民大学出版社，2019.3
（当代中国社会道德理论与实践研究丛书）
ISBN 978-7-300-26753-1

Ⅰ. ①道… Ⅱ. ①杨… Ⅲ. ①道德-理论研究 Ⅳ. ①B82

中国版本图书馆 CIP 数据核字（2019）第 028593 号

国家出版基金项目
当代中国社会道德理论与实践研究丛书
主编 吴付来
道德理由的追寻
——道德推理理论研究
杨宗元 著
DAODE LIYOU DE ZHUIXUN

出版发行	中国人民大学出版社		
社 址	北京中关村大街 31 号	**邮政编码**	100080
电 话	010－62511242（总编室）		010－62511770（质管部）
	010－82501766（邮购部）		010－62514148（门市部）
	010－62515195（发行公司）		010－62515275（盗版举报）
网 址	http://www.crup.com.cn http://www.ttrnet.com（人大教研网）		
经 销	新华书店		
印 刷	天津中印联印务有限公司		
规 格	160 mm×230 mm 16 开本	**版 次**	2019 年 3 月第 1 版
印 张	18.25 插页 3	**印 次**	2019 年 3 月第 1 次印刷
字 数	277 000	**定 价**	59.80 元